Principles of
Marketing
마케팅원론

제2판

Principles of
Marketing
마케팅원론

서여주 저

(주)백산출판사

PREFACE

챗GPT와 같은 생성형 AI의 등장은 마케팅 분야에 거대한 변화의 물결을 가져왔습니다. 이 변화는 동시에 막대한 기회와 잠재적인 위협을 마케터들에게 전달합니다. 최근 조사에 따르면, "마케터의 70%가 마케팅에서 AI 세대의 잠재력을 활용할 계획이다"라는 말이 이 변화의 중요성을 강조합니다. 이는 AI 기술이 마케팅 전략과 실행에 혁신적인 영향을 미칠 준비가 되었음을 의미합니다. 이러한 배경하에, 마케팅의 기본 원리와 최신 동향을 이해하는 것은 어느 때보다 중요해졌습니다.

변화하는 시대에 기업가, 경영자, 학생들에게 필요한 지식과 도구를 제공하기 위해 본서는 총 4부 11장으로 구성되어 있으며, 각 부는 마케팅의 다양한 측면을 심도 깊게 탐구합니다.

제1부는 '마케팅의 이해'로, '마케팅의 개념'을 소개하고, '경영 전략과 마케팅 전략'을 설명합니다.

제2부는 '마케팅과 환경'으로 '마케팅 환경 분석', '소비자행동의 이해', '시장세분화 · 표적시장 · 포지셔닝 전략'을 설명합니다.

제3부는 '마케팅 믹스 관리'로 '제품 관리', '가격 관리', '유통 관리', '촉진 관리'에 대해 설명합니다.

마지막으로, 제4부는 '마케팅 가치'로 '마케팅 성과'에 대해 설명합니다.

이 책을 통해 독자들은 마케팅에서 성공하기 위한 기초적인 지식과 함께, 시장의 변화를 선도하는 혁신적인 마케팅 전략을 개발할 수 있는 능력을 갖추게 될 것입니다. 우리는 이 책이 마케팅 분야의 빠르게 변화하는 트렌드에 대응하고, 변화하는 소비자 행태에 기민하게 대처할 수 있는 마케터를 양성하는 데 중요한 역할을 할 것이라 확신합니다.

끝으로 언제나 이 책이 나오기까지 여러 분들이 도움을 주셨는데 우선 무리한 일정에도 기꺼이 출판을 허락해주신 (주)백산출판사 진욱상 대표님과 책을 만드느라 애써주신 편집부 및 마케팅부 임직원분들께도 진심을 담아 깊은 감사의 마음을 전해드립니다.

2025년 1월
단정한 시작을 위하여
서여주

CONTENTS

제3부　마케팅 믹스 관리

제4부   마케팅 가치

PRINCIPLES

OF MARKETING

제 **1** 부

마케팅의 이해

제1장

마케팅 개념

1. 마케팅의 정의

우리의 일상생활은 마케팅으로 시작해서 마케팅으로 끝난다고 해도 과언이 아닐 만큼 마케팅(marketing)이란 용어는 우리 사회에서 널리 사용되고 있다. 흔히 사람들은 마케팅을 판매 혹은 영업이라고 이야기한다. 심지어 마케팅을 공부하는 학생들뿐만 아니라 비교적 마케팅을 잘 수행하고 있는 기업이나 마케팅 전문기업의 임직원들까지도 그렇게 생각하는 경향이 있다. 물론 틀린 것은 아니지만, 판매는 마케팅의 아주 작은 일부분에 해당한다. 제품이나 서비스의 공급자와 소비자를 연결해 주는 마케팅 활동은 주로 영리를 목적으로 하는 기업이 수행하지만, 마케팅의 적용 범위는 학교, 교회, 정부, 환경단체, 사회단체 등 비영리조직에 이르기까지 매우 광범위한 영역을 포괄한다. 이러한 마케팅에 대해서는 지금까지 여러 학자들이 다양한 정의를 내리고 있지만, 그 중에서 미국마케팅학회(AMA: American Marketing Association)가 규정한 정의가 가장 대표적이다.

1960년 미국마케팅협회(American Marketing Association: AMA)에 의해 처음으로 제시되었다. AMA는 마케팅을 "생산자로부터 소비자 또는 사용자에 이르는 제품 및 서비스의 흐름을 관리하는 기업활동의 성과(the performance of business activities that direct the flow of goods and services from producer to consumer or user)"로 정의하였다. 그러므로 이 당시에는 마케팅을 주로 유통기

능적 측면에서 취급하고 있고, 경제적 활동을 하는 영리 기업들만이 마케팅의 주체가 될 수 있다는 사고가 지배적이었음을 알 수 있다.

그러나 1969년에 이르러 필립 코틀러(Philip Kotler)와 에드워드 L. 레비 (Edward L. Levy)는 영리추구 기관인 기업만이 아니라 학교, 교회, 박물관, 경찰서 등 비영리기관도 마케팅 행위나 적어도 마케팅 유사 행위(marketing-like activities)를 수행하는 것으로 보아야 한다는 획기적인 주장을 하였다. 그들은 마케팅의 핵심은 상거래(business transaction)에 있는 것이 아니라 교환(ex-change)에 있으므로 교환 활동에 참여하는 여하한 종류의 기관도 마케팅(혹은 마케팅 유사 행위)을 수행하는 것으로 보아야 하며, 그 대상인 학생, 신도, 입장객, 일반 시민 등을 시장(market)으로 볼 수 있다고 주장하였다. 그리하여 영리기관인 기업을 위하여 개발한 마케팅 기법, 절차, 사고 등을 비영리기관에 적용함으로써 비영리기관의 목적 달성에 이바지할 뿐만 아니라 비영리기관이 대상으로 하는 시장 욕구를 충족시키는 데 공헌할 수 있다고 마케팅 범위를 확장할 것을 주장하였다. 당시 학자들은 마케팅 범위의 확장론을 지적하거나 반박했는데 수년간 학술적 논쟁 끝에 오늘날에 와서는 일반적으로 수용되고 있다. 이러한 영향에 따라 비영리기관의 마케팅을 비영리 마케팅(nonprofit marketing)이라 부른다.

1960년 공식적인 마케팅의 정의가 나온 이후 시대적인 흐름과 추세를 반영하여 AMA는 1985년에 다음과 같이 마케팅에 대한 정의를 내렸다.

마케팅은 "개인과 조직의 목적을 충족시키는 교환을 창조하기 위하여 아이디어, 재화 그리고 서비스의 개발, 가격결정, 판매촉진, 유통을 계획하고 수행하는 과정(the process of planning and executing the conception, pricing, pro-motion and distribution of ideas, goods and services to create exchanges that satisfy individual and organizational objectives)"이다. 1985년 미국마케팅협회가 내린 정의에 내포된 특징을 살펴보면,

- 마케팅을 교환을 창조하는 과정으로 봄으로써 교환을 마케팅의 중심적인 연구 대상으로 삼았고, 마케팅의 성격을 문제해결(problem solving)을 지향하는 분야로 정의하였다. 문제를 해결함에 있어서는 그 지향하는 방향이 분명해야 하므로 개인이나 조직이 뚜렷한 목적을 지니고 있음을 가정할 수밖에 없다.

- 교환 대상을 재화와 용역에 국한하지 않고 아이디어까지 포함하였다. 사회의 변천에 따라 기술, 정보, 설계 등 지적 소유권의 범주에 드는 교환 대상들이 많이 생겨났으므로 마케팅의 대상이 확장되는 것은 필연적이라고 할 수 있다.

- 마케팅 활동의 기본은 다양한 소비자의 욕구 충족에 있음을 제시하였다.

- 마케팅 활동의 영역을 상품개발(products), 가격결정(price), 판매촉진(promotion), 상품유통(place) 등으로 세분화하여 제시하고 있는데 이것은 제롬 매카시(Jerome McCarthy)가 개발한 4P's의 개념과 일치한다.

- 마케팅의 범주를 경제적인 활동에서 사회적인 활동으로 확장해야 한다는 필립 코틀러(Philip Kotler)의 범위확장 주장을 수용하여 마케팅의 연구 대상을 경제적인 교환 활동뿐만 아니라 사회적 교환 활동으로까지 확장하였다.

21세기에 들어서 온라인 비즈니스가 다양하게 전개되고 고객들의 욕구도 다양하고 심화되는 가운데, AMA는 21세기의 마케팅의 화두로 '고객가치'와 '고객관계관리'를 제시하면서 2004년에 이를 근간으로 하는 마케팅의 정의를 다음과 같이 내렸다.

마케팅은 "조직체 및 그 이해당사자들에게 효익을 주도록, 고객가치를 창조하고, 알리고, 전달하며 그리고 고객관계관리를 수행하기 위한 조직체의 기능이며 일련의 과정(an organizational function and a set of process of creating, communication and delivering value to customers and for managing customer relationships in ways that benefit the organization and its stakeholders)"이다. 2004년

AMA가 제시한 21세기 마케팅의 정의가 시사하는 점을 살펴보면,

- 고객가치(customer value)는 한 제품이나 서비스를 획득하는 데 드는 비용 (cost)보다 제품이나 서비스를 소유하거나 사용하는 것으로부터 얻는 효익 (benefit)이 더 커야 하는바, 고객의 욕구를 충족시키는 정도에 그치지 않고 고객에게 차별화된 가치를 주어야 마케터가 지속적인 경쟁력을 유지할 수 있다.
- 만족한 고객을 충성고객으로 만들고 궁극적으로 평생 고객으로 가져가야 회사의 지속적인 수익성 있는 성장이 가능한바, 이를 위해서는 고객 유치→고객유지→평생고객화의 프로세스를 거치는 고객관계관리(customer relationship management: CRM)가 필요하다.

AMA[1] 공식 홈페이지에서는 2017년에 공인한 정의가 가장 널리 받아들여지고 있다. 마케팅은 "고객, 의뢰인, 파트너와 사회 전반에 가치가 있는 제안을 창출, 전달, 전달하고 교환하기 위한 활동, 제도 및 프로세스의 집합(Marketing is the activity, set of institutions, and processes for creating, communicating, delivering, and exchanging offerings that have value for customers, clients, partners, and society at large)"으로 정의하고 있다.

이를 자세히 살펴보면,

- **활동(Activity)**: 마케팅은 단순한 개념이 아니라, 실제로 수행되는 일련의 활동을 포함한다.
- **기관(Set of Institutions)**: 마케팅은 개별 기업뿐만 아니라, 다양한 기관과 조직에 의해 수행된다.
- **과정(Processes)**: 마케팅은 여러 단계와 과정을 통해 이루어지는 일련의 작업이다.
- **창출(Creating)**: 고객에게 가치 있는 제품과 서비스를 창출하는 것을 포함한다.

---

1 https://www.ama.org/the-definition-of-marketing-what-is-marketing/

- **전달(Communicating)**: 제품과 서비스의 가치를 고객에게 효과적으로 전달하는 것을 포함한다.
- **제공(Delivering)**: 제품과 서비스를 고객에게 전달하고 제공하는 과정이다.
- **교환(Exchanging)**: 고객, 클라이언트, 파트너, 사회 전반에 가치를 제공하고 교환하는 과정을 포함한다.
- **가치(Value)**: 고객, 클라이언트, 파트너, 그리고 사회 전체에 가치를 제공하는 것이 마케팅의 핵심이다.

이 정의는 마케팅이 단순한 판매나 광고의 개념을 넘어서서, 고객과의 지속적인 관계를 구축하고 사회에 긍정적인 영향을 미치는 활동이라는 점을 강조하고 있다.

종합해 보면, 마케팅이란 시장이라는 유·무형의 공간에서 고객의 욕구를 충족시킬 수 있는 가치 있는 것을 만들고, 알리고, 전달하고, 교환하는 일련의 활동이라고 할 수 있다. 또한 '고객만족'과 '이윤추구'라는 두 목표를 조화롭게 달성하는 궁극적인 방법을 탐색하고 수행하며 평가, 조절하는 일련의 개념으로 이해하는 것이 필요하다.

2. 마케팅 관리의 정의

마케팅 관리(marketing management)란 조직의 목표를 달성하기 위하여 표적시장(target market)과의 우호적인 교환을 창조, 강화 그리고 유지할 목적으로 고안된 프로그램을 계획, 실천 그리고 통제하는 활동을 말한다. 이를 매니지얼 마케팅(managerial marketing)이라고도 한다.

이는 고객지향적 사고(customer orientation concept)를 기본 이념으로 하여 기업의 전사적 관점에서 장기적으로 기업이윤을 추구하는 데 필요한 마케팅의 계획·조직·집행·조정 등의 경영자 활동을 중심으로 한 마케팅을 말한다. 따라서 매니지얼 마케팅은 상품 가격, 촉진, 유통 등 마케팅 제 요소를 통일적으로 그리고 합리적으로 배합하여 최적결합(optimum mix)을 결정하는 마케팅 믹스 이론(marketing mix theory)이라고도 할 수 있다.

따라서 마케팅 관리는 고객에게 경쟁자보다 더 큰 가치를 제공하기 위하여, 상품(product), 가격(price), 촉진(promotion), 유통(distribution)을 계획하고, 실행하고, 통제하는 과정이다.

위의 정의에 관하여 다음과 같은 점들에 주목하여야 한다.

• 위의 정의는 고객에게 경쟁자보다 더 큰 가치를 제공하는 것을 마케팅 관리의 목표로 둠으로써, 마케팅 개념과 일관성을 유지하고 있다.

• 위의 정의에서 '상품'이란 자동차와 같은 유형의 제품은 물론, 은행 적금과 같은 무형의 서비스도 포함하는 의미로 사용되었다.

• 상품, 가격, 촉진, 유통은 고객에게 더 큰 가치를 제공하기 위하여 동원될 수 있는 대표적인 마케팅 수단들이다.

• 기업에는 대부분 마케팅 관리를 담당하고 있는 부서를 따로 두고 있다. 기업에 따라서 이 부서를 마케팅부 또는 마케팅팀 등의 이름으로 부르는데, 이 책에서는 편의상 이를 모두 '마케팅 부서'라고 부르기로 한다. 또, 마케팅 부서 내에서 가장 높은 직위인 사람(예: 마케팅 부장, 마케팅 팀장 등)을 마케팅 관리자라고 부르기로 한다.

1) 마케팅 기능

(1) 미시적 마케팅(Micro Marketing)

미시적 마케팅이란 개별 기업의 목표를 달성하기 위한 수단으로 수행하는 마케팅 활동을 말한다.

① **후행적 마케팅(고압적 마케팅, 선형 마케팅, Push 마케팅)**: 전통적 마케팅 개념으로 판매자 중심의 시장에서 생산이 이루어진 후 또는 일정한 제품이 생산된다는 전제하에서 수행되는 마케팅 기능으로 경로, 가격, 촉

진, 물류 등을 포함한다.

② **선행적 마케팅(저압적 마케팅, 순환형 마케팅, Pull 마케팅)**: 현대적 마케팅 개념으로 구매자 중심의 시장에서 생산이 이루어지기 전에 수행되는 마케팅 기능으로 고객 욕구 파악을 위한 마케팅 조사 활동, 마케팅 계획 활동을 포함한다.

(2) 거시적 마케팅(Macro Marketing)

생산자와 소비자 간의 경제적 분리 현상을 연결. 조정하기 위하여 수행되는 유통 경제상의 마케팅 활동을 의미한다.

2) 마케팅 체계

기업에서 마케팅이 구체적으로 실행하는 기본적인 기능에는 환경분석, 마케팅조사, 소비자분석, 제품기획, 유통계획, 촉진계획 그리고 가격결정 등이 있다. 이들 중 환경분석, 마케팅조사, 소비자 분석은 시장세분화를 통한 표적시장의 선택과 제품의 포지셔닝 등의 마케팅 전략의 수립을 위해 수행되는 기능이라고 할 수 있으며, 제품(product), 촉진(promotion), 가격(price), 유통(place)의 4P's와 관련된 계획은 이미 수립된 마케팅전략에 근거하여 이를 실행하기 위해 만들어진다([그림 1] 참조).

그림 1 마케팅의 체계

마케팅 관리 과정은 마케팅환경과 소비자를 분석한 결과를 토대로 표적고객 선정과 제품 포지셔닝으로 구성되는 마케팅전략을 수립하고, 마케팅 믹스에 관한 계획을 만들어 이를 수행하고 통제하는 일련의 과정을 말한다. 마케팅계획은 중소기업의 경우 한두 사람에 의해 실행에 옮겨지는 일도 흔하지만, 대기업의 경우에는 영업사원, 마케팅조사 전문가, 광고 전문가, 제품 관리자(product manager), 고객서비스 담당자 등 많은 마케팅 전문가들에 의해 실행에 옮겨진다.

마케팅계획이 실행될 때 원래 계획했던 대로 실행되어 성과가 나타나는 부분도 있으나 계획과 실제 성과가 다른 경우도 많이 볼 수 있다. 따라서 기업은 피드백을 얻어 마케팅 활동을 통제할 수 있는 시스템을 갖추고 있어야 한다. 보통 통제시스템에는 기업의 매출이나 이윤 등의 연간 목표를 달성할 수 있도록 하는 연간 계획 통제시스템, 제품별 · 고객집단별 및 유통경로별 실제 이익률을 측정하여 통제하는 이익률 통제시스템, 시장조건에 비추어 마케팅전략이 적절한가를 통제하는 전략적 통제시스템 등이 있다. 마케팅환경이 빨리 변하면 변할수록 기업은 정기적으로 마케팅의 효과성을 재평가하여 궤도 수정을 해나가는 마케팅 감사(marketing audit)를 시행하게 된다.

마케팅 환경을 탐색하여 적응해 나가는 방법으로서의 마케팅 관리 과정을 나타내고 있다. 마케팅관리 과정은 마케팅 정보를 분석하여 이에 근거한 마케팅계획을 수립하고 이를 수행한 뒤 계획에 비추어 통제하는 일련의 과정을 의미한다. 이 같은 과정은 마케팅 믹스로 구체화되어 표적고객들에게 전달된다. 마케팅관리 과정은 국내의 중소기업이건 세계적 규모의 다국적기업이건 간에 같은 원칙하에 적용된다.

3. 마케팅의 핵심 개념

1) 필요(needs)·욕구(wants)·수요(demands)

마케팅은 인간의 필요와 욕구를 충족하기 위해 시작된다.

(1) 필요

기본적인 만족이 결핍된 상태이다. 인간은 생리, 안전, 소속, 존경, 자아실현 중에 어느 것이 결핍되었다고 느끼면 필요를 느끼게 된다. 즉 필요는 마케팅으로 만들어지는 것이 아니라 인간 본성의 욕구에서 발생하는 것이다.

(2) 욕구

필요가 소비자에 따라 구체적 제품이나 서비스에 대해 나타나는 바람이다. 즉 만족시켜주는 수단에 대한 구체적인 바람이고, 욕구가 구체적으로 표현된 것이다. 이러한 욕구는 근본적 욕구(fundamental needs)와 구체적 욕구(specific wants)[2]로 구분된다.

근본적 욕구	• 의식주와 같이 본원적이고 근본적인 것에 대한 욕구 • 소비자 모두 동일한 욕구	예) 점심 식사
구체적 욕구	• 근본적 욕구 실현을 위한 수단에 대한 욕구 • 소비자 취향, 소속된 사회문화에 따라 다름	예) 메뉴 선택

(3) 수요

특정 제품이나 서비스에 대한 욕구가 구매력과 구매 의지로 뒷받침되는 것

---

2 마케팅 핵심개념의 구성요소를 설명함에 있어서 소비자의 필요(needs)와 욕구(want)를 구분한 관점(안광호 외, 2023)과 필요(needs)를 욕구(want)의 한 종류로 본 관점(이학식 외, 2023)이 있다.

이다. 어떤 제품에 대한 욕구가 있다고 하더라도 구매력과 구매 의지가 뒷받
침될 때 구매가 이루어진다.

2) 가치(value)

소비자들은 제품이나 서비스를 통해 자신의 필요와 욕구를 충족시킨다. 예
로 소비자는 갈증을 해소하기 위해 음료를 구입한다. 하지만 음료는 생수, 탄
산음료, 과일주스, 커피류 등 종류가 다양하다. 이러한 다양한 대안에서 필요
와 욕구를 충족시킬 가장 좋은 대안을 선택한다.

(1) 가치

소비자가 제품 대안을 선택할 때 필요와 욕구의 충족 이상으로 지불하는
대가를 선택할 때 지침이 되는 개념이다.

(2) 가치는 '편익(benefits)과 비용(costs)의 상쇄관계(trade-off)'에 의한 것이다.

- **편익**: 어떤 제품을 통해 받는 만족 또는 욕구충족의 효과
- **비용**: 제품을 구매하기 위해 사용되는 금전적 비용, 시간, 노력
- **소비자**: 가급적 적은 비용을 치르고 큰 효용을 얻으려고 함

예를 들면, 어떤 소비자는 생수보다 탄산음료를 선호하지만 탄산음료는 생
수보다 더 높은 가격을 지불해야 하기 때문에 생수를 선택

(3) 기업은 높은 가치 제공을 위한 높은 편익, 적은 비용의 제품이 필요하
다. 높은 편익, 적은 비용 상쇄관계(가치=총편익-총비용)를 고려한 가치
향상의 방법은 3가지가 있다.

비용을 낮추는 방법	예) 할인 프로모션 행사
제품의 편익을 높이는 방법	예) 새로운 스마트폰을 출시한 경우 이전 동일 가격대에 좋은 사양 제공
비용을 낮추고 편익을 높이는 방법	새로운 시장을 개척하는 선발기업보다 경쟁자가 많은 시장의 후발기업을 위한 방법 예) 제네시스의 미국 자동차 시장 진입전략

3) 제품(products)·서비스(services)·제공물(offering)

소비자들은 제품과 서비스를 소비함으로 자신의 욕구를 충족시킨다.

(1) 소비하는 제품은 물리적 형태의 유형의 제품(tangible/physical products) 과 무형의 서비스(intangible services)를 포함한다.

(2) 마케팅의 주체가 시장에 제공하는 것을 유형의 제품과 무형의 서비스 뿐만 아니라 사람, 조직, 아이디어, 장소 등 많은 것을 포함한다면 이는 제공물(offering)로 확대되어 표현된다.

4) 교환(exchange)

(1) 교환

각 참여자가 무엇인가를 다른 참여자에게 제공하고(offering) 자신이 원하는 무엇인가를 획득하는 것이다. 즉 소비자는 가치 있는 제품과 서비스를 제공받고 그 대가를 지불하며, 기업은 가치 있는 제품과 서비스를 제공하고 이익을 획득하는 행위이다.

(2) 교환의 여부는 참여자들이 교환의 조건에 동의하는지에 달려 있다. 교환을 통해 교환 이전보다 더 나은 상태로 만들어 줄 수 있다는 의미에서 창조의 과정이라 할 수 있다.

(3) 교환과 마케팅의 범위

초기에는 마케팅이 이익추구 조직인 기업의 행위로 받아들여 왔다. Kotler, Levy, Drucker 등은 학교, 교회, 관공서, 평생교육기관 등 비영리 조직도 마케팅 주체로 확대하였다. 즉 마케팅의 핵심이 상거래 이상의 활동으로 교환 이상으로 자신의 효용(utility)이 증대되는 가치창출과정(value-creating process) 으로 보는 것이다.

5) 시장(market)

(1) 시장의 전통적 의미

재래시장, 백화점 등 물건을 사고파는 사람 간의 교환이 발생하는 장소이다. 마케팅(marketing)의 어원이 시장(market)에서 유래된 것이다.

(2) 시장의 마케팅적 의미

- 특정 장소를 지칭하는 것보다 욕구 충족을 위한 어떤 제품이나 서비스의 실제 또는 구매력을 갖춘 개별 혹은 잠재고객의 집합
- ICT 기술과 물류의 발달로 판매자와 구매자 간의 물리적 만남과 무관하게 일어나는 현장

(3) 마케팅 성공의 시장적 측면

제한된 시장에 경쟁기업이 많을 경우 동일한 고객의 욕구를 더 잘 충족시키는 것이 마케팅이므로 마케팅은 수요창출행위(demand-creating activity) 또는 시장창출행위(market-creating activity)의 역할을 하는 것이다.

(4) 시장 개념의 확장

시장의 개념이 전통적 제품과 서비스에 한정되지 않는다. 예) 자금 시장(money market), 기술 시장 (technology market) 등 시장의 개념이 확대되었다.

4. 마케팅 관리 철학

마케팅이 고객만족을 통한 이익 실현 활동이므로 기업은 여러 노력을 정리할 지침 또는 철학이 필요하다. 기업이 선택하는 철학에 따라 마케팅 활동의 양상이 달라진다. 마케팅관리 철학은 시대가 지남에 따라 기업중심적 마케팅 철학에서 고객중심적 마케팅철학으로 변화하였다.

1) 기업 중심적 마케팅 철학

(1) 생산 개념

① 마케팅관리 철학 중 가장 오래된 개념 중 하나이다. '쉽게 구매할 수 있는 싼 가격의 상품을 선호한다'는 태도를 말한다. 제품의 수요에 비해서 공급이 부족하여 고객들이 제품 구매에 어려움을 느끼기 때문에 고객들의 주된 관심이 지불할 수 있는 가격으로 그 제품을 구매하는 것일 때 나타나는 이념이다.

② 기업의 가장 큰 관심은 생산성(productivity)이다.

• 소비자가 쉽고 싸게 구매할 수 있는 상품을 선호할 것이기 때문에 생산의 효율성과 유통망 확보를 중요시한다.

• 이러한 시장상황은 판매자시장(sellers' market)이며, 반대로 공급이 수요를 초과하는 상황을 구매자 시장(buyers' market)이라고 한다.

• 판매자 시장에서는 생산이 곧 판매이므로 기업의 큰 관심은 생산량 증가이다.

③ 제품수요가 공급을 초과하는 상황: 만들기만 하면 팔리는 상품, 제품 원가가 높아 원가를 낮추기 위해 생산성을 향상한다.

  예) Ford 자동차 회사 20세기 초 가내수공업 방식 4S[기계의 전문화(specialization), 부품의 규격화(specification), 작업의 단순화(simplification), 제품의 표준화(standardization)]의 포드시스템(Ford System)으로 대량생산을 통한 원가절감에 초점을 기울인 것이다.

(2) 제품 개념

① 상황

생산개념의 공급 증대를 위한 생산성 향상에 주력하며 제품 차별화를 도외시하는 상황에서 제기되고, 경쟁자들 간에 제품이 유사해지고 경쟁이 점차 치열해졌다. '좋은 제품은 팔리게 되어 있다'는 태도로 소비자들이 가장 우수한 품질이나 효용을 제공하는 제품을 선호한다는 개념이다. 이러한 제품 지향적인 기업은 다른 어떤 것보다도 나은 양질의 제품을 생산하고 이를 개선하는 데 노력을 기울인다.

② 관점

- 소비자들이 최고의 품질과 성능의 제품을 선호할 것이다.
- 기술적으로 우수한 혁신적 제품을 생산하고 이를 지속적으로 개선하는 데 주력하는 것이다.

③ 현상

- 기술적으로 뛰어나지만, 시장에서 외면당하는 제품이 출시되는 경향이 있었다.
- 소비자의 욕구를 반영하지 못하는 신제품 연구개발 및 설계가 단순 제품 제조와 판매로 이어지기 때문이다. 즉, 시장이 원하는 것을 만들기보다는 R&D 담당자 또는 엔지니어가 만든 것을 판매하였다.
- ④ 제품개념의 철학이 생산개념 철학과 마찬가지로 기업중심적 사고에 머무르게 되면 시장에서 실패할 가능성이 크다.

(3) 판매 개념

① 상황

제품개념의 관리 철학으로도 시장에 대응하지 못할 만큼 경쟁이 더욱 치열하게 되어 채택된 개념이다. 기업이 소비자에게 경쟁회사 제품보다는 자사제품을 그리고 더 많은 양을 구매하도록 설득하여야 하며, 이를 위하여 이용 가능한 모든 효과적인 판매활동과 촉진도구를 활용하여야 한다고 보는 개념이다.

② 관점

• 고객이 기업에서 생산하는 제품이나 서비스를 자발적으로 구입하지 않을 것이라는 가정하에 공격적인 영업 및 촉진 활동을 펼치는 것을 말한다. 예를 들면, 보험상품, 전집류 서적 등 소비자들이 자발적으로 구매하지 않는 제품이나 서비스에 사용된다.

• 판매개념에서 잠재고객을 찾아 밀어 넣기식으로 판매하는 고압적 마케팅(push marketing)[3]이 주된 영업방식이다.

③ 전개

• 여전히 고객중심적이 아닌 기업중심적 사고방식을 보인다.

• 소비자들이 원하는 상품을 만드는 것보다 기업이 만든 상품을 단순히 판매하는 것이 기업의 목표다.

④ 시사점

• 가장 뛰어난 마케팅은 마케팅 자체가 필요 없도록 기업이 소비자들의 욕구와 필요를 인식하고, 충족시킬 제품과 서비스를 만들어 별도의 판매나 촉진활동이 필요 없게 하는 것[4]이다.

• 마케팅조사, 상품개발, 가격결정, 유통경로 설계 등의 저압적 마케팅(pullmarketing)[5] 활동이 효과적으로 선행되어야 한다.

---

3 고압적 마케팅(push marketing)은 표준화·규격화·대량생산 제품을 소비자에게 밀어붙여 판매하는 강압적 방협의 전략으로 소비자 욕구를 무시하고 기업 내부적 관점에서 생산과정 이후 관심을 가진다. 이에 고객 피드백을 무시하는 일방향 선형 마케팅 또는 후행적 마케팅이라고도 부른다.

4 피터 드러커(Peter Drucker)는 "마케팅의 목표는 판매가 필요 없게(superfluous) 만드는 것이다(The aim of marketing is to make selling superfluous). 궁극적으로 마케팅이 지향하는 것은 고객을 이해하고 제품과 서비스를 고객에게 맞추어 제공함으로써 저절로 팔리도록 하는 것이다."라는 말을 남겼다.

5 저압적 마케팅(pull marketing)은 고압적 마케팅의 상대적인 개념으로 기업이 소비자의 욕구를 파악하고 제품의 계획단계에서부터 적극적으로 참여를 유도하는 마케팅 활동이다. 이에 고객 피드백을 사전에 적극적으로 반영하여 순환 마케팅 또는 선행적 마케팅이라고도 부른다.

- 판매개념을 지나치게 의존하게 될 경우 선행활동을 체계적으로 수행하지 않게 된다.
- 막대한 양의 광고, 판촉 캠페인, 상품의 강매, 밀어 넣기식 판매로 단기간 매출증대로 인한 영업실적 개선에는 효과적이나 장기적으로는 고객 불만과 부정적 구전효과로 기업 및 브랜드 이미지 실추로 연결될 수 있다.

2) 고객 중심적 마케팅 철학

(1) 마케팅 개념

① 정의

치열한 경쟁에 직면한 기업이 기업중심적 경영철학에서 벗어나, 고객의 입장에서 기업과 관련된 여러 활동을 전개하는 고객중심적 마케팅관리 철학이다. 즉 고객 중심적 마케팅 개념은 생산한 것을 처분하는 방법을 각각의 판매 스킬로 해결하려는 것이 아니라, 기업경영상 추구하는 이념적 지향으로서 소비자의 욕구, 필요 가치 등을 찾아내어 경쟁기업보다 효과적이며 효율적으로 소비자의 욕구를 충족시키고자 하는 것이다.

② 목표

표적시장에 속한 고객들의 욕구를 파악하고 찾아내어 그 욕구를 경쟁자들보다 더 효과적이고 효율적으로 충족시키는 것이다.

③ 마케팅 개념과 판매 개념의 구분

마케팅 개념	시장의 고객들이 가진 욕구를 통합된 마케팅 활동을 통해 만족시켜 이익을 창출하는 것에 초점
판매 개념	기존제품의 판매와 촉진 활동의 강화를 통해 매출을 증대시켜 이익을 남기려는 것

④ 고려사항

- 마케팅 활동은 시장의 고객에게 초점을 맞추고 상품기획, 가격결정, 광고, 판매촉진, 유통경로 등이 일관성을 갖고 통합·조정되어야 한다.
- 마케팅 개념의 핵심 고려사항(고객지향성, 고객만족을 통한 이익실현)이 있다.

고객지향성 (customer orientation)	• 고객의 욕구를 고객이 지불 가능한 가격에 맞추는 것 • 많은 기업은 고객지향적 관리 철학을 고객 지향을 표방하는 슬로건을 통해 표현하고 있음
고객 만족을 통한 이익실현	• 마케팅은 기업의 궁극적인 목표가 단순히 고객만족을 극대화하는 것이 아니라 고객의 욕구를 충족하여 이익을 실현하는 것(기업목적 지향적) • 기업의 이익을 실현하는 전제조건하에서 고객에게 더 많은 가치를 전달하기 위해 노력해야 함. 이를 통해 기업은 장기적 발전을 도모할 수 있고, 고객은 기업이 제공하는 제품과 서비스에 만족하게 되는 것임.

(2) 총체적 마케팅 개념(The Holistic Marketing Concept)

① 정의

총체적 마케팅은 마케팅 활동이 더욱 다양하고 복잡해지고 있는 현실에 맞게 마케팅과 관련된 문제를 광범위하고 통합적으로 인식하는 개념이다.

② 관련 개념

관계마케팅 (relationship marketing)	• 개념적 목표: 기업이 마케팅 참여자들과 서로 만족스러운 장기적 관계를 구축하는 것 • 마케팅 참여자: 단순히 고객에 국한한 고객관계관리(customer relationship management: CRM)를 넘어 주요 파트너와의 관계 관리(partner relationship management: PRM)를 포함 • 궁극적인 목표: 기업의 자산으로서 마케팅 네트워크(고객, 종사자, 공급업자, 유통업자, 광고업자 등) 구축, 이를 통한 상호 이익을 창출
통합적 마케팅 (integrated marketing)[6]	• 마케팅은 기업의 궁극적인 목표가 단순히 고객만족을 극대화하는 것이 아니라 고객의 욕구를 충족하여 이익을 실현하는 것(기업목적 지향적) • 기업의 이익을 실현하는 전제조건하에서 고객에게 더 많은 가치를 전달하기 위해 노력해야 함. 이를 통해 기업은 장기적 발전을 도모할 수 있고, 고객은 기업이 제공하는 제품과 서비스에 만족하게 되는 것임.

내부 마케팅 (internal marketing)	• 정의: 복합적 마케팅의 중요한 구성요소이며 조직의 모든 구성원이 각자에게 필요한 마케팅 사고를 갖게 하는 것 • 마케팅 구성원들 사이의 갈등을 조절하고 고객중심의 마케팅 사고로 무장시키는 것을 포함 • 마케팅은 한 부서의 책임이 아니므로 마케팅과 직접적 관련이 없는 조직의 구성원에게 고객을 우선적으로 고려하는 고객중심의 마인드를 심어주어야 함 • 내부 마케팅은 고객봉사의 자질이 있는 종사자를 적절히 선발·교육·훈련·배치하고 동기 부여하는 것을 포함 • 외부 마케팅(external marketing)은 이러한 내부마케팅의 선행을 기반으로 종사자가 훌륭한 고객 서비스를 제공하기 위한 준비를 하는 것

3) 사회 지향적 마케팅 철학

(1) 사회 지향적 마케팅 개념

① 정의

마케팅 노력이 기업과 고객을 넘어 사회 차원으로 확대되고 있기 때문에 마케팅 활동의 실행에 있어서 윤리적, 환경적, 법적, 사회적 맥락을 충분히 고려해야 한다. 기업은 소비자의 욕구 충족과 함께 소비자 및 사회의 장기적 복지를 통해 경쟁사보다 효과적, 효율적으로 고객을 만족시켜야 한다.

② 관점

기업이 소비자의 욕구충족, 기업이윤 창출, 사회 전체의 이익의 세 가지 측면을 모두 고려하여 마케팅 의사결정을 하는 것이다.

③ 최근 경향

마케터의 진정성(authenticity)을 근거로 소비자의 영혼까지 움직이는 '마케팅3.0'[6]의 개념으로까지 진화해야 한다고 주장한다. 사회지향적 마케팅(soci-

---

6 국내외 학술서에서 '통합적 마케팅' 용어의 개념 정리가 혼용되고 있다. 첫째, 통합적 마케팅을 기업 내부의 다양한 기능을 수행하는 모든 부문과 모든 종사자에게

etal marketing concept)으로 확대하여 단순한 기업의 사회적 책임(corporate social re-sponsibility, CSR) 감당을 넘어 기업의 마케팅 활동의 결과가 장기적으로 사회 전체에 어떠한 영향까지 강조하는 오늘날 가장 바람직한 관리 철학이다.

———

공통적으로 필요한 마케팅 사고로 정의한 것이다. 이는 영문으로 total marketing 이고 전사적 마케팅(total company marketing)이라고도 부른다(이학식 외, 2023). 둘째, 가치창조, 커뮤니케이션 전달의 마케팅 활동의 통합적 설계와 실행이다 (Kotler & Keller, 2012). 이는 영문으로 integrated marketing이다.

읽을거리 ─ 마켓 6.0 시대

필립 코틀러(Philip Kotler, 1931~)는 마케팅 발전을 단계별로 나누어 설명하였고, 각 단계는 시대의 변화와 기술의 발전에 따라 진화해왔다고 했다.

1) 마켓 1.0: 제품 중심

이 시기는 산업혁명 이후 대량생산이 가능해지면서 제품을 최대한 많이 생산하여 판매하는 것이 주목표였다.

- 초점: 제품의 기능과 품질
- 전략: 생산된 제품을 최대한 많이 판매하는 것
- 소비자 역할: 수동적인 구매자, 제품의 기능과 가격에만 관심

2) 마켓 2.0: 소비자 중심

경쟁이 치열해지고, 소비자의 선택권이 확대되면서 기업들은 소비자의 필요와 욕구를 더 잘 이해하고 충족시키기 위해 노력하기 시작했다.

- 초점: 소비자의 욕구와 필요
- 전략: 시장 조사와 소비자 분석을 통한 맞춤형 제품 제공
- 소비자 역할: 능동적인 구매자, 기업에 피드백 제공

3) 마켓 3.0: 인간 중심

이 시기는 기업이 단순히 소비자의 욕구를 충족시키는 것을 넘어서, 소비자의 정신적, 감정적 욕구를 충족시키기 위해 노력합니다. 사회적, 환경적 가치도 중요하게 여겨진다.

- 초점: 인간의 가치, 감정적 연결, 사회적 책임
- 전략: 하이테크+하이터치의 융복합 전략, 온-오프라인 통합 마케팅
- 소비자 역할: 공동체의 일원으로서의 소비자, 기업의 사회적 책임과 가치에 민감

4) 마켓 4.0: 디지털 마케팅으로의 전환

정보 통신 기술의 발달로 자동화, 지능화 혁명이 일어나면서 하이테크는 물론이고 가장 인간적인 감성인 하이터치를 융복합하여 온-오프라인 통합 마케팅을 구사하는 단계다. 이 단계에서는 사업 환경이 수직적, 배타적, 개별적에서 수평적, 포용적, 사회적으로 변화했다. 그리고 주류 고객도 연장자, 남성, 시티즌에서 젊은이, 여성, 네티즌으로 바뀌었다.

- 초점: 디지털 기술과 소셜 미디어
- 전략: 온라인과 오프라인의 통합, 소셜 미디어를 통한 고객 참여
- 소비자 역할: 연결된 소비자, 적극적인 정보 공유와 참여를 기대

5) 마켓 5.0: 인간과 기술의 융합

마케팅 5.0은 인간 중심 마케팅과 디지털 마케팅의 융합을 말한다. 인공지능(AI), 빅데이터, 사물인터넷(IoT) 등 첨단 기술을 활용하여 개인화된 경험을 제공하고, 데이터 기반의 의사 결정을 통해 소비자의 행동을 예측하고 대응해야 한다. 동시에 인간적인 측면을 결합하여 소비자에게 깊은 감정적 연결을 제공해야 한다.

- 초점: 첨단 기술과 인간성의 조화
- 전략: AI와 인간의 협업, 감성적 경험 제공, 데이터 기반의 개인화된 마케팅
- 소비자 역할: 개인화된 경험을 기대하며, 감성적 연결을 중시

6) 마켓 6.0: 메타마케팅의 부상

한층 더 진화한 AI와 공간 컴퓨팅, AR·VR·XR, 메타버스 등 새로운 기술이 점점 더 일상으로 침투하고 있다. 현실 세계와 가상세계를 오가고, AI를 도구로 활용하면서 더 많은 일을 할 수 있게 됐다. 오늘날의 고객은 브랜드와 더욱 몰입감 있게 상호작용하며, 매력적인 경험을 요구하고 있다.

- 초점: 미래 고객을 잡기 위해선, 물리적 경험과 디지털 경험이 끊김 없이 이어진다면 더 몰입감을 높일 수 있으므로 터치 포인트 설계가 중요
- 전략: ①멀티채널 마케팅: 여러 채널에서 제품·서비스 홍보하고 매체마다 독립적인 메시지와 목표를 설정해야 함 ②옴니채널 마케팅: 온라인과 오프라인의 터치포인트를 하나의 여정으로 연결해야 한다. 예를 들어, 자동차를 산다고 했을 때, 온라인에서 둘러보고 '매장 상담 예약'을 클릭한 후 자연스럽게 오프라인 매장으로 이동하는 것을 말함 ③메타 마케팅: 온라인 검색 후 오프라인에 찾아가는 형태가 아니라, 오프매장에서 온라인 가격을 검색하거나, 스마트 피팅룸에서 바지를 입으면 어울리는 신발과 셔츠를 화면에 띄워주는 게 메타 마케팅임
- 소비자 역할: Z세대와 알파세대(잘파 세대)는 '피지털(피지컬과 디지털의 합성어) 네이티브'로, 물리적 경험과 디지털 경험을 동시에 중요시하며, 두 경험의 끊김 없는 연결을 기대함

5. 마케팅의 중요성

1) 사회 전반의 큰 영향력

마케팅의 영향이 기업 경영뿐만 아니라 사회 전반에 크게 미치고 있다. 전세계적으로 수많은 제품과 서비스가 생산되며, 상품개발, 유통, 촉진 등의 마케팅 비용으로 많은 비용이 발생한다. 따라서 기업의 효과적이고 효율적인 마케팅 수행 여부가 시장의 성패와 연계된다.

2) 고용창출

우리나라에도 많은 사람이 직·간접적으로 마케팅과 관련된 업종에 종사하고 있다. 관련 종사자 수도 상당수에 이르고 관련 비용도 국민 경제에 상당한 비중을 차지하고 있으므로 고용창출 효과도 매우 크다.

3) 생활양식과 사고방식 영향력

마케팅은 사람들의 생활양식과 사고방식에도 크게 영향을 준다. 마케팅이 물질만능주의, 자원의 낭비, 무분별한 소비촉진 등 많은 비판도 있지만, 마케팅이 소비자의 욕구를 반영하여 상품을 제작하고, 적절한 가격에 제공한다는 면에서 기업이 기울이는 노력의 일부분이다. 이러한 마케팅의 낭비적 요소로서의 비판은 기업에 더 저렴하고 더 많은 가치의 상품을 제공함으로 해소할 수 있다는 의미이기도 하다.

4) 삶의 질 향상

마케팅은 실제로 소비자들의 삶의 질을 높여준다. 예를 들면 기업이 새로운 기술의 제품을 출시하고 판매하기도 하며 여러 공익 캠페인으로 사회 인식의 변화를 시도하기도 한다.

6. 마케팅의 적용 범위

전통적으로 마케팅은 영리를 추구하는 기업에서만 관심을 두는 대상으로 인식되어 왔으나 최근에는 점차로 그 적용범위가 넓어져 비영리기관을 포함한 거의 모든 조직의 관심대상이 되고 있다.

1) 영리기관

우리나라에서는 영리를 추구하는 조직인 기업조차도 마케팅 개념이 도입되기 시작한 것은 그리 오래된 일이 아니다. 광고나 인적판매 등의 활동은 비교적 오래전부터 있어 왔으나 마케팅 활동을 통합적이고 체계적으로 추진하려는 노력은 1980년대 들어 나타나기 시작했으며, 식음료, 제약산업 등 포장된 비내구재를 생산하는 회사에 비교적 빠른 속도로 마케팅 개념이 받아들여지기 시작하였다. 1990년대 들어 한국마케팅학회에서 마케팅 개념을 모범적으로 실천에 옮긴 업체에 수여하기 시작한 마케팅 프런티어상을 수상한 업체 중에는 진로, 빙그레 등 식음료 생산업체와 애경, 두산, 아모레퍼시픽 등의 비내구재 생산업체가 상당수를 차지하고 있으며 최근 들어서는 삼성전자, 현대자동차와 같은 내구재 및 산업재 생산업체와 신한은행, 대우증권, SK텔레콤, KTF, 금호렌터카, 제일기획 등의 서비스업체 그리고 한글과컴퓨터 등의 정보기업체들도 마케팅 개념을 적극적으로 도입하고 있는 기업으로 마케팅 프런티어상을 수상하였다. 또한 삼성카드 등의 카드회사들도 마케팅에 커다란 관심을 보이고 있으며 KT, LG유플러스 등의 통신 회사들이 상호 간 경쟁이 치열해지면서 마케팅에 많은 노력을 기울이고 있다. 그러나 전반적으로 우리나라 기업들은 아직도 체계적인 마케팅을 수행할 수 있는 능력을 갖추기 위해 많은 자원과 노력을 투여해야 할 것이다.

2) 비영리기관

대학이나 병원 등 전통적으로 마케팅에는 별로 관심이 없었던 비영리기관들도 최근 마케팅에 많은 관심을 보이기 시작하였다. 우리나라의 대학들은 과거의 높은 인구성장률과 교육열 때문에 수요과잉으로 판매자 위주의 시장(sellers' market)에 안주할 수 있었으나 인구성장률의 하락과 더불어 대학 간의 경쟁이 심화되면서 우수학생의 유치를 위한 촉진활동, 고객만족을 위한 교과과정·개선 등의 마케팅 활동에 많은 관심을 두기 시작하였다. 병원도 1997년 IMF 외환위기 이후 경험하게 된 진료비의 상승으로 인한 경영난을 해소하기 위한 방안으로 많은 병원들이 원가·절감과 함께 고객만족에 관심을 두게 되었다. 그러나 우리나라에서 대학이나 병원 등 비영리기관의 마케팅은 아직도 걸음마 단계에 있다고 할 수 있으며 향후 많은 발전이 기대되는 분야이다. 또한 노동조합, 교회, 정부기관 등의 비영리조직들도 환경변화에 적응하기 위한 노력의 일환으로 마케팅 개념을 적극적으로 도입하는 사례가 생겨나고 있다.

3) 국제적 확산

지역적으로도 마케팅의 적용범위는 점점 더 넓어져 가고 있다. Procter & Gamble, Coca Cola, Microsoft, Google 등의 미국계 다국적기업은 물론이고 Unilever, Benetton, Sony, Toyota 등의 유럽과 일본계 다국적기업들은 세계 전역을 무대로 마케팅을 펼쳐나가고 있으며 이에 대항하는 현지 기업들도 마케팅능력을 배양하기 위해 고심하고 있다. 삼성전자, LG전자, 현대자동차 등의 우리나라 기업들도 과거 수출 위주의 단순 국제영업에서 탈피하여 현지사정에 맞는 마케팅을 전개할 수 있는 능력을 기르기 위해 투자하고 있다. 특히 현대자동차는 글로벌 금융위기로 인해 2009년 세계 자동차 시장이 위축되는 가운데 소비자들의 불안 심리를 파고드는 Hyundai Assurance Program(소비자가 현대차 신차를 리스 또는 할부 구입 후 1년 내 실직 등의 이유로 소득원을 상실

했을 때, 차량을 반납하면 현대자동차가 중고차 가격을 제외하고 $7,500 한도 내에서 남은 할부금을 대납해주는 제도) 등을 실시하여 소비자들과 평론가들로부터 독창적이면서도 공격적인 마케팅이라는 호평을 받은 바 있다. 이 같은 공격적인 마케팅을 통해 미국시장에서 2009년 1년 동안 총 43만 대(시장점유율 4.2%)를 판매하여 2008년 대비 8.3%의 판매신장을 기록한 현대자동차는 권위 있는 광고 전문지 "Advertising Age"에서 '2009년 최고의 마케터'로 선정되기도 했다.

과거에 공산권이었던 러시아나 중국 등의 국가들도 마케팅에 대한 부정적인 시각을 버리고 시장 지향적인 경제체제를 구축하기 위해 하이얼(Haier), 알리바바(Alibaba) 등의 브랜드를 적극적으로 키워나가는 등 마케팅 개념을 도입하기 위해 노력하고 있다. 그러나 이들 경제권이 진정으로 마케팅 개념을 완전히 체화할 수 있을 때까지는 상당한 시간이 걸릴 것으로 보인다.

7. 마케팅의 새로운 추세

최근 들어 기업들은 과거와는 질적으로 다른 마케팅환경에 노출되어 있다. 21세기에 들어서면서 마케팅에 가속적으로 큰 영향을 미치고 있는 몇 가지 환경변화의 추세와 이에 대응하는 마케팅의 새로운 방향을 기술해 보면 다음과 같다.

첫째, 정보통신기술의 발달로 인한 디지털 혁명은 기업이 좀 더 정확하고 개인화된 제품과 서비스를 생산하고, 더욱더 세밀하게 표적화된 커뮤니케이션을 수행하며, 각 세분시장에 적절한 차별화된 가격결정을 하고 있다. 이 같은 환경 변화에 대응하기 위해 기업은 정보와 판매 채널로서의 인터넷 활용을 더욱더 가속하고 있으며, 시장, 고객, 잠재고객, 및 경쟁자에 대한 좀 더 풍부하고 다양한 정보를 '빅데이터(big data)'라는 이름으로 수집하여 활용하고 있다. 그에 더해서 최근 이른바 "4차 산업혁명으로 불리는 급진적 변화의 원동력인 디지털 기술들(AI, IoT, 클라우드 기술, 로보틱스, 모바일 인터넷, 3-D 프린팅 등)의 융합으로 전개되는 기업환경의 변화는 마케팅믹스, 마케팅전략 수립, 마케팅조사 등 마케팅의 거의 모든 측면에 심대한 영향을 주고 있으며, 기업들은 변화에 적응하기 위한 마케팅을 펼쳐가기 위해 많은 노력을 기울이고 있다.

둘째, 글로벌라이제이션, 규제 완화 및 산업 융복합화 추세의 가속화다. 소득 양극화 및 청년 실업 등의 부작용에도 불구하고 글로벌라이제이션과 규제 완화의 추세는 21세기에도 전 세계적으로 계속되고 있으며, 이에 대응하여 기업들은 새로운 기회를 포착하여 자신들의 마케팅영역을 넓히기 위한 노력을 지속적으로 펼쳐가고 있다. 또한 산업 간의 경계가 점점 모호해지면서 기업들은 새로운 시장기회와 함께 미래에 대한 불확실성에 기인하는 위기를 동시에 경험하고 있다. 예컨대, 컴퓨터산업과 가전제품 산업은 과거에 비교적 경계가 분명한 별개의 산업이었으나, 최근 Apple이나 삼성은 스마트폰이나 스마트 TV 등에서 보듯이 두 개 이상 산업에서의 핵심역량이 어우러진 융복합 상품에 사운을 걸고 경쟁하고 있다. 이 같은 추세는 앞으로 더욱더 가속화될 것으로 예상되며, 마케터들도 소비자들이 잠재적으로 가지고 있는 새로운 융복합 상품에 대한 욕구를 발굴하는 데 심혈을 기울이고 있다.

셋째, 소비자들이 가진 상품 및 기업에 관한 정보의 양적/질적 수준 향상과 소비자 참여의 확대이다. 정보통신기술의 발달은 기업에만 유리하게 작용하는 것은 아니다. 과거에 기업과 고객 간의 관계는 상당 부분 정보의 비대칭성(information asymmetry)으로 집약되는 일방적인 기업 우위의 관계였다고 할 수 있다. 그러나 21세기에 들어서면서 소비자들은 이제 더 이상 기업이 하는 이야기 들을 일방적으로 신뢰하는 주체가 아니며, 이 같은 추세는 2008년 '리먼 브라더스 사태'로 대표되는 세계적 규모의 금융위기 이후 더욱더 두드러지고 있다. 소비자들은 이제 광고뿐만 아니라 Facebook이나 Youtube 등의 사회적 매체(social media)를 활용하여 자신들이 적극적으로 나서서 만든 커뮤니티 또는 네트워크를 통해 상품이나 기업에 대한 신뢰할 만한 정보를 능동적으로 입수하고 있다. 더구나 이제 기업과의 공동 창조(co-creation) 과정을 통해 마케팅의

4P's에 관한 의사결정에 적극적으로 참여하는 소비자들이 점차로 늘어나고 있다. 이 같은 추세는 앞으로도 점점 더 가속할 것으로 예측되므로 기업들은 과거에 가지고 있었던 정보 비대칭성에 기인하는 대소비자 우위를 가정하지 말고, 소비자의 입장에서 소비자가 가진 문제의 완전 해결을 목표로 하여 진정성 있는 마음 자세로 마케팅 문제에 접근해야만 경쟁에서 살아남을 수 있을 것이다.

넷째, 2010년대 후반에 들면서 최대 글로벌 자산운용사 블랙록(BlackRock)을 비롯한 투자자들에 의해서 특별히 강조되고 있는 지구와 사회의 지속가능성(sustainability)을 높이기 위한 ESG(environmental, social, and governance) 경영은 마케팅 측면에서도 결코 무시할 수 없는 새로운 기업경영의 화두로 대두되고 있다(Serateim, 2021). 최근에는 기업들의 탄소 발자국(carbon footprints), 노동정책, 이사회 구성 등에 관한 데이터가 ESG 데이터의 형태로 투자자들에게 널리 활용되고 있다. 즉, 일부 투자자들은 기업 중 특별히 ESG 평가가 낮은 기업들을 투자 대상에서 제외하기도 하며, 어떤 투자자들은 ESG 평가가 높은 기업들을 대상으로 하는 '녹색 펀드'에만 투자하기도 한다. 투자자들의 대부분은 ESG 데이터를 기업에 대한 기본 분석에 포함하고 있으며, 일부 행동주의적 투자자들은 투자대상이 되는 기업의 경영 관행을 개선하기 위한 도구로 ESG 데이터를 사용하기도 한다. 이 같은 추세에 발맞추어 마케터들도 ESG의 다양한 측면을 마케팅에 활용하고 있다. "우리의 빈 병들을 가져오세요(Bring back our botles)" 캠페인을 벌이고 있는 The Body Shop이나 "이제는 지구가 우리의 유일한 주주입니다(Earth is now our only shareholder)"라는 슬로건을 내세우고 있는 Patagonia 같은 기업들이 대표적인 예가 될 수 있다. 향후 마케터들도 ESG 경영의 기본정신을 이해하고 능동적으로 대처하는 지혜가 필요하다.

경영 전략과 마케팅 전략

1. 경영 전략

오늘날 한 가지 상품과 한 가지 브랜드만을 가진 회사는 찾아보기 어렵다. 특히 대기업일수록 여러 가지의 사업분야에 진출해 있고, 각 사업분야 내에서 다시 여러 가지의 상품이나 브랜드를 거느리는 경향을 보인다. 예를 들어, LG전자는 디스플레이, 가전제품, 멀티미디어 등의 다양한 사업단위를 갖고 있으며, 이 중의 하나인 가전제품 사업단위는 청소기에서부터 세탁기에 이르는 다양한 상품들을 내놓고 있다.

LG전자처럼 다양한 사업과 상품을 거느리고 있는 회사의 경우, 마케팅 관리는 회사 전체 수준에서 이루어지는 것일까, 사업단위 수준(예: 가전제품)에서 이루어지는 것일까, 아니면 개별상품(예: 청소기)이나 브랜드(예: LG-Gram) 수준에서 이루어지는 것일까? 결론부터 이야기하면, 이런 회사의 경우 마케팅 관리는 기업전체 수준이나 사업단위 수준에서 이루어지는 것이 아니라, 상품이나 브랜드 수준에서 이루어진다. 그 이유는 상품이나 브랜드가 달라짐에 따라 표적으로 삼는 고객집단이 달라지기 때문에, 마케팅 활동 역시 달라질 수밖에 없기 때문이다.

그러나, 마케팅 관리가 개별상품이나 브랜드 수준의 활동이라고 하더라도, 회사 전체 또는 사업단위 수준에서 이미 결정해 놓은 사업목표와 전략의 영향을 받게 된다는 것을 이해하는 것이 중요하다. 즉 마케팅 목표와 전략은 기업 또는 사업단위 수준의 목표와 전략의 영향을 받는다.

그림 2 경영 전략

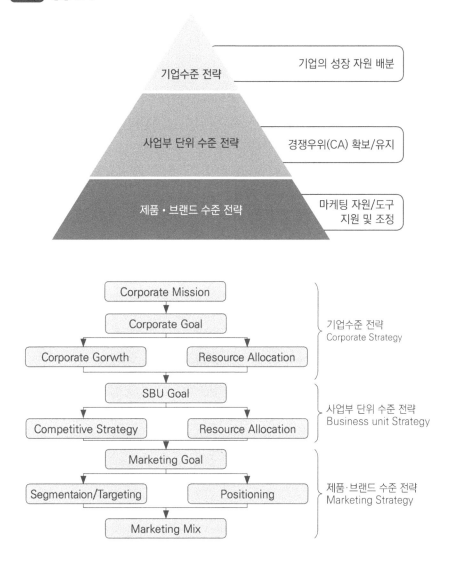

사업단위 수준이나 기업전체 수준에서 목표와 전략을 수립하는 것을 전략

계획 과정(strategic planning process)이라고 부른다. 과거에는 마케팅 분야에서 전략계획 과정을 다루기도 하였지만, 이 분야에 대한 지식이 방대해지고 깊어졌기 때문에 경영학 안에 경영 전략이라는 독립된 분야가 새로 생겨나게 되었다.

1) 기업 수준의 전략계획 과정

기업 전체 수준에서 전략계획을 수립하는 과정은 크게 기업사명의 정의, 사업단위의 정의, 사업단위에 대한 자원 배분, 성장전략 수립의 네 단계로 이루어진다.

그림 3 기업 수준의 전략계획 과정

(1) 기업사명의 정의

기업사명(corporate mission)이란 향후 10년 내지 20년 후에 어떤 사업을 할 것인지, 그리고 어떤 기업이 될 것인지에 대하여 최고 경영자가 갖고 있는 비전을 가리킨다. 그리고 이것을 글로 나타낸 것을 기업사명문(corporate mission statement)이라고 부른다. 구체적으로 그 기업이 활동할 영역을 정의하고 구성원들에게 동기를 부여하며, 주요 이해 관계자 집단(예: 종업원, 주주, 지역사회 등)에 대한 방침을 명시해야 한다.

(2) 사업단위의 정의

하나의 기업이 하나의 사업만 하는 경우는 드물고, 다양한 사업들을 영위하는 것이 일반적이다. 사업단위(business unit)란 하나 또는 그 이상의 사업들을 묶어 놓은 것을 의미하는데, 사업단위는 다음과 같은 특징이 있다. 첫째,

다른 사업단위들과 독립적으로 사업계획을 수립하며, 둘째, 다른 사업단위들과 다른 경쟁자들을 갖고 있고, 셋째, 사업단위의 최고 책임자가 사업운영에 필요한 대부분의 권한을 갖고 있다.

(3) 사업단위에 대한 자원배분

어떤 기업이든지 가지고 있는 자원의 양은 한정되어 있으므로, 모든 사업단위들에게 많은 자원을 배분해 주는 것은 불가능하다. 그러므로, 유망한 단위에는 더 많은 자원을 배분해주고, 그 대신 별로 희망이 보이지 않는 단위에는 배분되는 자원의 양을 줄이는 것이 제한된 자원을 효과적으로 활용하는 방법이다. 이것은 마치 여러 종목의 주식에 투자한 사람이 어떤 종목에 돈을 더 투자하고 어떤 종목에서는 발을 뺄 것인지를 결정하는 것과 비슷하기 때문에, 사업 포트폴리오(business portfolio) 분석이라고도 불린다.

사업단위에 대한 자원배분은 한두 사람의 직감이나 주관적인 느낌만 가지고 할 수는 없기 때문에, 의사결정을 도울 수 있는 체계적인 도구를 이용할 필요가 있다. 이러한 목적으로 많이 사용되는 도구가 BCG 모델(Boston Consulting Group model)과 GE 모델(General Electric model)이다.

① BCG 모델

이 방법의 기본적인 아이디어는 기업의 현금흐름이 원활해지려면 기업 내에 현금흐름을 공급하는 사업단위들과 현금흐름을 소비하는 사업단위들 사이에 적절한 균형이 유지되어야 한다는 것이다. 이러한 아이디어를 구체화하기 위하여, BCG 모델은 다음과 같은 두 가지 중요한 가정을 하고 있다.

• 현재 자기 시장에서 높은 상대적 시장점유율[7]을 갖고 있는 사업단위들은 현금흐름을 공급하게 된다. 그 이유는 시장 점유율이 높은 사업단위는 높은

---

7 상대적 시장점유율이란 자신의 매출액을 그 시장에서의 가장 큰 경쟁자의 매출액으로 나눈 것을 가리킨다.

경험곡선 효과[8]를 누리게 되어서 원가가 낮아지기 때문이다.

- 현재 자기가 속한 시장이 빠른 속도로 성장하는 경우, 그 사업단위들은 현금흐름을 소비하게 된다. 그 이유는 시장이 급속도로 성장하게 되면 이를 따라 가기 위한 설비투자가 필요하기 때문이다.

이러한 가정을 근거로, 각 사업단위의 상대적 시장점유율과 시장성장률을 계산하여 [그림 4]와 같이 상대적 시장점유율을 X축으로 하고, 시장성장률을 Y축으로 하는 매트릭스상에 각 사업단위의 위치를 나타낼 수 있는데, 이것을 BCG 매트릭스라고 부른다.

그림 4 BCG 매트릭스

---

8 경험곡선효과(experience curve effect)란 어떤 상품의 누적 생산량이 늘어남에 따라서 그 상품의 단위당 생산원가가 낮아지는 현상을 가리킨다. 누적 생산량이 두 배가 되면, 단위당 생산원가 10–30% 하락하는 것으로 알려져 있다. 이러한 현상이 나타나는 이유는 같은 상품을 계속 생산함에 따라 생산경험이 축적되어서 생산의 효율성이 높아지기 때문이다.

〈표 1〉 BCG 모델의 처방

사업단위	특징	처방
Question Mark	고성장 시장에서 낮은 시장점유율을 얻고 있는 사업단위: 현금 소비	구축(Build) 또는 수확(Harvest) 또는 철수(Divest)
Star	고성장 시장에서 높은 시장점유율을 얻고 있는 사업단위: 현금 소비	구축(Build)
Cash Cow	저성장 시장에서 높은 시장점유율을 얻고 있는 사업단위: 현금 창출	유지(Hold) 또는 수확(Harvest)
Dog	저성장 시장에서 낮은 시장점유율을 얻고 있는 사업단위: 현금을 거의 창출하지 못함	수확(Harvest) 또는 철수(Divest)

구축(build)이란 사업단위의 시장점유율을 현재 수준에서 유지하는데 필요한 자원만 배분해 주는 것을 의미한다. 유지(hold)란 사업단위의 시장점유율을 현재 수준에서 유지하는데 필요한 자원만 배분해 주는 것을 의미한다. 수확(harvest)은 사업단위로부터 현금을 더 많이 짜내는 것을 가리킨다. 이를 위하여 사업단위에 대한 자원배분을 줄이게 되고, 이를 지속하게 되면 해당 사업단위는 결국 문을 닫게 된다. 철수(divest)란 사업단위를 매각하거나 폐쇄하는 것을 가리킨다.

BCG 모델은 매우 유명하며, 특히 사업단위를 부르는 명칭인 question mark, star, cash cow, dog는 기업 경영자들이나 관리자들의 일상 용어로 정착될 정도로 널리 보급되었다. BCG 모델은 매우 간편하게 이용할 수 있다는 장점이 있지만, 다음과 같은 한계점들도 갖고 있다.

사업단위를 평가하는 기준으로 시장성장률과 상대적 시장점유율의 두 가지만을 사용하고 있기 때문에, 다른 다양한 요인들이 배제되어 있다. 예를 들어, 어떤 사업단위가 그 자체로서는 dog이지만 다른 사업단위를 지탱해 주는 중요한 역할을 하고 있다면, 이 사업단위를 철수할 수는 없을 것이다.

상대적 시장점유율이 높다고 해서 반드시 현금흐름을 창출할 수 있는 것은 아니다. 예를 들어, 경험효과가 낮은 산업(예: 제약산업이나 화학산업)이라든지 또는 높은 광고비나 판매촉진비에 의하여 높은 시장점유율을 지탱하고 있는 경우를 들 수 있다.

BCG 매트릭스는 정지화면과 같은 것이다. 즉, 시간의 흐름에 따라 사업단위의 위치가 어떻게 움직여 왔으며, 앞으로 어떻게 움직여 갈 것인지를 보여주는 것이 아니라, 단지 현재 시점에서 어느 위치에 있는지만을 보여준다.

그러므로, BCG 모델을 이용할 때에는 이러한 한계점들을 인식하고, 너무 기계적인 처방을 내리지 않도록 주의하여야 한다. 그리고, BCG 모델에만 의존하기보다는 다른 모델들과 함께 이용하는 것이 바람직하다.

② GE 모델

BCG Matrix의 변수가 너무 단순하다는 단점을 개선하기 위하여 GE는 경영자문사인 Mckinsey의 자문을 받아 시장 성장률과 시장 점유율 이외의 여러 변수들을 함께 고려한 시장 매력도–사업 강점 매트릭스를 개발하였다. GE 모델의 기본 아이디어는 사업단위가 다음과 같은 두 가지 조건을 충족시키면 그 사업단위에 자원배분을 늘려야 한다는 것이다. 첫째, 사업단위가 속한 시장이 높은 매력도를 갖고 있고, 둘째, 그 시장에서 사업단위가 경쟁자들과 비교하여 유리한 경쟁적 위치를 차지하고 있다. 즉, 사업단위의 경쟁적 위치(competitive position)를 X축, 시장의 매력도(market attractiveness)를 Y축으로 하는 매트릭스상에 각 사업단위의 위치를 표시한다.

각 사업단위의 경쟁적 위치는 다수의 요인들에 의하여 영향을 받으므로, 이들 요인별로 점수를 매겨서 이를 다시 각 요인의 중요도에 따라 가중 평균한 점수가 그 사업단위의 X좌표가 된다. Y좌표 역시 같은 방법으로 계산한다.

그림 5 GE 매트릭스

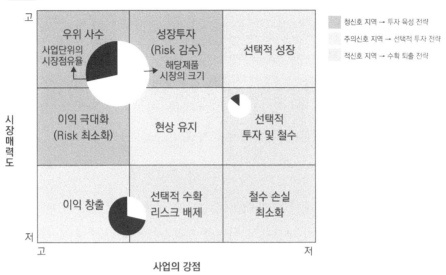

GE 매트릭스에서는 [그림 5]와 같이 X축과 Y축을 각각 3등분하여 전체가 9개의 영역으로 나누어지는데, 이 가운데 좌측 상단 영역이 최선의 위치이고, 우측 하단 영역이 최악의 위치에 해당된다. 그러므로 한정된 자원을 효과적으로 배분하려면, 빗금친 좌측 상단 3개 영역에 위치한 사업 단위들에 우선적으로 자원을 배분한 다음, 그래도 여력이 있을 때에만 나머지 사업 단위들에 배분하여야 한다.

GE 매트릭스는 BCG 매트릭스에 비하여 다양한 요인들을 고려할 수 있다는 장점이 있다. 그러나 대부분의 요인들이 주관적인 판단에 의하여 평가되므로, 최악의 경우 조작될 가능성도 있다는 단점이 있다. 그러므로 평가를 어느 한 사람에게 맡기지 말고 여러 부서의 대표자들에게 맡기면 이러한 문제점을 예방할 수 있다.

(4) 성장전략 수립

사업단위에 대한 자원배분 결정은 기본적으로 현재 우리가 하고 있는 사업들에 국한된 것이었다. 그러나, 5년 또는 10년 앞을 내다보면 현재의 사업들만으로는 충분한 성장을 달성하기 어려울 가능성이 있다. 이런 경우에는 성장목표를 달성할 수 있는 방법을 찾아 보아야 한다. 기업이 추구할 수 있는 성장전략에는 크게 다음과 같은 세 가지 종류가 있다.

① 집중적 성장

집중적 성장이란 기존 시장 또는 기존상품을 활용하여 성장을 도모하는 전략을 가리킨다. 이 장의 본문에서 설명한 상품/시장 매트릭스에서 시장침투 전략, 시장개발 전략, 신상품 개발 전략이 여기에 속한다.

② 다각화 성장

다각화 성장이란 기존 시장이나 기존 상품과 관련이 없는 새로운 시장, 새로운 상품을 통하여 성장을 도모하는 전략이다. 상품/시장 매트릭스의 우측 하단 영역에 해당된다.

③ 통합적 성장

통합적 성장이란 우리에게 원료나 부품을 공급해주는 산업에 진출하거나(후방통합, backwand integration), 우리 상품을 구매해주는 산업(예: 유통업에 진출하거나(전방통합, forward integration), 또는 우리의 경쟁자들을 인수합병하는 것(수평통합, horizontal integration)을 가리킨다.

2) 사업단위 수준의 전략계획 과정

사업단위 수준의 전략계획 과정은 다음과 같은 단계로 이루어진다: 사업단위 사명의 정의, 외부환경 분석, 사업단위의 강약점 분석, 목표수립, 전략선택, 실행 프로그램 수립.

사업단위의 전략계획 과정은 바로 앞에서 다룬 기업전체 수준의 전략계획 과정과 본문에서 다룬 마케팅 계획 과정에서 언급된 내용과 중복되는 것들이 많기 때문에, 각 단계에 대한 설명은 생략하고, 전략선택 단계에 대해서만 설명하기로 한다.

사업단위 수준에서 선택할 수 있는 전략 대안의 종류는 실로 다양하지만, 이 대안들을 크게 몇 가지 종류로 분류하는 것이 이해하는 데 도움이 된다. 이러한 분류 방법에는 여러 가지가 있지만, 그중에서 가장 널리 알려진 것은 하버드 대학교의 마이클 포터(Michael Porter) 교수가 제안한 분류 방법이다.

사업단위의 강점이 차별화에 있는지 아니면 낮은 원가에 있는지를 한 축으로 삼고, 사업단위의 표적시장의 규모가 큰지 아니면 작은지에 따라 전략 대안들을 다음과 같이 분류하였다. 이렇게 하여 도출된 네 가지 전략들을 본원적 전략이라고 부르기도 한다.

차별화(Differentiation) 전략은 고객에게 더 큰 편익을 제공하고 그 대가로 높은 가격을 받는 전략이다. 특히 차별화된 상품은 경쟁자의 상품과 뚜렷이 구별되는 독특함을 갖게 되므로, 경쟁자의 상품과의 소모적인 가격경쟁에서 벗어날 수 있다는 장점을 누릴 수 있다. 차별화를 할 수 있는 수단에는 상품 그 자체 이외에도, 서비스, 브랜드, 사람(종업원), 유통 경로 등이 있다.

전반적 원가우위(Overall Cost Leadership) 전략은 기본적인 상품을 경쟁자들보다 낮은 가격으로 제공하여 시장점유율을 높이는 전략이다. 이 전략을 추구하려면 경쟁자들보다 제조비용, 유통비용, 간접비용 등에서 우위에 서 있어야 한다.

규모가 큰 시장 대신에 규모가 작은 시장을 표적으로 하는 전략을 집중화(Focus) 전략이라고 부른다. 이때의 표적시장을 니치(Niche) 또는 틈새시장이라고 부르기 때문에, 집중화 전략은 틈새전략이라고 불리기도 한다. 집중화 전략은 소규모의 틈새시장을 대상으로 하기 때문에, 규모가 작은 사업단위나 중소기업에 적절한 전략이다. 바로 이러한 이유 때문에, 집중화 전략을 추구할 경우 대기업과 직접 경쟁하지 않아도 된다는 이점을 누릴 수 있다. 그러나, 틈새시장은 규모가 작기 때문에 큰 시장에 비하여 불안정하다는 단점이 있다. 그러므로, 집중화 전략을 추구할 때에는 단 하나의 틈새시장에 집중하기보다는 여러 개의 틈새시장에 집중함으로써 위험을 분산시킬 수 있다.

그림 6 포터의 본원적 전략

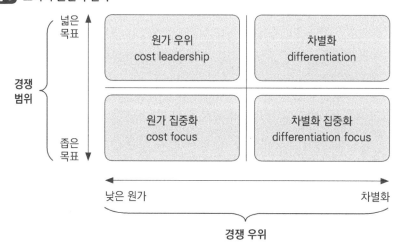

2. 마케팅 관리의 실제

1) 마케팅 계획

마케팅 관리에 대해 이해하였으면, 이번에는 마케팅 계획, 실행, 통제를 구성하는 요소들에 대하여 보다 자세히 알아보자. 마케팅 계획, 실행, 통제는 1년을 단위로 이루어지는 경우가 많다. 먼저 마케팅 계획을 수립하는 과정을 살펴보자.

(1) 상황분석

마케팅 계획을 수립하기 위한 첫 단계는 해당 상품의 과거, 현재, 그리고 미래의 상황을 분석하고, 이로부터 새로운 기회나 위협요인들을 파악하는 것이다. 물론, 이 중에서도 미래의 상황이 제일 큰 관심의 대상이지만, 과거와 현재의 상황을 분석하는 것이 미래의 상황을 예측하는 데 많은 도움이 된다.

상황분석의 영역은 해당 상품시장의 전반적인 상황, 우리 회사의 성과(매출액, 시장점유율, 이익 등), 고객(유통업자 포함), 경쟁자(잠재적 경쟁자와 대체재 포함), 공급업자, 그리고 거시환경(인구통계적 환경, 경제적 환경, 사회적 환경, 기술적 환경, 법률적 환경 등)의 여섯 가지로 크게 나누어 볼 수 있다. 본 책의 3장에서는 마케팅 환경 분석을 보다 자세히 다루고 있다.

① 데이터 수집

마케팅 계획을 수립하는 데 기초가 되는 데이터들은 불완전하거나 추정된 경우가 많다.

② 데이터 분석

수집된 데이터를 이용하여 각 영역별로 최근의 상황을 분석하고 미래를 예측하여야 한다. 물론 이러한 분석은 반드시 계량적일 필요는 없다. 앞에서도 설명한 것처럼, 마케팅 관리자가 갖고 있는 데이터는 종종 불완전하므로, 주관적인 판단에 의한 질적인 분석에 의존하는 경우가 많다. 위와 같이 상황을 정확히 분석하기 위해서 시장의 전반적 상황, 우리 상품의 성과, 고객의 행동, 경쟁자의 움직임, 그리고 거시환경 요인들에 대한 데이터를 체계적으로 수집하고 분석하고 해석하는 것이 중요한데, 이러한 기능을 수행하는 것을 마케팅 조사(marketing research)라고 부른다. 마케팅 조사는 상황을 분석하는 단계에서는 물론, 마케팅 활동의 모든 단계마다 중요한 정보를 제공해 준다.

③ 기회 및 위협요인 도출

마케팅 관리자는 상황분석의 여섯 가지 영역별로 상황을 분석한 다음, 해당 상품에 영향을 미칠 수 있는 기회요인들과 위협요인들을 도출하여야 한다.

④ 내년도 시장상황에 대한 가정 수립

마케팅 목표는 대개 매출액, 시장점유율, 또는 이익 등과 같은 수치로 표시된다. 그런데, 이러한 목표는 내년도 시장 상황에 대한 어떤 가정에 근거하게된다. 마케팅 관리자는 상황분석 결과를 기초로 내년도의 시장상황(예: 총 시장 규모, 경쟁의 강도)을 예측하고, 이를 마케팅 계획서에 명확히 밝혀두어야 한다.

(2) 목표 수립

마케팅 목표는 기본적으로 상황분석 결과로부터 도출된다. 마케팅 목표는 대개 개별 브랜드나 상품별 이익, 매출액, 또는 시장점유율 등과 같이 재무적인 수치로 표시된다. 그러나, 우리가 1장에서 배운 마케팅 개념에 보다 충실해지기 위해서는, 위와 같은 재무적인 수치 이외에 고객과 관련된 목표도 갖는 것이 바람직하다. 예를 들어, 고객만족도, 고객획득률과 유지율, 또는 생애가치 등이 그것이다.

마케팅 목표는 측정 가능해야 하며, 언제까지 달성하겠다는 시한을 명시해야 하며, 다소 어렵지만 열심히 노력하면 달성이 가능한 수준으로 설정하여관련된 사람들에게 동기를 부여할 수 있는 것이 바람직하다. 또한 사업단위 수준이나 기업전체 수준에서 설정된 목표 및 전략과 일관성을 가져야 한다.

(3) 전략대안의 파악

목표를 수립하는 것이 '우리가 어디로, 언제까지 갈 것인가?'라는 질문에 답하는 것이라면, 전략을 선택하는 것은 '우리가 어떻게 목적지까지 갈 것인가?'라는 질문에 답하는 것이라고 말할 수 있다. 대개 어떤 목표를 달성할 수 있는 전략에는 여러 가지가 있을 수 있기 때문에(이것을 전략대안이라고 부른다), 이 중에 가장 적합한 것을 선택해야 한다.

마케팅 목표에는 여러 가지 종류가 있을 수 있지만, 모두가 결국에는 장기적으로 큰 이익을 내는 것을 지향한다고 볼 수 있다. 그러나, 어느 해의 마케팅 목표는 시장상황에 따라 수익성을 중요시하지 않을 수도 있고 중요시할 수도 있는데, 전자를 성장목표, 후자를 수확목표라고 부른다. 즉, 성장목표란 단기적으로 수익성이 나빠지더라도 매출액이나 시장점유율의 확대를 목표로 삼는 경우를 가리키며, 수확목표란 단기적으로 매출액이나 시장점유율이 줄어들더라도 수익성 향상을 목표로 삼는 경우를 가리킨다.

① 성장목표

만약 마케팅 목표가 성장목표인 경우에는 이를 달성할 수 있는 전략대안에는 크게 네 가지가 있을 수 있다.

그림 7 상품/시장 매트릭스

구분	기존상품	신상품
기존 시장	시장침투 전략	신상품 개발 전략
신시장	시장개발 전략	다각화 전략

[그림 7]의 네 가지 전략 중에서 가장 빈번하게 쓰이는 전략은 시장침투 전략과 신상품 개발 전략이다. 시장개발 전략은 비교적 흔치 않은 전략이며, 다각화 전략은 새로운 고객과 새로운 상품이 필요하므로 상품이나 브랜드 수준의 전략이라기보다는 사업단위 수준이나 기업전체 수준의 전략이라고 할 수 있다. 그러므로, 여기서는 처음 세 가지 전략에 대하여 설명하기로 한다.

시장침투(market penetration) 전략은 현재 이 상품을 사용하는 고객(우리 회사의 고객은 물론 경쟁회사의 고객도 포함됨)들로 하여금 우리 상품을 더 많이 또는 더 자주 구입하게 함으로써 성장을 달성하는 전략이다.

기존상품을 구입하는 고객들로 하여금 새로운 상품을 구입하게 함으로써 성장을 달성하는 전략을 신상품 개발(new product development) 전략이라고 부른다.

기존상품을 구입하지 않는 사람들을 설득하여 구입하게 만듦으로써 성장을 달성하는 전략을 시장개발(market development) 전략이라고 부른다.

② 수확목표

어느 해의 마케팅 목표가 수확목표인 경우에는 비용절감 전략이나 매출액 증대 전략을 이용할 수 있다. 먼저, 비용을 절감할 수 있는 방법에는 고정비(예: 광고비, 마케팅 조사비, 영업사원의 인건비)를 줄이는 방법, 변동비(예: 상품의 원료나 부품 비용)를 줄이는 방법, 그리고 자산의 활용도를 높이는 방법(예: 재고나 외상매출금 감축)이 있다.

그러나, 이러한 방법들을 실시할 경우에 단기적으로는 수익성이 개선될 수 있지만, 장기적으로는 오히려 이익을 감소시킬 위험이 있다는 것을 인식할 필요가 있다. 예를 들어, 광고비 지출이 매출액에 미치는 효과는 어느 정도 시간이 걸려야 나타나므로, 올해에 광고비 지출을 줄이면 당장은 매출액도 줄어들지 않고 비용만 절감되는 효과를 거둘 수 있지만, 시간이 지나면서 매출액에 좋지 않은 영향을 미칠 수 있다. 마찬가지로 상품의 원료나 부품을 값싼 것으로 대신하면 품질이 나빠져서 고객들의 이탈률이 높아질 수 있고, 외상매출금의 회수를 무리하게 하면 중간상들이 등을 돌릴 가능성이 높아질 수 있다.

둘째, 매출액을 증대할 수 있는 방법에는 상품의 가격을 인상하는 방법과 판매믹스를 개선하는 방법이 있다(물론 이 밖에도 여러 가지가 있을 수 있지만, 여기서는 수익성 증대 목표를 달성하기 위하여 커다란 투자 없이 매출액을 높일 수 있는 방법만 고려하기로 한다).

상품의 가격을 인상하는 방법에는 다시 정가를 인상하는 방법, 할인을 축소하는 방법, 또는 가격은 그대로 두고 용량을 줄이는 방법 등이 있을 수 있다(가격변경에 대한 자세한 내용은 7장에서 다루기로 한다). 어떤 방법을 택하든 가격인상으로 판매량이 급격히 줄어들어서 매출액이 늘어나기는커녕 오히려 줄어들지 않도록 주의를 기울일 필요가 있다.

판매믹스를 개선한다는 것은 현재 우리가 판매하고 있는 품목들 중에서 수익성이 높은 품목의 판매비중을 높이고 수익성이 낮은 것의 비중은 낮추는 것을 의미한다

(4) 세분화와 표적시장 선택

마케팅 관리자의 고민은 주어진 목표를 달성할 수 있는 전략이 하나가 아니라 여러 가지라는 데 있다. 물론, 여러 가지 전략대안들 중에서 반드시 하나만 선택해야 하는 것은 아니다. 예를 들어, 시장침투 전략과 신상품 개발 전략을 동시에 실시하는 것도 가능하다. 그러나, 여러 가지의 전략을 동시에 실시하려면 그만큼 많은 투자가 필요하다는 것도 알고 있어야 한다. 일반적으로, 전략대안을 선택하기 위해서는 구매자, 경쟁자, 그리고 우리 스스로에 대한 충분한 정보를 갖고 있어야 하는데, 이러한 정보를 얻기 위해서는 시장을 세분화해 볼 필요가 있다.

① 시장 세분화

마케팅은 구매자를 철저히 이해하는 데에서 출발한다. 비슷한 욕구를 가진 구매자들로 구성된 집단을 세분시장(market segment)이라고 부른다. 그리고, 이렇게 세분시장을 발견하는 작업을 시장 세분화(market segmentation)라고 부른다. 일반적으로 한 세분시장은 다른 세분시장과 구별되는 별도의 마케팅 믹스를 필요로 한다.

시장을 세분화하는 방법에는 편익을 기준으로 하는 방법 이외에도 여러 가지가 있다. 예를 들어, 사용량(예: 다량 사용자 vs. 소량 사용자), 사용 여부(예:

사용자 vs. 비사용자), 애호도(예: 우리 브랜드 vs. 경쟁 브랜드) 등을 들 수가 있다. 그러므로, 고려 중인 전략 대안별로 적합한 세분화의 기준들을 선택하여 여러 가지로 세분화를 해 보아야 한다.

② 표적시장 선택

시장을 여러 개의 세분시장으로 나눈 다음에 모든 세분시장을 대상으로 마케팅을 하는 경우는 드물다. 대개 한 개 또는 그 이상의 세분시장들을 선택하여 이들을 표적으로 하여 마케팅을 하는 것이 보통이다. 이렇게 선택된 시장을 표적시장(target market)이라고 부른다.

시장이 빠르게 변화하지 않는 경우에는, 작년에 선택한 표적시장을 올해에도 계속 표적시장으로 삼게 되지만, 시장이 크게 변화하는 경우에는 표적시장을 변경해야 하는 경우도 생긴다.

(5) 전략 선택

표적시장을 선택하면 전략 대안을 선택하는 것은 비교적 쉽게 이루어진다. 왜냐하면, 표적시장으로 선택된 세분시장에 속한 고객들의 특성과 여기서 경쟁하는 경쟁자들의 상대적인 강점과 약점들이 비교적 분명하게 드러나기 때문이다.

(6) 마케팅 믹스 결정

앞서 설명한 것처럼, 마케팅 믹스란 마케팅 전략을 수행하기 위하여 마케팅 관리자가 동원할 수 있는 네 가지 대표적인 수단들, 즉 상품, 가격, 촉진, 유통을 가리킨다. 어떤 마케팅 전략이 선택되느냐에 따라 마케팅 믹스 요소들 중에서 특히 어떤 요소에 중점을 둘 것인지가 결정된다.

예를 들어, 신상품 개발 전략이 선택되었다면, 마케팅 믹스 요소들 중에서도 특히 상품이 중요해지며, 경쟁자의 고객을 대상으로 한 시장침투 전략이 선택되었다면, 여러 가지 판매촉진 프로그램(예: 할인쿠폰 배포)이 중요해질 것이다. 그러나, 이 말은 다른 마케팅 믹스 요소들은 소홀히 다루어도 좋다는 의미는 아니다. 마케팅 목표를 달성하기 위해서는 마케팅 믹스 요소들을 상호 보완적으로 조화롭게 활용하는 것이 중요하다. 예를 들어, 다른 마케팅 믹스 요소들은 아무것도 달라진 것이 없는데, 광고비만 2배, 3배로 높이는 것보다는 상품에 변화를 주고(예: 포장 변경, 새로운 품목 추가) 동시에 광고비를 높이는 것이 매출액을 증대하는 데 더 큰 효과가 있다. 또 다른 예를 들자면, 고급 브랜드를 붙인 상품은 시장이나 할인점에서 파는 것보다는 전문점이나 백화점에서 팔아야 한다.

(7) 실행 프로그램 수립

마케팅 계획에는 마케팅 믹스 요소별로 언제, 누가, 무엇을, 얼마의 예산으로 실행에 옮길 것인지를 구체적으로 명시한 실천 프로그램이 담겨 있어야 한다.

(8) 예상 손익계산서 작성

마케팅 관리자는 실행 프로그램을 기초로 예산을 편성할 수 있다. 예상 손익계산서의 항목들은 크게 매출액과 비용으로 나누어지는데, 매출액은 판매량 예측치와 평균가격 예측치를 이용하여 추정되며, 비용은 다시 제조원가, 판매 및 일반관리비 등의 구체적인 항목들로 세분화하여 산출된다. 이러한 예상 매출액과 예상 비용의 차이가 바로 예상 이익이 된다.

(9) 통제방법 결정

마케팅 계획이 실행에 옮겨지면, 정기적으로(예: 매달 또는 매분기) 그 결과를 측정하여 목표와 비교하고, 차이가 있는 경우에는 그 원인을 분석하고, 시정 조치를 취해야 한다. 이렇게 하는 것을 통제(control)라고 부른다. 그러므로, 마케팅 계획을 수립할 때에는, 마케팅 활동의 결과를 얼마나 자주 어떤 방법으로 측정할 것인지를 분명히 밝혀둘 필요가 있다.

(10) 비상계획 수립

앞서 설명한 것처럼, 내년도의 마케팅 목표를 수립하기 위해서는 내년도의 시장 상황을 예측해야 한다. 시장환경이 불확실할수록, 여러 가지 발생 가능한 상황들을 미리 생각해보고, 실제로 그러한 상황이 닥쳤을 때, 어떻게 대처할 것인지를 계획해 두는 것이 바람직하다. 이렇게 하는 것을 비상계획 수립(contingency planning)이라고 부른다. 비상계획이 미리 수립되어 있으면, 시장 상황이 바뀌더라도 경쟁자보다 신속하게 대처함으로써 경쟁우위를 확보할 수 있는 장점이 있다.

(11) 결재

비상계획까지 작성이 끝나면, 마케팅 관리자는 지금까지 분석하고 결정한 내용들을 문서로 작성하는데, 이것을 마케팅 계획서라고 부른다. 마케팅 계획서에 포함되는 내용은 회사에 따라 다소 차이는 있지만, 마케팅 관리자는 이 계획서를 자신보다 상위에 있는 관리자에게 제출하고, 결재를 받는다. 결재를 받는 과정에서 마케팅 계획서의 내용이나 예산 등이 수정되기도 하지만, 일단 계획서가 승인되면, 이를 실행에 옮기기 위하여 필요한 원자재 조달계획, 생산계획, 직원채용계획 등이 만들어진다.

2) 마케팅 계획의 실행

마케팅 계획을 실행에 옮기려면, 회사 안팎의 인적 또는 물적 자원을 조직화하여야 한다. 규모가 작은 회사에서는 한 사람이 모든 마케팅 업무(마케팅 조사, 판매, 광고, 고객 서비스 등)를 수행하기도 하지만, 규모가 커질수록 마케팅 전문가 여럿을 두게 된다.

대부분의 회사들은 마케팅 부서를 따로 두고 있다. 회사에 따라 다르지만, 마케팅 부서의 최고 책임자는 대개 부장이나 임원이 임명된다. 이 사람은 다음과 같은 세 가지의 임무를 맡는다. 첫째, 유능한 마케팅 전문가들을 선발하고, 훈련시키고, 지휘하고, 동기를 부여하고, 업적을 평가한다.

둘째, 마케팅 부서 내의 여러 마케팅 전문가들 간에 협조가 원활하게 이루어지도록 한다. 예를 들어, 소비자를 대상으로 한 경품행사를 차질 없이 실시하려면, 광고 담당자와 판매촉진 담당자 간에 원활한 협조가 이루어지지 않으면 안 된다.

셋째, 마케팅 부서와 다른 부서 간에 협조가 원활하게 이루어지도록 한다. 앞서 우리는 상품, 가격, 촉진, 유통이 마케팅 활동의 영역이라고 하였는데, 이 말의 의미는 마케팅 관리자가 위의 요소들에 대하여 계획을 세우고 실행하는 데 중요한 역할을 할 수 있다는 뜻이지, 마케팅 관리자가 마음대로 할 수 있다는 뜻은 아니다. 왜냐하면, 마케팅 믹스 요소에 대한 계획을 세우거나 실행하는 데에는 마케팅 부서 이외의 다른 부서의 협조나 동의가 필요한 경우가 대부분이기 때문이다.

그러므로, 마케팅 관리를 잘하기 위해서는 마케팅 부서 혼자의 노력만으로는 불충분하며, 관련된 여러 부서들의 협조가 매우 중요하다는 것을 알 수 있다. 경우에 따라서는, 회사 내부뿐만이 아니라 회사 외부의 사람들, 예를 들어 공급업자나 유통업자의 협조도 매우 중요해진다. 이렇게 마케팅 부서와 회사 내외부의 사람들이 마치 한 사람처럼 긴밀한 협조하에 움직이는 것을 통합적 마케팅(integrated marketing)이라고 부른다.

3) 마케팅 계획의 통제

앞에서 설명한 것처럼, 마케팅 계획은 반드시 계획한 대로 실행에 옮겨지는 것은 아니며, 그 결과 역시 처음에 목표한 수준과 일치하지 않는 경우가 많다. 그러므로, 마케팅 계획을 실행한 결과를 정기적으로 측정하고 이를 목표와 비교한 다음, 중요한 차이가 있다면 그 원인을 분석하여 시정조치를 취하여야 한다. 이것을 통제라고 한다.

PRINCIPLES

OF MARKETING

제 **2** 부

마케팅과 환경

제3장 마케팅 환경 분석

1. 시장 환경 분석

1) 외부 환경 분석

외부 환경이란 한 기업이 사업 추진을 위해 직간접적으로 영향을 미치는 모든 외부 요소로, 산업 환경이나 거시 환경, 시장 환경, 고객과 경쟁자 및 기술 환경을 말한다.

외부 환경 분석을 추진하지 않고 마케팅 전략을 수립하는 것은 사업 목표나 방향이 없이 사업을 진행하는 것과 같다. 외부 환경의 체계적 분석을 통해서 제품 및 서비스 시장의 동향, 수요, 제품의 특성, 변화 요인 등에서 전략적 시사점을 도출하고, 이를 마케팅 목표와 전략 수립에 반영하여야 한다.

그림 1 외부 환경 분석

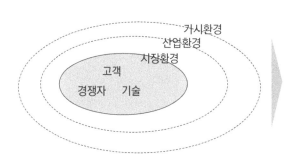

2) 거시 환경 분석

거시환경은 제품 및 서비스가 속한 산업을 넘어서 제품 및 서비스의 마케팅 전략에 영향을 주는 정치, 경제, 사회 문화, 기술 등 거시적인 기업 외부의 환경을 말한다.

(1) PEST 분석

PEST 분석은 정치적(Political), 경제적(Economical), 사회문화적(Socio-Cultural), 기술적(Technological)인 관점에서 환경 요인을 분석한다.

그림 2 PEST 분석

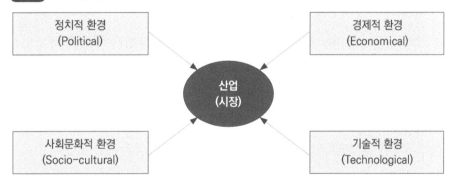

① PEST 분석의 구성요소

- **정치적(Political) 환경** : 법률 및 각종 시행령의 변화, 정치적 리스크(Risk), 무역 조건의 변화, 정치적 이슈의 변화 등을 고려
  - 세금 정책, 고용법, 국제무역 규제와 제한, 경쟁규제, 환경 규제와 보호 등
- **경제적(Economical) 환경** : 장기, 중기, 단기적으로 경제의 변화에 대한 각종 지표나 전망 등을 포괄하는 부분에 대한 전망
  - 국내 총생산, 물가상승률, 이자율, 환율, 원자재 가격 등

- **사회문화적(Socio-Cultural) 환경** : 인류 통계학적 분포의 변화(고령화 사회 진입 등), 소비자 구매 패턴의 변화, 라이프 사이클의 변화, 사회 통념의 변화 등
- **기술(Technological) 환경** : 신기술의 등장, 기존 기술의 도태, 기술의 확산 및 일반화 등 주로 기수의 사이클에 대한 분석이 포함된다.

② PEST 분석의 구성요소별 고려사항

- **정치적(Political) 환경** : 규제에 있어 어떤 변화가 일어날 것인가?
- **경제적(Economical) 환경** : 제품 및 서비스 시장의 전망은 어떠한가?
- **사회문화적(Sociol-Cultural) 환경** : 사회문화적인 환경의 변화가 제품 및 서비스 수요 창출에 어떤 영향을 미칠 것인가?
- 현재 제품 및 서비스의 기술 기반에 영향을 줄 수 있는 새로운 기술이 존재하는가? 또 향후 기술의 변화가 예상되는가?

(2) STEEP 분석

세계화와 글로벌화의 영향으로 지구의 지속 가능 성장 측면에서 환경 문제가 국제적으로 이슈로 대두되면서, 환경 문제가 한층 복잡해지고 있으며, 환경 문제가 거시적인 환경으로 산업 전반에 영향이 커짐에 따라 생태적 환경 요인을 추가하여 STEEP 분석 모델을 활용한다.

그림 3 STEEP 분석

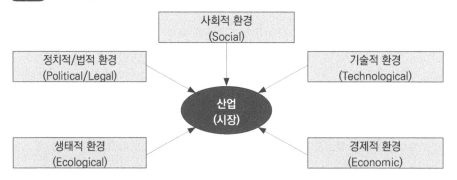

① STEEP 분석 구성요소

• **사회적 요인(Social)** : 사회적 요소에는 문화적 측면이 포함되며 건강 의식, 인구 증가율, 연령 분포, 직업 태도 및 안전 강조가 포함된다. 사회적 요인의 추세는 회사 제품에 대한 수요와 회사 운영 방식에 영향을 준다.

• **기술적 요인(Technological)** : 기술적 요인은 R&D, 자동화, 기술 인센티브 및 기술 변화율과 같은 기술적 측면이 포함된다. 기술적 요인은 진입 장벽, 최소한의 효율적인 생산 수준과 아웃소싱 결정에 영향을 줄 수 있고, 기술 변화는 비용, 품질에 영향을 미치고 혁신으로 이어질 수 있다.

• **환경 요인(Environmental)** : 환경 요인에는 날씨, 기후 및 기후 변화와 같은 생태 및 환경 측면이 포함된다.

• **경제 요인(Economic)** : 경제 요인에는 경제 성장, 금리, 환율 및 인플레이션 비율이 포함된다.

• **정치적 요인(Political)** : 정치적인 요인은 정부가 경제에 개입하는 방법과 정도에 관한 것이며 세금 정책, 노동법, 환경법, 무역 제한, 관세, 정치적 안정과 같은 영역을 포함한다.

3) 산업 환경 분석

산업 환경 분석은 산업의 구조와 제품 수명주기 관점에서 진화에 대한 분석을 주로 수행한다. 산업 분석은 경쟁 강도에 영향을 미치는 환경요인과 현재 제품 및 서비스가 포함되어 있는 산업의 진화 관점에서의 처한 환경을 분석함으로써 자신의 기업에 유리한 마케팅 전략을 수립한다.

(1) 5-Forces 모델

5-Forces 모델은 산업 구조를 분석하는 도구로, 산업 내의 다양한 구성 집단들 간의 상호관계를 분석하여 경쟁의 강도를 파악하고, 이를 근거로 제품 및 서비스 시장의 매력도를 평가한다.

그림 4 포터의 5-Forces 모델

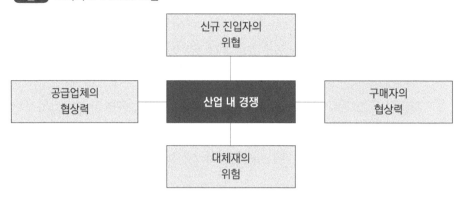

이 모델은 산업 매력도에 영향을 미치는 다섯 가지 경쟁 유발 요인을 구조적으로 분석하는 방법으로, 산업 내의 경쟁 환경은 기존 기업 간의 경쟁, 구매자 및 공급자의 협상력, 새로운 진입 기업의 위협, 대체재나 대체 서비스의 위협에 의해서 결정된다. 즉 다섯 가지 경쟁 유발 요인의 영향력이 클수록 산업 내 경쟁이 심화되어 산업의 매력도는 낮아진다.

① 5-Forces 모델 구성요소

• **신규 진입자의 위협**(Threat of New Entrants) : 수익성이 높은 산업일수록 그리고 유망한 산업일수록 많은 기업들이 그 산업에 참여하고자 한다. 이미 소수의 특정 기업들이 그 산업에서 초과 이익을 누리고 있더라도 다수의 신규 기업들이 한정된 시장에 진출하여 경쟁을 벌인다면 기존 기업의 수익성도 저하될 수밖에 없다. 따라서 새로운 경쟁기업의 진출 가능성을 낮추는 것, 즉 신규 진입장벽을 높이는 것이 경쟁 강도를 좌우하는 핵심적인 요소가 될 것이다. 신규 진입장벽에 영향을 주는 요인들에는 규모의 경제, 제품 차별화, 자본, 브랜드 파워, 고객이 다른 브랜드로 바꾸려고 할 때 발생하는 전환비용(switching costs), 유통 경로에의 접근, 원가 우위, 정부 정책 등이 있다.

- **산업 내 경쟁** : 산업 내 경쟁(rivalry)이라 함은 특정 산업에서 발생하는 기존 기업 간 경쟁을 말한다. 이는 가격경쟁으로부터 시작하여 신제품 출시, 광고, 대고객 서비스 등 다양한 분야에서 다양한 형태로 진행된다. 특히 가격에 의한 경쟁이 주를 이룰 경우 산업 내 기업들은 수익성에 큰 타격을 받게 된다. 기존 기업 간 경쟁 강도에 영향을 미치는 요인들로는 산업의 성장률, 고정비용, 설비 등의 효율성, 제품 차별성 등이 있다.

- **대체재의 위협(Threat of Substitutes)** : 특정 산업의 제품을 대체할 수 있는 대체 제품은 그 산업제품의 가치를 떨어뜨리고 적정가격을 책정하는데 제약조건으로 작용한다. 예를 들어, 석유를 활용한 내연기관 자동차를 전기자동차가 대체할 것으로 보이며, 화력발전을 통한 전기에너지는 풍력, 태양광, 수력발전으로 대체될 수도 있다. 또한 인터넷의 발달로 오프라인 거래는 감소하고 온라인 거래, 모바일 거래가 증가하고 있다. 대체제품의 위협이 있을 때 기업이 선택할 수 있는 전략은 제품을 새로운 방식으로 차별화하든 혹은 원가를 절감하는 것이다. 대체재 위협의 강도를 결정하는 요인으로는 대체재의 선택 범위와 가격, 대체재에 대한 구매자의 선호도, 구매자가 대체재로 전환 시 소요되는 비용 등이 있다.

- **공급자의 협상력(Bargaining Power of Suppliers)** : 공급자의 협상력이라 함은 공급자가 구매자에게 행사할 수 있는 힘으로 공급자는 가격 인상을 통하여 수익성 향상을 기할 수 있다. 그러나 공급자의 협상력이 강한 경우 기업은 상당히 불리한 위치에 놓이게 된다. 석유수출국기구(OPEC)가 회원국의 담합을 바탕으로 원유가격을 인상하는 것은 공급자의 협상력을 보여주는 대표적인 예이다. 또한, 한 기업이 원자재 조달을 특정 공급자에게만 의존하는 경우 공급자의 협상력은 상당히 강해지고, 공급기업이 원자재 조달을 거부하는 경우 기업의 존립까지 위태로울 수 있다.

- **구매자의 협상력(Bargaining Power of Buyers)** : 구매자 역시 가격인하, 고품질, 양질의 서비스 등을 요구하며 공급자에게 압력을 행사할 수 있

다. 구매자는 제품의 구매비중, 대량구매 능력, 동종 공급업체와 거래할 수 있는 능력 등이 있을 때 협상력이 강화된다. 또한, 제품 자체가 별 차별성이 없이 표준화된 제품이라서 어느 곳에서든 구매가 가능한 경우, 다른 공급업체로 바꿔도 교체 비용이 없는 경우 구매자의 협상력은 강해진다.

◆ **수직적 통합 전략(Vertical integration strategy)**

• **후방통합(원재료, 부품 공급업자) – 원가절감, 경영안정**
• **전방통합(도·소매업자 통합) – 안정적 판로 확보**

수직적 결합은 서로 다른 생산단계에 있는 기업을 결합하는 것으로 전방통합, 후방통합으로 구분한다. 예를 들어 '자동차 부품업체→ 자동차 생산업체→ 자동차 판매업체'가 있다면 자동차 생산업체가 부품업체를 통합하면 후방통합이라고 하고, 자동차 생산체가 판매업체를 통합하면 전방통합이라고 한다. 구매자의 후방통합 능력이란 구매자가 제품이나 서비스를 구매하다가 공급자측의 산업으로 진출할 수 있는 능력을 말한다.

◆ **전후방 산업 연관효과**

기업의 이윤을 극대화할 수 있다. 전방산업은 고객 쪽으로 즉 마케팅이나 판매처를 직접 하는 것이고 후방산업은 원자재 쪽으로 다가가는 것을 말하는데, 이를 통해 기업이윤과 안정적인 공급을 원활히 할 수 있다.

산업 환경 분석을 이용하면 전반적인 산업의 경쟁강도를 파악할 수 있으며, 특히 산업 내 어느 부분에서 경쟁이 일어나는지 파악할 수 있다.

〈표 1〉 산업 환경 분석과 기업수익률과의 관계

산업 환경 분석 요인	기업 수익률
신규 진출기업의 위협	신규 진출기업의 위협은 진입장벽과 기존 경쟁사의 예상되는 보복에 대한 분석으로 이루어짐
기존 경쟁자와의 경쟁	기존 경쟁자 간의 경쟁은 산업의 성장률이 낮고, 고정비의 비중이 높고, 철수 장벽이 높을 때 더욱 치열해질 것임

대체품의 위협	대체품의 가격과 효능이 좋을수록 대체품을 구매자가 선호할수록, 대체품으로 교체할 경우 발생하는 비용이 없을수록 대체품의 위협이 큼
구매자의 협상력	구매량이 많고 구매비중이 크고, 구매하는 제품이 차별화되어 있지 않으며, 교체비용이 낮고, 후방통합 능력이 크고, 구매자가 공급업체에 대한 정보를 많이 가지고 가격에 민감할수록 구매자가 협상력을 가질 수 있음
공급자의 협상력	공급량의 비중이 크고, 공급하는 제품이 차별화되어 있으며, 공급선을 교체할 때 비용이 발생되고, 대체품이 존재하지 않으며, 공급 제품이 구매자에게 중요하고, 공급자가 전방통합 능력을 가지고 있을 때, 공급자가 협상력을 가질 수 있음

② 5-Forces 모델 분석의 유용성과 한계점

이 모형에서는 경쟁과 산업구조가 동태적으로 변한다는 사실을 충분히 고려하지 못한 것이 한계점이다. 즉 포터의 모형은 기본적으로 정태적인 모형을 하고 있다. 즉 그는 산업의 구조가 해당 산업 안에 있는 기업들의 경쟁방식을 결정하고, 이러한 기업들의 행동이 산업 또는 기업의 수익률을 결정하는 요인이 된다고 주장하지만, 현대사회 속의 산업구조는 빠르게 변화하고 있다. 이에 반해 Joseph Schumpeter는 일찍이 경쟁과 산업구조의 동태적인 상호작용을 인식하고 이에 주목하였다. Schumpeter의 지지자들은 현재 독점체제를 유지하고 있는 기업들도 새로운 기술, 새로운 유통망, 새로운 제품을 갖고 진입해 오는 새로운 경쟁자에 의해서 독점적 지위를 빼앗기고 시장은 점차 경쟁적인 체제로 바뀐다고 보고 있다. 따라서 어느 산업에서 구조적인 기업혁신으로 산업구조가 빠른 속도로 바뀌고 있다면, 고정된 시점에서 산업을 분석하는 포터의 방법은 기업들에 별로 도움을 주지 못할 것이라고 주장하였다.

포터의 분석체계의 또 하나의 문제점은 기업들 간에 구체적인 경쟁전략을 묘사하지 못한다는 점이다. 어느 산업에서 한 기업이 가격을 인하하여 자사의 시장점유율을 높이려 할 때, 경쟁기업이 이에 대응하여 가격을 경쟁적으로 내린다면, 결국 두 기업 간에는 가격차이가 없어지고 원래 계획한 대로 시장점유율을 탈취하기가 어렵게 된다.

4) SWOT 분석

마케팅 전략은 기업 내부와 외부에서 끊임없이 변화하는 상황에 맞추어 기업의 마케팅 활동을 지속적으로 재계획하는 작업이다. 따라서 기업이 마케팅 전략을 수립하기 위해 가장 먼저 해야 할 일은 현재 경쟁해야 하는 시장을 포함하여 기업의 외부 환경을 분석하는 것이며, 다음으로 기업의 내부 자원이나 상대적 강점을 발견하고 이들 자원을 외부환경과 어떻게 결합할 것인지를 분석하는 것이다. 이러한 분석은 SWOT 분석 모델을 통해 이뤄지는데 마케팅 전략 수립 시 가장 먼저 활용하는 전략 모델이라고 할 수 있다. 즉 기업들은 경쟁이 심한 시장에서 활동할 때에는 먼저 자사와 경쟁기업의 강약점을 파악한 후 시장의 기회와 위협요인을 분석해야 한다.

일반적으로 많이 실시하고 있는 SWOT 분석은 〈표 2〉와 같은 형태를 갖고 있다. 이러한 틀에 따라서 ①에 해당이 되는 자사의 강점이면서 동시에 기회요인에 해당이 되는 전략이면 SO 전략이고 ②에 해당되는 자사의 약점을 극복하면서 기회요인을 활용하는 전략이면 WO 전략이라고 말하면서 SWOT 분석을 실시한다.

〈표 2〉 일반적인 SWOT 분석

구분	S(강점)	W(약점)
O(기회)	① 공격적 전략 : 강점을 가지고 기회를 살리는 전략	② 방향전환 전략 : 약점을 보완하여 기회를 살리는 전략
T(위협)	③ 다양화 전략 : 강점을 가지고 위협을 최소화하는 전략	④ 방어적 전략 : 약점을 보완하면서 위협을 최소화하는 전략

주: (1) SO 전략: 시장의 기회를 활용하기 위해 강점을 활용하는 전략을 선택
  (2) ST 전략: 시장의 위험을 회피하기 위해 강점을 사용하는 전략을 선택
  (3) WO 전략: 약점을 극복함으로써 시장의 기회를 활용하는 전략을 선택
  (4) WT 전략: 시장의 위험을 회피하고 약점을 최소화하는 전략을 선택

SWOT 분석을 활용하면 창업자의 장점을 최대한 살려서 새로운 사업기회를 포착하고 약점은 최소화하면서 기회와 위협요인에 대처하도록 전략적으로 분석할 수 있다. 즉, 소비자의 시각으로 경쟁업체와 스스로를 비교해 보면서 자신의 강점과 약점을 확인할 수 있다. 이러한 SWOT 분석은 누구에게나 필요한 절차다.

2. 산업 진화 분석

산업 구조 분석은 현재의 상황에만 제한되므로 유용한 시사점을 얻기 위해서는 현재 상황을 기반으로 미래 예측도 반드시 병행해야 한다. 해당 제품 및 서비스가 속한 산업의 현재 처한 위치가 어디인지 판단하고, 향후 시장 및 경쟁 상황 등 산업 변화를 사전에 예측하기 위해서 산업 수명주기 모델을 활용한다.

1) 산업 수명주기 모델

산업 수명주기 모델은 제품 수명주기 분석을 응용하여 산업의 도입부터 쇠퇴에 이르기까지의 일정한 패턴을 진화과정을 보여준다.

(1) 도입기

제품이 처음 시장에 선을 보이고, 제품에 대한 수요가 미약한 단계이며, 이 시기에는 고객들은 제품 또는 서비스가 제공해주는 편익을 인식하지 못하며, 기반 유통 채널 등이 확보되지 않은 상태이다.

(2) 성장기

제품에 관한 고객의 인지도가 증가하는 시기이며, 유통망 확대 등에 따른 판매가 급속히 상승하는 단계이다. 또 이 시기는 학습곡선의 효과로 생산 단위원가가 급속히 감소하며, 이익은 증가한다.

(3) 성숙기

판매 증가가 급격히 감소하며, 경쟁자들의 진입이 높아져 경쟁이 치열해진다.

(4) 쇠퇴기

기술 변화 등에 의해 해당 제품의 수요가 감소하거나 공급과잉 현상으로 가격이 하락하게 된다.

〈표 3〉 산업 수명주기 단계별 특징

단계별 특징	도입기	성장기	성숙기	쇠퇴기
매출액	낮음	급속 성장	저속 성장	감소
비용	높음	중간	낮음	낮음
이익	없거나 적자	최고	감소	없거나 적자
고객	혁신층	조기 수용자	조기 다수자 및 후기 다수자	최종 수용자
경쟁업체	소수	증가	다수	감소
전략방향	문제점 개선	다양화	차별화	단순화

2) 시장 분석

시장 분석은 잠재시장 예측이나 현재 시장 규모와 성장률로 산정되는 미래 시장 규모를 중심으로 시장의 매력도를 평가한다. 향후 마케팅 전략 수립의 핵심 요인으로, 전략에 대한 경제성 평가의 기초자료로 활용한다. 시장 매력도란 시장에 진입한 기업들이 잠재적으로 얻을 수 있는 이익 수준을 의미하며, 시장 매력도가 높을수록 진입 기업들이 더 높은 수익을 올릴 가능성이 높다.

미래 시장 규모에 대한 정확도를 높이려고 할 경우 많은 시간과 비용이 소요될 가능성이 높다. 시장 분석의 목적이 마케팅 전략을 수립하여 적절한 시점에 실행하기 위함이므로 분석을 위한 분석은 지양하고, 다소 정확성이 떨어지더라도 실무적으로는 국가기관, 시장 조사 업체 등의 공개 자료나 내부의 현장 수집 정보를 활용하는 경우도 있다.

(1) 시장 규모 추정 유형

① 신규 시장 – 연쇄 비율법(chain ratio method)

연쇄 비율법은 정부의 각종 센서스 데이터, 관련협회의 통계자료 등의 손쉽게 구할 수 있는 자료를 이용하여 계량적으로 구하는 방법이다. 시장 잠재력(market potential)은 특정 시장 내에서 일정 기간 동안 모든 기업들이 최대의 마케팅 노력을 기울일 때 달성할 수 있는 최대 매출액을 의미한다. 이 중에서 회사가 달성할 수 있는 최대 판매액을 판매 잠재력(sales potential)이라고 한다. 신규로 진입하는 시장은 주로 시장 잠재력으로 추정하며, 이는 잠재 구매자 혹은 잠재 사용자의 크기를 파악하고 이들의 구매량 혹은 사용량을 추정하여 둘의 곱하여 구한다. (시장잠재력 = 잠재 구매자 수×잠재 구매량)

② 기존 시장

정부자료 또는 해당 산업의 협회 등의 자료를 참고하거나, 공시된 재무제표를 기반으로 경쟁 기업들의 판매량을 합산하여, 현재의 시장 규모를 추정한다.

(2) 시장점유율 추정

① 신규 시장

추정된 잠재 시장규모에 자사의 고객 인지도 또는 마케팅 역량을 고려하여 시장침투율을 산정하고, 잠재 시장규모에 시장침투율을 곱하여 시장점유율을 추정한다.

② 기존 시장

과거 자사 제품의 매출규모와 마케팅 전략 목표 및 방향에 따른 추가 확보된 역량을 고려한 매출 규모를 합산하고, 미래 시장 예측 규모를 나누어서 산정한다.

(3) 시장성장률 추정

성장률이 높은 시장은 매출과 이윤의 지속적인 성장을 기대할 수 있는 바람직한 시장이다. 그러나 많은 경쟁자를 불러들이기 때문에 경쟁이 격화되어 이윤율이 악화될 가능성도 있다. 따라서 성장률과 미래의 경쟁상황을 예측하여 의사결정을 해야 한다.

성장률의 추정은 미래 매출액을 예측한 다음 현재 매출액과 비교하여 구한다. 미래의 매출을 예측한다는 것은 매우 어려운 일이다. 전문가 의견과 같은 판단적 기법, 시계열과 같은 통계적 기법 등 다양한 방법이 사용된다.

산업계에서 널리 활용되는 방법은 기하 평균 개념의 성장률 지표인 CAGR이 널리 쓰인다. CAGR (Compound Anuual Growth Ratio)는 단순 평균 성장률과 달리 매년 평균 성장률을 지속적으로 가진다고 할 때의 성장률을 의미하며, 산업계에서 널리 활용되는 기하 평균 개념의 성장률 지표이다.

$$CAGR = (Ending\ Value\ /\ Starting\ Value)^{1/n} - 1\ (지수의\ n은\ 기간임)$$

---

① 신규 시장

시장조사를 통해 거시 환경 요인, 고객의 니즈의 변화, 신기술 개발, 대체재의 등장, 정부 정책의 변동, 신규 진입 기업 등장 등 복합적인 환경요인을 기반으로 추정한다.

② 기존 시장

기존 시장의 변화가 미미한 경우는 과거 3~5년간의 시장성장률 데이터를 참고로 미래 성장률을 예측할 수 있으며, 변화가 심할 경우는 다양한 기관에 공개된 시장 규모 추정 자료를 활용하거나 업계 또는 기술, 시장 전문가 그룹의 예측 정보를 활용하여 추정한다.

3. 고객 환경 분석

고객에는 크게 소비자와 조직 구매자의 두 가지 종류가 있다. 고객을 이렇게 소비자와 조직 구매자로 분류하는 것이 중요한 이유는 이들이 상품을 구매하는 과정이 매우 다르기 때문이다.

그림 5 고객의 개념

1) 소비자 환경 분석

소비자 환경 분석은 고객의 성격을 계층별, 지역별, 속성별로 분류하여 그 태도나 구매 습관을 명확하게 하는 것이다. 이를 통해 소비자의 욕구나 요구사항을 분석하여 소비자층을 분류하고 구체적인 목표시장을 명확히 하여야 한다.

(1) 소비자의 욕구(Needs), 필요(Wants), 수요(Demands)

욕구(Needs)란 있어야 할 것이 없어지거나 모자라는 상태를 말한다. '배가 고프다', '주말 데이트에 입고 나갈 예쁜 옷이 필요하다'처럼 배가 고프면 음식에 대한 욕구가 생기고, 특별한 날엔 입고 싶은 옷에 대한 욕구가 커진다. 욕구는 음식, 공기, 물, 주택, 옷처럼 누구나 갖게 되는 보편타당한 본원적 마음에 해당한다.

필요(Wants)는 욕구를 해소할 수 있는 제품에 대한 구체적인 바람으로서 문화, 사회, 전통의 영향을 받는다. 필요는 소비자가 처한 사회, 문화, 전통 등에 의해 형성되고 시대의 흐름에 따라 변형된다. 또 지역과 문화와 시간과 공간에 따르는 욕구의 충족방식에 의해 달라질 수 있으며, 마케터들이 새로 만들 수도 있다.

수요(Demands)는 구매력에 의해 뒷받침되는 것이다. 지갑 속에 1만원밖에 없다면 비싼 식당보다는 가진 돈으로 음식을 먹을 수 있는 곳을 찾을 것이다. 수요는 소비자의 구매력에 의해 결정된다고 볼 수 있다. 따라서 기업은 고객이 누구인지를 명확히 분석해 그들의 구매력에 맞는 가격으로 상품을 제공할 수 있어야 한다. 수요는 욕구의 충족방식에 구매력이 가미된 것으로 목표고객에게 구매력이 있는지 확인해야 한다.

고객이 무엇을 원하는지 파악하는 단계에서 1차 욕구인 욕구(Needs)와 2차 욕구인 필요(Wants)에 대한 명확한 이해가 필요하다. 일반적으로 욕구를 충족시킨 후 필요에 대응해야 한다. 특정 상품이나 서비스에 대해 구매의 필요성을 전혀 느끼지 못하는 소비자에게는 상품의 장점을 아무리 강조해도 구매로 이어지지 않기 때문이다. 태블릿PC가 필요로 하지 않는, 즉 태블릿PC에 아무 관심 없는 사람에게 디자인의 세련됨이라든지, 저장 용량이 큰 점을 마케터가 아무리 강조한다 한들 소용없는 일이다. 관심이 없고 필요성을 느끼지 못하는 사람에게는 어떤 제품도 판매하기 어렵다.

그림 6 욕구, 필요, 수요

(2) 소비자 행동

소비자 행동 분석은 소비자 개개인의 개별적, 내면적 특성과 경향을 분석한다. 소비자 행동의 유형은 배분 행동(allocation behavior), 구매 행동(buying behavior), 사용 행동(use behavior)이다. 배분 행동은 전체 매출액과 제품 라인별 매출 규모 예측을 한다. 구매 행동은 상품별 · 시기별 · 지역별 차별적 전략을 수립한다. 사용 행동은 사후 관리 전략과 시장 확대 전략을 수립한다.

구매 행동에 영향을 미치는 요인은 첫째, 상품의 질로 내구성, 신뢰성, 정확성, 작동 편의성, 수선 용의성, 상표의 신뢰성, 가격 등과 같은 여러 가지 제품 속성의 결합으로 결정된다. 이것은 상품 디자인, 원자재와 부품, 제조 기술, 품질 측정도구, 경영철학 등 많은 요인에 의해 영향을 받는다. 둘째는 상품의 특성으로 다른 상품과 구별되는 기본적인 기능이며, 상품의 포지셔닝을 결정한다. 셋째는 상품 스타일로 상품의 색, 크기, 모양, 성분, 무게, 제작 방법, 상품의 경향, 유행 등을 총칭하는데, 소비자들이 원하는 상품 스타일로 제공한다. 그리고 마지막은 브랜드명이다. 브랜드명은 상품의 특성, 표적 소비자에게 제공해야 할 효익, 마케팅 전략 등을 함께 고려해서 결정한다.

소비자의 의사결정에는 문화, 사회, 개인, 심리적 요소가 작용한다. 고객 행동에 영향을 미치는 요소는 다시 시장세분화 변수로 사용된다. 또한 고객의 의사결정 과정은 고객이 자신의 욕구를 충족하기 위해 여러 대안들을 비교 및 평가하는 과정으로 문제를 해결해 나가는 과정이다. 보다 자세한 내용은 다음 4장에서 살펴볼 수 있다.

그림 7 소비자 구매의사결정과정

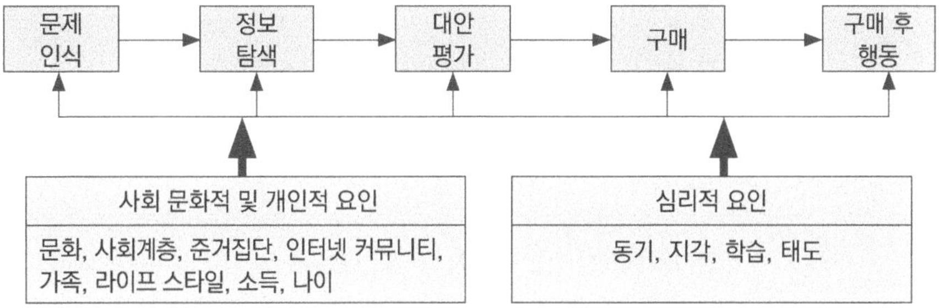

(3) 소비자 특성 평가

시장규모, 시장잠재력 등 시장의 외형적 특성과 함께 각 세분시장의 소비자가 무엇을 요구하는지 그 특징을 파악해야 한다. 마케팅 전략은 소비자를 만족시키기 위한 청사진이기 때문에 소비자의 욕구와 요구사항을 파악하는 것은 가장 기본적이고도 중요한 과정이다. 즉, 세분시장에서 소비자의 욕구와 요구사항을 분석하여 재빨리 대응해 나갈 발판을 구축하여야 한다.

(4) 소비자층 분류

환경 분석 단계에서 시장 세분화(Market Segmentation)와 고객층 분류는 향후 마케팅 전략 수립단계에서 STP 전략의 초기 데이터로 활용된다. 고객층 분류는 누구를 우리의 소비자로 할 것인가를 정하는 것으로, 결국 시장 및 소비자 선택을 의미하고, 특정 기준에 의하여 동질적인 소비자들로 구성된 나누어진 시장을 세분시장(Market Segment)이라고 한다.

향후 세분 시장은 비교적 동질적인 고객들로 구성되어 있기 때문에 마케팅 믹스에 유사하게 반응한다. 세분시장이 더욱 나뉘어져 개별 기업을 대상으로 차별화된 마케팅 전략이 수립될 때 고객 만족은 극대화될 것이다.

〈표 4〉 소비자층 분류의 전제조건

구분	내용
동질성 (Identifiability)	세분시장 내 고객 욕구 및 요구사항이 동질적이어야 하고, 비슷한 성향을 가지고 있어야 함
접근 가능성 (Accessibility)	세분시장이 어떤 특성을 가진 고객들로 구성되어 있고, 이들에게 접근할 방법이 무엇인지 알 수 있어야 함
측정 가능성 (Measurability)	각 세분시장의 규모와 구매력의 측정이 가능해야 함
실천성 (Substantiality)	세분된 시장이 독자적인 별개의 마케팅 활동을 실행할 수 있을 정도의 수익성과 가치가 보장되어야 함
차별적 반응 (Discriminatory reaction)	하나의 마케팅 믹스 전략에 각각의 세분시장이 서로 다르게 반응이 나타나야 함

(5) 소비자 충성도에 따른 고객층 세분화

소비자의 수익성과 소비자와의 관계를 중심으로 소비자층을 분류한 후 소비자의 욕구 및 요구사항을 분석한다. 지속적인 고객 가치를 확보할 수 있는 진정한 친구(True Friends)의 욕구 및 요구사항은 자사의 우호적인 내용으로 지속적으로 유지하려는 마케팅 전략을 수립하고, 나비(Butterfly) 계층의 고객을 대상으로 진정한 친구로 만들 수 있는 마케팅 방향을 수립하여야 한다.

그림 8 소비자 충성도에 따른 고객 분류

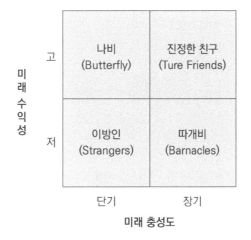

〈표 5〉 소비자 충성도에 따른 분류별 내용

구분	내용
나비 (Butterfly)	대규모 거래를 하는 대형 구매자이지만 충성도 낮음 재구매를 유도하지만 특별하지 않은 한 대개 실패
진정한 친구 (True Friends)	많은 상품을 반복적으로 구매하는 진정한 충성고객 타인에게 추천하는 등 적극적이므로 집중 관리해야 함
이방인 (Stranger)	일시적으로 상품을 소량 구매하는 단발성 고객 이 고객층에게 관심을 갖지 않는 게 좋음
따개비 (Barnacle)	지속적으로 구매하기는 하나 수익성은 낮은 고객 많은 상품을 구매하도록 유도하거나 무관심한 게 좋음

(6) 소비자 만족도 분석

기업은 한정적인 자원을 운영하기 때문에 소비자의 불만사항을 모두 만족스러운 수준으로 유지하기에는 한계가 있다. 이에 소비자의 관심이 지닌 중요도에 비례하여 소비자만족도를 높이는 마케팅 전략 수립을 위해 분석하는 방법이다.

그림 9 소비자 만족도 분석

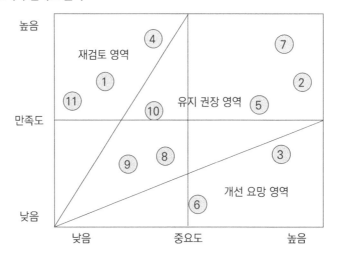

위의 항목 1, 4, 11은 소비자의 관심이 낮으나 만족도가 높은 영역으로 자원의 재배치가 필요한 부분이다. 그리고 항목 3, 6은 소비자의 관심은 높으나 만족도가 높은 영역으로 추가 자원을 투자해서 만족도를 올려야 하는 영역이다.

2) 조직 구매자와 소비자의 차이점

조직 구매자와 소비자는 공통점보다는 차이점이 더 많다고 볼 수 있다. 〈표 6〉에는 대표적인 차이점들이 나와 있다.

(1) 고객의 수

타이어 회사가 소비자를 상대로 판매하는 경우, 잠재 고객의 수는 자가용 차량을 소유하고 있는 수백만 명에 달하지만, 이들은 몇 년에 한 번씩, 한 번에 최대 4개를 구입하는 것이 고작일 것이다. 그러나 조직 구매자를 상대로 판매하는 경우, 잠재 고객의 수는 자동차 회사, 타이어 대리점, 대형 유통업체 등을 다 합쳐도 수백 개 정도에 불과하지만, 이들이 구입하는 타이어의 개수는 천차만별이다. 예를 들어, 현대자동차가 1년에 구입하는 타이어의 개수는 타이어 대리점들이 1년 동안에 구입하는 개수를 모두 합한 것보다 많을지도 모른다.

(2) 고객과의 관계

불특정 다수의 소비자들을 대상으로 판매하는 경우 개별고객과 긴밀한 관계를 형성하기란 쉽지 않다. 타이어 회사의 경우, 누가 자기 회사의 타이어를 구매했는지조차도 파악하기 어려운데, 소비자들과 개별적인 관계를 형성한다는 것은 쉬운 일이 아니다. 그러나 조직 구매자들을 대상으로 판매하는 경우, 그 수가 적은 데다가 이 중에서도 소수의 구매자들이 매우 높은 비중을 차지하므로, 개별고객과 긴밀한 관계를 형성하기가 훨씬 더 용이하다. 그러므로, 조직 구매자와는 매우 긴밀한 협조체제가 이루어지는 것이 보통이다.

예를 들어, 타이어 회사는 대량 구매자인 자동차 회사나 대형 유통업체가 요구하는 경우에는 특별한 규격이나 특징을 가진 타이어를 만들어서 특정 업체에만 납품하기도 한다. 또, 자동차 회사나 대형 유통업체의 재고 부담을 덜어주기 위하여, 타이어 재고가 일정 수준 이하로 내려가면 즉시 타이어를 납품할 수 있는 체제를 구축하기도 한다. 조직 구매자와 공급업체 사이의 관계는 이렇게 긴밀해지는 것이 보통이기 때문에, 다른 타이어 회사가 그 사이를 비집고 들어와서 타이어를 공급할 수 있게 되기란 매우 어렵다.

〈표 6〉 소비와 조직 구매자의 차이

구분	소비자	조직 구매자
고객의 수	다수의 고객이 소량 구매	소수의 고객이 대량 구매
고객과의 관계	그다지 긴밀하지 않음	매우 긴밀함
구매결정에 참여하는 사람들의 수	한 사람 또는 소수	다수
고객의 상품 지식	비교적 낮음	비교적 높음
고객의 지역별 분포	비교적 고르게 분포	특정 지역에 집중
수요의 변동	비교적 낮음	비교적 높음

(3) 구매결정에 참여하는 사람들의 수

소비자가 상품을 구매하는 경우, 대개 자기 혼자 결정하거나 배우자, 자녀, 가까운 친구 등 소수의 사람들과 같이 결정하는 것이 보통이다. 그러나 조직 구매 상황에서는 여러 가지 종류의 사람들이 구매결정에 직접 또는 간접으로 영향을 미친다. 이들은 다음과 같이 크게 다섯 가지로 분류된다: 사용자(users), 영향력 행사자(influencers), 구매자(buyers), 결재자(approvers), 정보통제자(gatekeepers).

자동차 회사에서 타이어를 구입하는 경우를 예로 들어 설명하기로 한다.

사용자란 완성된 자동차를 구입하는 소비자에 해당된다.

영향력 행사자란 자동차를 설계하는 엔지니어들에 해당된다. 엔지니어들은 자동차의 특성에 맞는 타이어의 성능과 규격을 결정하는 역할을 한다.

구매자란 구매부서에 해당된다. 이들은 소비자들의 선호와 엔지니어들이 설정한 성능규격을 기초로 어느 회사의 타이어를 구입할 것인지를 제안하고 자신의 상사에게 이에 대한 결재를 요청한다.

결재자란 이렇게 구매부서에서 결정한 내용을 결재하는 사람들로서, 이들은 회사 내에서 고위 경영자(즉, 임원에서부터 최고경영자까지)에 해당된다. 이와는 달리, 고위 경영자들이 공급업체를 결정해 놓고, 구매부서는 이를 실행에 옮기는 역할을 하는 회사도 있다.

정보통제자란 자동차 회사의 구매부서나 고위 경영자들을 접촉하기 위하여 타이어 회사의 사람들이 전화를 걸거나 방문하였을 때, 그 길목에 있는 사람들을 가리킨다.

이렇게 구매결정에 직간접으로 영향을 미치는 사람들을 통틀어 구매 센터(buying center)라고 부른다. 여기서, 구매 센터란 회사 내에 존재하는 어떤 한 부서를 가리키는 말이 아니라, 소속 부서에 상관 없이 구매결정에 영향을 미치는 모든 사람들을 추상적으로 가리키는 말임에 주의하여야 한다. 구매 센터의 존재는 조직 구매자를 소비자와는 다르게 접근해야 하는 가장 큰 이유가 된다. 조직 구매자에게 성공적으로 마케팅하기 위해서는, 구매 센터에 누가 참여하며, 각자가 어떤 결정에 어느 정도의 영향을 미치는지를 파악하여야 한다. 이를 위하여, 많이 사용되는 것이 의사결정 매트릭스이다. 이것은 구매의사 결정의 각 단계마다 각자가 어떤 역할을 하는지를 일목요연하게 보여준다.

그다음, 의사결정에 참여하는 각자가 어떤 기준을 중요하게 생각하는지를 파악하여, 각자에게 알맞은 접근방법을 사용하여야 한다. 예를 들어, 엔지니어에게는 우리 상품의 기술적인 우위성을 강조하고, 구매부서에게는 만족스러운 품질과 낮은 가격을 강조하는 것이 바람직하다. 이러한 활동을 효과적으로 수행하려면, 한 사람이 구매 센터에 속한 모든 사람들에게 접근하기보다는 여러 명의 영업사원으로 판매팀을 구성해서 역할을 분담하는 것이 더 효과적이다.

(4) 고객의 상품지식

소비자들은 상품들을 비교 평가할 수 있는 정보나 지식이 일반적으로 부족하기 때문에, 자신의 주관적인 사용경험, 주위 사람들의 이야기, 브랜드, 가격, 광고 등에 의존하여 구매를 결정하는 경우가 많다. 이와는 반대로, 조직 구매자는 많은 경험이 있고 체계적인 교육훈련도 받기 때문에, 상품에 대하여 많은 지식이 있다. 그러므로, 우리 상품에 대한 기술적인 정보나 경쟁상품 대비 장점 등을 많이 제공할 필요가 있다.

(5) 고객의 지역별 분포

소비자들은 전국적으로 분포되어 있는 경우가 대부분이지만, 조직 구매자들은 몇몇 지역에 집중되어 있는 경우가 많다. 그리고 이것은 공장의 입지 결정에 중요한 영향을 미친다. 예를 들어, 자동차 타이어의 소비자들은 전국에 걸쳐 발견되지만, 완성차를 만드는 메이커들은 울산, 부산, 군산, 아산, 수도권 등으로 국한된다. 그러므로, 타이어 공장을 완성차 공장과 가까운 곳에 두게 되면, 운송비용을 줄이고 완성차 메이커와 긴밀한 협조 관계를 구축할 수 있는 장점을 거둘 수 있다.

(6) 수요의 변동

소비재, 특히 필수품에 대한 수요는 비교적 안정적이고 큰 변화를 보이지 않는 반면, 산업재, 특히 생산설비에 대한 수요는 매우 큰 기복을 보이는 경향이 있다. 예를 들어, 종이 기저귀에 대한 소비자 수요가 5% 증가하면, 소매업자들은 품절을 우려하여 주문량을 10% 정도 늘리고, 도매업자들은 역시 품절을 우려하여 주문량을 다시 20% 정도 늘리게 된다. 늘어난 주문량의 대부분이 사실은 가수요라는 것을 모르는 생산업자들은 늘어난 주문량을 공급하기 위하여 경쟁적으로 설비투자를 감행하게 된다. 이렇게 되면, 종이 기저귀 생산설비에 대한 수요는 몇 배로 늘어나게 된다. 이렇게 소비자 수요가 소폭 변동하면 생산자에 대한 주문량은 대폭 변동하는 현상을 황소 채찍 효과(bull-whip effect)라고 부른다. 황소 채찍 효과로 인하여 생산설비에 대한 수요는 매우 큰 변동을 보이므로, 생산 설비를 만드는 회사는 안정적인 매출을 얻기 위하여 사업을 다각화할 필요가 있다. 황소 채찍 효과를 근본적으로 해결하기 위해서는 생산업자가 유통업자를 설득하여 상품의 재고 데이터를 생산업자와 공유하도록 만들 필요가 있다.

3) 조직 구매자 구매의사 결정과정

조직 구매자는 실무에서 소비자 못지않게 중요한 위치를 차지하고 있지만, 이론적으로 조직 구매자에 대하여 축적된 지식의 양은 소비자에 대하여 축적된 지식의 양에 비하여 비교가 안 될 정도로 빈약하다. 가장 큰 이유는 개별 소비자의 행동을 설명하고 예측하는 것도 매우 어려운 일인데, 여러 사람들이 구매과정에 참여하게 되는 조직 구매자의 행동을 설명하고 예측한다는 것은 그보다 몇 배 더 어려운 일이기 때문이다.

조직 구매자의 구매의사 결정과정 역시 회사, 상품, 상황에 따라서 달라진다. 예를 들어, 작은 회사는 큰 회사에 비하여 구매의사 결정과정이 단순한 경향이 있다. 같은 회사 안에서도 복사용지를 구매하는 경우는 생산설비를 구매하는 경우에 비하여 매우 단순한 구매의사 결정과정을 거칠 것이다. 같은 회사에서 같은 상품을 구입한다고 하더라도 구매 상황에 따라 구매의사 결정과정이 달라진다. 조직 구매자의 구매상황은 크게 세 가지로 나누어진다.

- **단순 재구매**(straight rebuy)란 이미 선정된 공급업자로부터 구매조건의 변경없이 반복적으로 구매하는 상황을 가리킨다. 주로 사무실에서 사용되는 소모용품 등을 구매하는 경우가 해당된다.
- **수정 재구매**(modified rebuy)란 조직 구매자가 기존의 공급업자를 상대로 구매조건(예: 가격, 상품규격, 배달조건 등)을 변경하고자 하는 상황을 가리킨다. 예를 들어, 직원 출장용 항공권을 구매하는 경우, 자주 간 적이 있는 목적지라면 재구매 상황에 해당되지만, 전혀 가본 적이 없는 목적지라면 수정 재구매 상황에 해당된다. 구매자와 공급업자 사이의 협상이 원만하게 끝나면 기존의 공급업자는 수정된 조건하에서 계속 공급하게 되지만, 협상이 깨지

면 구매자는 새로운 공급업자를 물색하게 된다.

- **신규 구매**(new task)란 조직 구매자가 지금까지 구매해 본 적이 없는 상품을 처음으로 구매하는 상황을 가리킨다. 신규 구매상황 중에서도 특히 구매하고자 하는 상품의 가격이 높거나(예: 빌딩), 구매결정이 잘못 되었을 때 입게 될 위험이 클수록(예: ERP시스템), 구매의사 결정과정에 참여하는 사람들의 수가 많아지고, 결정에 이르기까지 오랜 시간이 걸리게 된다.

이와 같이 조직 구매자의 구매의사 결정과정은 구매상황에 따라 단순할 수도 있고 복잡할 수도 있는데, 여기서는 가장 복잡한 상황, 즉 신규 구매 상황에서의 구매의사 결정과정에 초점을 맞추어 설명하기로 한다. 일단 이것을 이해한다면 이보다 간단한 단순 재구매나 수정 재구매 상황에서의 결정과정은 자연히 이해할 수 있게 될 것이다.

신규 구매 상황에서의 구매의사 결정과정은 [그림 10]과 같이 일곱 단계로 이루어진다.

그림 10 **신규 구매상황에서 구매의사결정 과정**

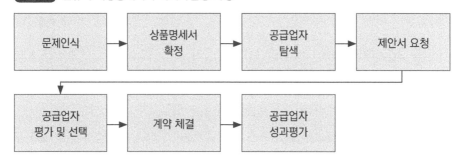

(1) 문제 인식

소비자의 경우와 마찬가지로, 조직 구매자의 구매결정 과정도 문제를 인식함으로써 시작된다. 문제 인식은 내적인 요인(예: 기존 생산설비의 잦은 고장 또는 외적인 요인(예: 전시회, 잡지광고, 판매사원)에 의하여 일어나게 된다.

이 단계에서 산업재 마케팅 관리자는 영업사원, 광고, 다이렉트 메일 등 여러 가지 촉진수단들을 동원하여 잠재 구매자들이 문제를 인식하도록 만들어야 한다.

(2) 상품 명세서 확정

일단 문제를 인식하게 되면, 조직 구매자는 필요한 상품이 갖추어야 할 구체적인 특성(예: 내구성, 신뢰성, 가격 등)들을 결정하고 이를 명세서의 형태로 작성한다. 생산설비와 같이 복잡한 물품의 경우에는 여러 부서의 관계자들이 이 작업에 참여하게 된다.

이 단계에서 산업재 마케팅 관리자는 상품명세가 자기 회사에 유리하게 결정되도록 영향을 주어야 한다. 예를 들어, 자기 회사의 상품이 가격에 강점이 있다면, 구매 가격이 매우 낮게 결정되는 것이 유리할 것이다.

(3) 공급업자 탐색

상품 명세서가 확정되면, 조직 구매자는 명세서에 기재된 조건을 충족시키는 상품을 공급할 수 있는 업체들을 물색하기 시작한다. 이를 위하여 대개 관련 산업업체 주소록이나 잡지광고 등을 찾아 보거나, 전시회에 참가하기도 하고, 다른 회사에 추천을 의뢰하기도 한다. 소비자의 고려 상표군에 소수의 대안들만이 포함되는 것처럼, 조직 구매자의 고려 대상에도 소수의 공급업체만이 포함되는 것이 보통이다.

그러므로, 산업재 마케팅 관리자는 자기 회사의 인지도를 높이고 좋은 명성을 쌓기 위한 노력을 게을리하지 말아야 한다. 이를 위하여 업체 주소록에 자기 회사가 빠지지 않도록 하고, 광고 및 판매촉진 활동을 꾸준히 계속하여야 한다.

(4) 제안서 요청

고려 대상 업체 리스트를 작성한 조직 구매자는 해당 업체들에게 제안서를 제출하도록 요청하게 된다. 구매하고자 하는 상품이 복잡하거나 값비싼 경우에는 프레젠테이션을 요구하기도 한다.

그러므로, 산업재 마케팅 관리자는 우수한 제안서를 작성하고, 이를 효과적으로 프레젠테이션할 수 있는 능력을 갖추고 있어야 한다. 제안서에는 단지 우리 상품의 기술적인 우수성만 나열하는 것은 효과적이지 않으며, 그러한 우수성이 구매자에게 어떤 편익을 줄 수 있는지를 구체적으로 보여주는 것이 더욱 효과적이다.

(5) 공급업자 평가 및 선택

제출된 제안서 또는 프레젠테이션 내용을 검토한 후, 조직 구매자는 공급업자를 선택한다. 공급업자 선택을 체계적으로 하기 위하여, 다속성 태도 모형과 비슷한 방법을 이용하기도 한다.(본 책 120페이지 참고) 즉, 중요한 선택기준들을 규정하고, 각 기준의 중요도를 매긴 다음, 후보 업체별로 점수를 계산하여 가장 높은 점수를 얻은 업체를 선택하는 것이다.

산업재 마케팅 관리자는 조직 구매자가 갖고 있는 선택기준과 각 기준의 중요도를 파악하고자 노력하여야 한다. 또 경쟁업체들과의 강점 및 약점을 분석하여 강점은 부각하고 약점은 감출 수 있는 방법을 찾아야 한다. 예를 들어, 가격이 약점인 경우에는, 비록 구입가격은 비싸지만 높은 내구성 때문에 유지비가 적게 든다든지, 또는 부대 서비스가 많다든지 하는 점 등을 내세워서 구매자를 설득할 수 있을 것이다.

조직 구매자는 공급업자를 하나만 선택할 수도 있고, 두 개 이상 선택할 수도 있다. 두 개 이상의 공급업자들을 선정하면, 상품을 안정적으로 공급받고, 이들 간에 경쟁을 유발하여 구입 원가를 낮출 수 있는 장점이 있다. 반면에 하나의 공급업자를 선정하여 이 회사와 장기적으로 긴밀한 협력관계를 형성하면, 공급업자로부터 여러 가지의 질 높은 서비스를 받을 수 있는 장점이 있다. 예를 들어, 조직 구매자가 신상품을 개발하는 과정부터 공급업자가 참여하여 필요한 부품개발을 일찌감치 시작한다든지, 조직 구매자의 재고를 줄이는 대신 필요시에 신속한 납품을 할 수 있도록 공급업자가 조직 구매자의 공장 부근으로 이전한다든지 하는 등의 혜택은 조직 구매자가 하나의 공급업자와 장기적인 거래관계를 갖고 있을 때에만 기대할 수 있는 것들이다.

(6) 계약체결

공급업자를 선정한 다음, 조직 구매자는 선정된 업자와 구체적인 구매조건 (예: 납기, 품질보증기간, 교환 또는 환불조건 등)들에 대하여 최종 협상을 벌이고, 원만하게 타협이 이루어지면 정식계약을 체결한다.

과거에는 조직 구매자가 한 번에 많은 수량을 주문하고, 재고가 거의 없어지면 다시 많은 수량을 주문하는 방식이 일반적이었지만, 최근에는 재고를 줄이고 주문 작업에 들어가는 시간과 비용을 절약하기 위하여, 공급업자와 일괄계약(blanket contract)을 맺는 경우가 많아지고 있다. 일괄 계약하에서 공급업자는 구매자의 재고가 일정 수준 이하로 떨어지면 자동적으로 일정한 수량을 일정한 가격으로 공급하게 된다.

(7) 공급업자 성과평가

조직 구매자는 공급업자의 성과를 측정하여 그 결과에 따라 거래관계를 유지할 것인지, 수정할 것인지 아니면 중단할 것인지를 결정한다. 이를 위하여, 조직 구매자는 어떤 항목들에 걸쳐서 성과를 측정할 것인지를 미리 정해 놓아야 한다.

산업재 마케팅 관리자는 구매자가 가지고 있는 성과측정 항목들이 무엇인지를 파악하여 스스로 자신의 성과를 측정함으로써, 개선이 필요한 항목들을 신속하게 발견하고, 시정조치를 취하여야 한다.

4) 조직 구매자 구매의사 결정과정에 영향을 미치는 요인들

우리는 앞에서 구매 상황에 따라 조직 구매자의 구매의사 결정과정이 달라진다는 것을 배웠다. 구매상황 이외에도 조직 구매자의 구매의사 결정에 영향을 미치는 요인들은 몇 가지가 더 있다. 이하에서는 이들 요인에 대하여 알아보자.

(1) 조직적 요인

조직 구매자의 구매의사 결정과정에 영향을 미치는 조직적 요인에는 조직의 성향, 크기, 집중화의 정도가 있다. 그러므로, 산업재 마케팅 관리자는 조직 구매자의 조직적 특성들을 이해하고 여기에 적합한 마케팅 계획을 만들어야 한다.

① 조직의 성향

조직의 성향이란 일반적으로 조직 내의 어느 부서가 지배적인 위치를 차지하고 있는가를 가리킨다. 예를 들어, 엔지니어링 부서의 파워가 강한 조직에서는 구매결정을 할 때에도 엔지니어들의 입김이 강하게 작용하여 공급업체의 기술적인 능력을 중요한 선정기준으로 삼게 될 것이다.

② 조직의 규모

조직의 규모도 구매의사 결정과정에 영향을 미친다. 예를 들어, 매우 규모가 큰 조직에서는 단순 재구매 상황을 제외하고는 거의 모든 경우에 집단 의사결정을 이용하는 경향이 있다. 반대로 작은 조직에서는 한두 사람이 구매의사 결정을 내리는 경향이 있다.

③ 집중화의 정도

권한이 분권화되어 있지 않고 매우 집중화된 조직에서는 구매의사 결정이 한두 사람의 판단으로 내려진다. 반대로 분권화된 조직에서는 구매의사 결정이 여러 사람들이 참여하는 형태로 이루어진다.

(2) 개인적 요인

조직 구매자의 구매의사 결정과정에 영향을 미치는 개인적 요인에는 개인의 동기와 역할 지각이 있다.

① 동기

조직 구매자들은 소비자들에 비하여 전문성이 높은 사람들이지만, 이들 역시 사람이기 때문에 여러 가지 개인적인 동기(예: 학연, 지연, 기타 친분 관계, 개인적 야심, 위험 회피 성향 등)에 의하여 영향을 받는 것이 사실이다. 예를 들어, 조직 구매자가 위험 회피 성향이 높은 사람이라면, 매우 보수적인 의사결정을 하는 경향이 크다. 예를 들어, 이런 사람은 가격이 낮지만 지명도가 낮은 회사보다는 가격이 높지만 지명도가 높은 회사를 선호할 가능성이 높다. 왜냐하면 지명도가 높은 업체를 선정하면 자신의 결정을 정당화하기 쉽기 때문에, 나중에 구매한 물품에 관하여 문제가 발생하더라도 책임 추궁을 모면할 가능성이 높기 때문이다. 산업재 마케팅 관리자는 조직 구매자의 숨겨진 동기를 파악하고, 이러한 동기를 충족시켜 줄 수 있는 방향으로 접근해야 한다.

② 역할 지각

우리는 앞에서 구매센터의 구성원들이 어떤 결정에 어느 정도의 영향력을 행사하는지를 파악하는 것이 중요하다고 배운 바 있다. 그러나, 조직 구매의사 결정과정에 참여하는 사람들은 자신들의 영향력을 실제 수준보다 더 크게 지각하는 경향이 있다. 그러므로, 산업재 마케팅 관리자는 구매 센터 구성원들의 영향력을 파악할 때, 어느 한 사람의 말에만 의존하기보다는 여러 사람들의 의견을 종합해 보는 것이 바람직하다.

4. 경쟁사 환경 분석

1) 경쟁의 개념

(1) 경쟁의 개념

경쟁이란 일반적으로 '같은 목적을 달성하기 위해서 서로 겨루는 것'을 의미한다. 대개 경쟁은 '승리 혹은 우승을 위한 목표를 달성하기 위해서 여러 사람들이 치열하게 싸우는 것' 정도의 의미로 이해된다.

마케팅에서는 대체 가능성(substitutability)이 있는 것은 모두 경쟁자다. 마케팅에서 상품의 형태나 종류가 다르더라도 고객의 입장에서 대체 가능성이 있는 것들은 모두 경쟁상대로 간주한다.

그러나 경쟁의 범위를 같은 형태나 같은 종류로 한정하여 좁게 보는 것을 마케팅 근시(marketing myopia)라고 부른다. 물론 대체 가능성이 있다고 해서 모두 똑같이 위협적인 경쟁상대가 되는 것은 아니다. 대체 가능성이 높은 것일수록 더 위협적이고, 낮은 것일수록 덜 위협적이다. 즉 경쟁이란 Yes/No의 문제가 아니라 정도의 문제다.

경쟁의 정도를 다음과 같이 4개의 수준으로 나누기도 한다.

- **상품형태(product form) 수준의 경쟁** : 상품형태 수준의 경쟁이란 같은 형태를 가진 상품 간의 경쟁을 가리키며 일반적으로 가장 치열한 경쟁이 바로 이 수준에서 벌어진다. 예를 들어 코카콜라와 펩시콜라 간의 경쟁이 여기에 해당한다.
- **상품범주(product category) 수준의 경쟁** : 상품범주 수준의 경쟁이란 상품형태는 다소 다르지만 기본적으로 같은 범주에 속하는 상품 간의 경쟁을 가리킨다. 상품 형태 수준의 경쟁 다음으로 치열한 경쟁이 이 수준에서 벌어진다. 예를 들어, 형태는 다르지만 기본적으로 청량음료 범주에 속하는 코카콜라와 칠성사이다 간의 경쟁이 여기에 속한다.

- **본원적 편익(intrinsic benefit) 수준의 경쟁** : 본원적 편익 수준의 경쟁이란 형태나 범주는 다르지만 고객에게 기본적으로 동일한 편익을 제공하는 상품 간의 경쟁을 가리킨다. 예를 들어, 오렌지 주스나 생수는 갈증 해소라는 편익을 제공하므로 코카콜라와 본원적 편익 수준에서 경쟁하고 있다.
- **예산(budget) 수준의 경쟁** : 예산 수준의 경쟁이란 제공하는 편익이 다르더라도 고객의 한정된 예산을 차지하기 위하여 여러 상품들이 경쟁하는 것을 가리킨다. 그러므로 이 수준에 이르면 모든 재화가 모든 재화의 경쟁상대가 된다고 할 수 있다. 예를 들어, 코카콜라는 과자, 담배 등과 예산 수준에서 경쟁하고 있다. 예산 수준의 경쟁은 그 범위가 너무 넓기 때문에 특별한 경우가 아니고서는 마케팅 관리자에게 유용한 지침을 제공해주지 못한다.

이러한 경쟁에서 우위를 위해 기업은 경쟁사의 현황을 면밀히 분석하여 경쟁사의 강점과 약점, 전략, 미래 목표 등을 파악하는 것이다.

(2) 경쟁사 환경 분석의 목적

경쟁사의 전략을 분석하는 이유는 경쟁사의 전략을 예측함으로써 자사가 어떤 전략을 구사해야 경쟁우위에 설 수 있는지 전략적 시사점을 도출하기 위함이다.

현재 또는 잠재 경쟁사에 의해 야기된 기회, 위협, 전략적 의문, 경쟁사의 강점 및 약점의 파악을 통해 제품 또는 시장에 대한 투자 의사결정을 하거나, 지속 가능한 경쟁우위를 위한 자원 배분을 결정하는 것이다. 또 전략이란 자산의 역량을 기반으로 목표를 달성하기 위한 최적의 수단이다. 그런 측면에서 경쟁사의 전략을 효과적으로 예측할 수 있도록 경쟁사 전략 분석도 경쟁사의 역량 분석을 토대로 강점과 약점을 파악하고, 현재 및 미래의 활동을 예측하여, 경쟁사의 미래 목표를 추정하게 된다.

그림 11 경쟁사 분석의 목적

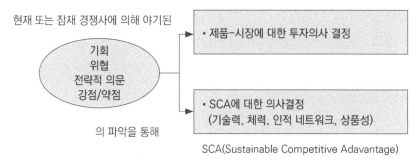

2) 경쟁사 환경 분석의 요소

경쟁사 환경 분석의 기본 틀은 경쟁자의 목표와 현행 전략을 분석하고, 이를 달성하기 위한 경쟁사의 현재의 역량의 강점 및 약점, 그리고 경쟁자의 미래 전략을 분석한다.

그림 12 경쟁사 환경 분석의 요소

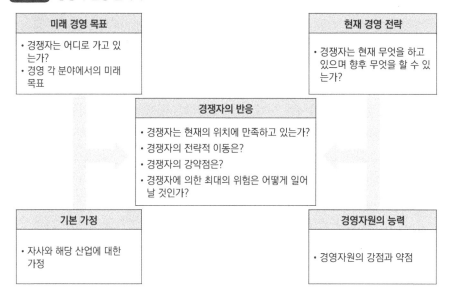

〈표 7〉 경쟁사 환경 분석 요소

구분	내용
목표	경쟁 기업의 현재 상황과 재무성과, 기존 전략 수정가능성, 시장 상황에 대한 대응태도 조사 경쟁자의 주요 전략과 행동에 대한 구체적 지침
현행 전략	경쟁기업의 마케팅 전략과 실행 계획, 예산, 실행 방법, 담당자 능력 등을 조사 경쟁기업에 대해 차별화된 마케팅 요소의 발견, 표적 고객선정과 세분화, 위상 정립
역량	경쟁자의 상품개발 능력, 생산능력, 마케팅 능력, 재무능력, 관리능력 등에 관한 정보 조사 자사의 전략 대안을 수립하고 선택하는 데 중요한 정보 제공
미래 전략	연차보고서, 업계 전문지, 경제지, 기자회견 등의 2차 자료를 통한 정보 획득 경쟁자가 앞으로 어떤 마케팅 전략을 사용할 것인지를 예측

3) 경쟁사 환경 분석 절차

경쟁사 환경 분석은 절차는 먼저 핵심 경쟁자를 선정하고, 다양한 정보원을 통해 경쟁사 정보를 수집하여 경쟁사 프로파일링을 작성하고 이를 토대로 한 경쟁사의 전략을 분석하는 순으로 전개한다.

그림 13 경쟁사 환경 분석 절차

경쟁사 정의	경쟁 정보 수집	경쟁사 현황 분석
핵심 경쟁사 선정	경쟁사 정보 수집	경쟁사 프로파일링
		경쟁사 전략 분석

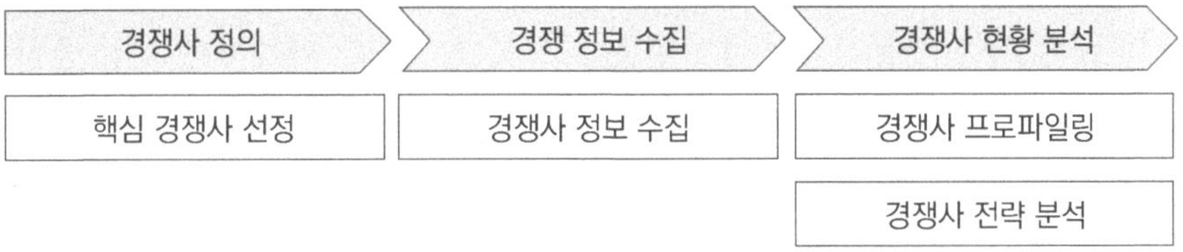

(1) 경쟁사의 정의

경쟁사는 현재 자사가 제공하는 제품이나 서비스 시장 내의 핵심 경쟁사가 대상이 될 수도 있지만 제품이나 서비스가 다르더라도 소비자 입장에서 대체 가능성(substitutability)이 있다면 잠재 경쟁사가 될 수 있으며, 대체 가능성 정도에 따라 경쟁상대의 강도도 결정된다. 따라서 현재는 경쟁 관계가 아니더라도 미래에 위협이 될 강력한 잠재 경쟁자나 부상하고 있는 대체재 기업도 선정하여 분석해야 한다.

그림 14 경쟁사의 범위

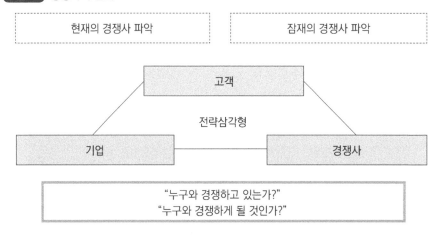

(2) 경쟁자 선정 방법

경쟁자를 확인하는 방법은 기업이 아닌 고객 중심에서 제품 및 서비스의 대체 가능성을 파악함으로써 경쟁자를 파악하는 고객 중심적인 방법과, 콘텐츠의 대체 가능성과 기술적 유사성을 기초로 경쟁자를 파악하는 기업 중심적인 방법이 있다.

① 고객 중심적 방법

고객이 비슷하게 생각하는 정도가 높은 상대를 경쟁자로 파악하는 방법으로 대체 가능성을 파악한다. 실제 고객이 대체로 사용하는 패턴을 관찰하여 경쟁자를 파악하고, 자사 고객의 제품과 서비스 전환이 가장 잘 일어나는 것을 경쟁자로 파악한다.

고객 중심적 방법은 대체품도 고객의 사용 용도에 따라 경쟁관계라고 본다. 특정 제품이 사용되는 상황이나 용도를 중심으로 분석하여, 제품의 범주가 다르더라도 동일한 고객의 욕구를 충족시킨다는 점에서 경쟁 관계가 된다.

② 기업 중심적 방법

대체 가능성을 기초로 경쟁자를 파악하는 방법으로 표준산업분류(Standard Industrial Classification, SIC code))를 이용한다. 이 방법의 한계는 포괄적 경쟁 관계 파악에는 부적절하며, 정형화된 분류표로 경쟁자를 확인해야 한다는 점이다. 대체품의 기술적 유사성을 기초로 경쟁자를 파악하기 때문에 본원적 효익 수준에서의 경쟁자 파악이 어렵다.

대표적인 방법으로 전략집단 분석 기법이 있는데, 이는 오랜 시간에 걸쳐 유사한 경쟁 전략을 추구하고, 유사한 특징, 자산, 역량을 보유한 집단을 말한다. 전략집단 분석은 경쟁사 분석의 과정을 용이하게 해주며 전략적 투자 결정을 구체화하는 데도 활용될 수 있다.

그림 15 전략집단의 개념

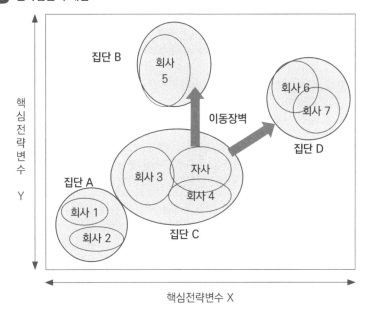

전략집단 분석은 산업분석의 한 부분으로, 유사한 경쟁방식에 전략적 포지션에 따라 그룹화된 다양한 경쟁 기업군을 연구하기 위해 활용하며, 동일 산업 내 서로 유사한 특징을 갖지만 경쟁 전략에 있어서의 하나 또는 그 이상의 차이로 인해서 여타 산업집단과 차이가 나는 일련의 기업진단이나 군을 말한다. 전략집단은 산업 내의 주요 전략들과 경쟁기업의 전략파악을 통해 산업 내 전략의 전반적인 모습을 명확히 나타내야 한다.

(3) 경쟁사 프로파일링

경쟁사 프로파일링은 심층 분석에 앞서서 아래와 같이 회사의 개황 및 경영 실적, 경영 역량, 최근 동향 등 경쟁자 현황을 개괄적으로 파악하기 위해 수행한다. 이를 기반으로 경쟁사의 전략을 분석하고, 경쟁사의 강점 및 약점뿐만 아니라 미래의 목표 및 전략을 예측해 봄으로써 전략적 시사점을 얻을 수 있다.

〈표 8〉 경쟁사 프로파일링 포함 내용

구분	내용
회사 개황	1. 회사개요 : 회사명, 대표자, 소재지, 설립일, 임직원 수, 소유 구조 등 2. 회사연혁 : 설립에서 현재까지의 주요 경영 활동 3. 사업 분야 : 주요 제품/서비스, 향후 추구하는 신규 사업 분야 등 4. 조직 현황 : 조직 구조, 보고 체계 등
경영 실적	1. 시장성과 : 시장점유율 및 고객 만족도, 브랜드 인지도 등 2. 재무 지표 : 재무제표 및 주요 재무비율(성장성, 수익성, 안정성, 활동성) 등 3. 기업 가치 : 주가 동향, 시가 총액, 기업 가치 평가액 등
경영 역량	1. 경영진 : 경영 스타일, 과거의 성공 및 실패 경험, 경영 능력, 열망 등 2. 인적자원 : 직원 자질 및 스킬, 이직률, 훈련 수준 등 3. 기술력 : R&D 능력 및 C&D 능력, 독점 기술 및 특허 보유, 공정기술 등 4. 생산능력 : 제조시설, Capacity, 운영방식, 생산 속도, 원가 구조 등 5. 마케팅 : 유통망, 광고/홍보 실적, 고객 서비스 등 6. 자본 조달 : 내부 유보 자금 규모, 증자 또는 차입을 통한 자본 조달 능력 등
경영 동향	1. 과거 활동 : 최근 주요 경영 활동 내역 또는 주요 이슈 2. 기업 평판 : 최근 활동에 대한 이해관계자들의 반응 3. 향후 방향 : 향후 경영 활동 방향 예측

경쟁자의 영업 실적은 같이 경쟁사의 사업 보고서를 통해서 조사할 수 있으나, 사업 보고서의 사업의 내용에는 제품 및 서비스의 매출과 사업 비중만을 확인할 수 있다. 사업 보고서의 재무에 관한 사항의 재무제표를 통해 경쟁 기업 전체의 수익을 조사할 수 있다.

경쟁사의 제품 및 서비스의 매출 및 영업이익을 조사하기 위해서는 손익계산서를 통해서 일정 기간 동안의 경영 성과 중 매출, 매출이익, 영업이익, 당기순이익을 조사한다.

〈표 9〉 재무제표의 유형

구분	내용
대차대조표	일정 시점에서의 기업의 재무상태 즉 자산, 부채 및 자본의 내용을 수록한 정태적 보고서 기업의 이용 가능한 경제적 자원과 그 자원에 대한 청구권의 금액을 봄 자산(차변) = 부채(대변) + 자본(대변)
손익계산서	일정기간 동안 경영성과를 요약하여 보고하는 재무제표로 거래나 사건을 통해 발생한 수익, 비용, 이익, 손실을 나타내는 동태적 보고서 이익 : 수익에서 비용을 차감하여 산출된 당기의 경영활동에 대한 성과 측정치 매출이익, 영업이익, 당기순이익

(4) 경쟁사의 전략 분석

다시 말하면, 경쟁사의 전략을 분석하는 이유는 분석한 경쟁자 프로파일링을 토대로 경쟁사의 전략을 예측함으로써 자사가 어떤 전략을 구사해야 경쟁 우위에 설 수 있는지 전략적 시사점을 도출하기 위함이다.

〈표 10〉 경쟁사 전략 분석

구분	내용
역량 분석	경쟁자의 강점은? 경쟁자의 약점은? 자사가 공략할 수 있는 곳은? 자사가 피해야 할 곳은?

활동 예측	경쟁자의 현재 포지션은? 경쟁자의 현재 전략은? 향후 전략 변화 가능성은? 자사가 공격한다면 대응은?
목표 추정	경쟁자의 미션 및 비전은? 경쟁자의 기업 문화는? 경쟁자의 현재 경영 목표는? 향후 목표 변화 가능성은?

4) 경쟁사 환경 분석의 특징

경쟁자 분석을 통해 자사에 경쟁력 향상에 적용하는 전 과정, 즉 분석에서 활용까지를 포함하고 있는 분석기법이다. 전사적 차원에서 현업 관계자들이 경쟁자의 해당 부서에 대해 분석하고, 이를 기반으로 자신의 경쟁력을 만들고, 지속적으로 경쟁자를 모니터링 하면서 전략이 바뀌는 등 과정에 초점이 맞춰진 전략이다. 장점 및 단점 또한 경쟁자 분석을 통한 시장에 대한 정확한 이해를 기반으로 자사의 경쟁력을 키울 수 있다는 것과 이것이 모방으로 전략할 수 있다는 위험이 있다.

〈표 11〉 경쟁사 환경 분석의 강점 및 약점

강점/경쟁우위	약점/경쟁열위
전략적 변수의 정의 가능	산업 내의 경쟁자 분석 위주
회사의 핵심 경쟁력 진단	산업 외의 잠재 경쟁자의 혁신적 접근을 간과하는 오류
회사 미래 전망 공유 용이	모방으로 경쟁자의 전략을 따라 하는 한계
자사의 전략 수립에 활용	너무 광범위하여 자원의 낭비 우려

5. 자사 환경 분석

1) 자사 환경 분석의 목적

자사 환경 분석은 기업의 경영 현황을 진단하고 사업을 추진하는 데 필요한 내부 역량을 분석하는 것을 말한다. 자사 역량은 사업을 추진하는 기업의 능력으로 경쟁력의 기반이 되는 조직의 역량이다. 자산, 현금 동원 능력 등의 유형 자산에서 브랜드 자산, 경영 시스템, 조직 문화 등 무형자산까지 포함한 경쟁 역량을 말한다. 내부 역량을 중심으로 자사 환경을 분석함으로써 현재 자신의 위치와 수준 및 강점, 약점, 장애요인까지 파악하여 향후 마케팅 전략에 유용한 전략적 시사점을 도출한다.

내부 환경 분석을 하는 이유는 성과를 확인하고 강점과 약점을 파악하며 제거해야 할 장애요인을 도출하기 위해서이기도 하지만, 궁극적으로는 향후 경쟁에서 승리하기 위해서 어떤 역량을 중심으로 경쟁할 것인지 판단하기 위해서이다. 즉, 내부 환경 분석을 통해 외부 환경 분석에서 도출한 핵심 성공요소를 확보할 수 있는 자사의 핵심 역량이 무엇인지 파악함으로써 이를 기반으로 내실 있는 마케팅 전략을 수립할 수 있다.

그림 16 자사 환경 분석의 목적

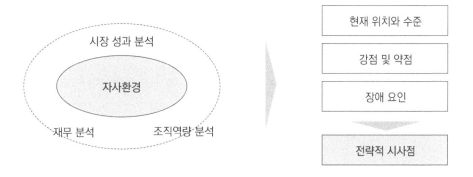

2) 시장 성과 분석

자사 제품과 서비스가 시장에서 얼마나 성과를 내고 있는지 분석하는 것으로, 현재의 제품 및 서비스를 통한 실적의 현황과 추이를 파악하고, 경쟁자 대비 고객 입장에서 시장 성과를 면밀히 분석함으로써 전략적으로 유용한 시사점을 도출한다.

시장 성과 분석은 전문자료나 시장조사 자료 등 다양한 실적 자료를 자사 사업에 맞게 분석함으로써 조사를 할 수 있다. 실무에서 유의해야 할 사항은 시장성과 분석이 실무팀을 평가하는 방향으로 진행되지 않도록 해야 한다. 그러므로 객관적인 실적과 근본 원인 도출에 집중하여야 한다.

(1) 현황 파악

시장성과 분석은 정확한 실체 파악에서부터 시작한다. 내부 자료를 수집 및 가공하여 자사의 매출과 이익 등 현재 실적 및 3~5년 간의 추이를 파악한다. 또 제품 및 서비스별로 세부 분석을 수행하기 위해 제품 및 서비스별 매출과 이익을 파악한다. 이때 제품 및 서비스별 이익은 내부 기준에 따라 비용을 배분함으로써 산정한다.

(2) 시장점유율 분석

시장점유율 분석은 표적 시장에서 경쟁자 대비 상대적인 매출 성과 현황 및 추이를 분석하는 것이다. 자사의 실적을 매출과 이익 규모 및 성장률로만 나타내는 경우가 많은데, 진정한 성과 분석을 위해서는 경쟁사와 비교를 해야 한다. 해당 시장이 150% 성장하고 경쟁사들도 실적이 150% 성장한 상황에서 자사의 실적이 100% 성장했다면 오히려 성과가 낮다고 판단할 수 있다.

(3) 제품 및 서비스 포트폴리오 관리

제품 및 서비스 포트폴리오 관리는 향후 제품 및 서비스별 마케팅 전략 방향을 정하고 자원을 배분하기 위해 상대적 시장점유율과 성장률 등의 내·외부 변수를 고려하여 자사의 제품 및 서비스의 시장 지위를 분석하는 것을 말한다. BCG에서 개발한 성장/점유율 포트폴리오 매트릭스를 주로 많이 사용하며, 자사의 제품 및 서비스 상품 현황을 개괄적으로 파악하기에 매우 유용한 분석 기법이다. BCG 매트릭스의 수직축은 시장성장률을 표시하고 기준선은 대개 전체 시장의 평균 성장률을 사용하거나 기업 목표치 등의 내부기준에 따른다. 수평축은 상대적 시장점유율로 가장 강력한 경쟁사 대비 자사의 제품 및 서비스의 시장점유율 비율을 나타내며, 기준선은 일반적으로 1.0의 상대적 시장점유율을 사용하며, 때로는 내부기준을 따르기도 한다.

3) 재무분석

재무분석은 재무제표상의 회계자료를 기초로 기업의 재무현황 및 경영성과를 분석하는 것을 말하는데, 기업에서도 자금흐름이 원활하지 않으면 향후 지속 경영에는 어려움이 따른다. 재무분석은 먼저 현재의 실적 및 추이를 파악한 후 EVA 등 수익구조 분석과 재무비율을 중심으로 한 재무 상세분석을 수행한다.

재무분석을 수행할 때에는 수치중심의 재무분석에 익숙해져야 하며, 분석에만 그치지 말고 의미있는 정보 도출에 노력을 기울여야 한다. 특히 재무분석이 치우치지 말고 거시적인 관점에서 바라볼 수 있도록 노력해야 한다.

(1) 재무제표 실적 파악

매출액과 매출 원가, 순이익 등 손익계산서 항목뿐 아니라 자산, 부채, 자본의 재무상태표 항목과 현금 유입과 유출의 현금흐름표까지 현재의 실적 및 지난 3~5년간의 추이와 경쟁사와의 비교 등을 통해 분석 대상 사업의 재무현황을 파악한다.

그림 17 재무제표 유형

(2) 재무비율 분석

재무비율 분석은 재무제표 각 항목들 간의 관계를 비교하여 산출한 비율을 분석함으로써 자사의 재무상태 및 성과를 진단하는 것을 말한다. 재무비율 자료를 과거 실적이나 경쟁자, 업계 평균 또는 특정 벤치마크와 비교해 봄으로써 전략적으로 의미있는 정보를 창출할 수 있다.

〈표 12〉 재무비율 분석

구분	내용
성장성 분석	사업 규모나 성과 측면에서의 성장성 분석 매출액이나 총자산, 순이익의 증가율 등
안정성 분석	사업의 재무적 안정성을 분석 유동성 비율, 레버리지율, 비유동 비율 등
수익성 분석	전반적인 이익 창출 능력을 분석 매출 이익률, ROA (Return On Asset), ROE (Return On Equity) 등
활동성 분석	일정기간 자산의 운용 효율성을 분석 총자산이나 매출 채권, 재고자산의 회전율 등

(3) 경제적 부가가치(EVA, Economic Value Added) 분석

일반적으로 수익성을 판단할 때 매출액 대비 이익률을 보는 경향이 많지만, 이는 투자한 자기 자본의 기회비용을 고려하지 않는다는 단점이 있다. 이런 측면에서 투하 자본 비용까지 감안한 경제적 이익을 산정할 때 경제적 부가가치를 의미하는 EVA를 사용한다.

EVA란 영업 활동으로 발생한 세후 영업이익에서 자기자본 및 타인자본의 투하자본 비용을 차감한 경제적 부가가치로, 자기자본의 기회비용과 타인 자본의 이자 비용을 충당하고도 이익이 남는지 판단하는 지표를 의미하며, 기업 가치와 상관관계가 높은 지표이다.

현재의 EVA 수치와 일정기간 동안, 경쟁사 및 업계 평균 대비 비교 등을 통해 전략적 시사점을 얻을 수 있다. 높은 EVA를 달성하기 위해서는 기업 전체적인 자본비용 이상으로 높은 영업이익을 달성해야 한다.

그림 18 **EVA 산출 방식**

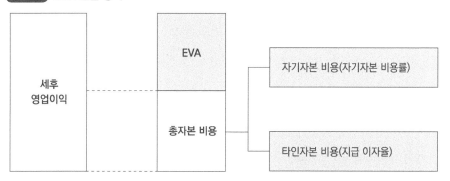

4) 조직역량 분석

조직역량 분석은 경영의 효율성을 극대화하기 위해 조직적인 경영관리 체계를 분석하는 것이다. 마케팅의 목표를 달성하기 위해 전사 측면에서 조직의 자원을 조직 활동에 효과적으로 투입하고 통합할 수 있도록 전문성을 지닌 각 부문을 체계적으로 정렬시켜야만 지속적인 경쟁우위의 원천이 될 수 있다.

(1) 현황 파악

정확한 현황 파악을 위해서는 내·외부 자료 수집과 현장조사나 임직원 인터뷰 등 살아있는 정보를 수집해야 한다. 현장 조사나 인터뷰가 성공적으로 실행되기 위해서는 사전 조사가 반드시 선행되어야 한다. 어떤 조사방법을 사용하며 어떤 사항들을 조사할 것인지, 결과 분석은 어떻게 할 것인지 등의 사전 조사 설계가 매우 중요하다.

또한 객관성을 최대한 유지해야 한다. 정성적인 분석의 특성상 분석자 개인의 직관적인 분석으로만 흐를 경우 오해의 소지가 발생할 수 있으며, 필요시에는 컨설턴트와 같은 제3자를 통해 파악하는 것도 고려해볼 필요가 있다.

(2) 조직역량 분석 도구

① 7S 모델 분석

7S 모델은 전사적인 조직 운영을 진단하고 대책을 수립하는 데 유용한 분석기법이다. 조직문화의 구성요소로 공유가치, 전략, 조직구조, 제도, 구성원, 관리기술, 리더십 스타일을 들고 있다. 조직문화와 조직내부의 구성요소 간의 관계를 체계적으로 설명하며 조직시스템에 대한 통합적인 시각을 제공한다.

- **공유가치(Shared value)** : 조직 구성원의 행동을 만드는 원칙이나 기준을 말한다. 따라서 구성원들 모두가 지니고 있는 가치관이나 이념 등이 중심이 되며 조직의 존속과 성공에 근간이 되는 요소가 된다.
- **리더십 스타일(Style)** : 구성원들을 이끌어가는 관리 스타일로 조직 구성원의 스타일은 물론 조직 전체를 이끌어가는 리더의 스타일을 말한다. 특히 리더의 스타일은 조직 분위기에 직접적 영향을 미치게 되므로 조직문화를 이해하는 데 중요 요소로 작용한다.
- **구성원(Staff)** : 구성원은 조직을 만드는 주요 요소로 구성원의 행동에 따라 조직문화가 나타나게 된다. 따라서 7S 모형에서의 구성원은 단순한 인력의 구성을 벗어난 각 구성원 능력의 조합을 의미한다.

- **기술(Skill)** : 조직이 보유하고 있는 능력으로 전략 수행에 관한 요소다. 따라서 전략의 변경 혹은 방향에 따라 필요한 기술의 종류도 변하게 되며, 기술의 변화는 조직문화에 영향을 미치게 된다.

- **구조(Structure)** : 구조는 조직의 형태로 조직의 활동과 목표 실행, 책임과 역할 등에 따라 위해 분류되거나 조합되므로 조직문화의 중요 요소가 된다.

- **제도(System)** : 조직의 관리체계 및 각종 제도를 말하며 경영계획 및 목표 설정 시스템 등을 포함하여 조직의 방향을 유도하는 역할을 한다.

- **전략(Strategy)** : 조직의 장기목적 및 계획에 대한 대응 및 자원의 배분 등을 말하며 이는 주성원의 행동은 물론 나머지 요소들에게도 영향을 미치게 된다.

특히 까다로운 가치 사슬 분석과 달리 비교적 쉽게 접근할 수 있으며, 조직 구조나 시스템 같은 Hard한 분석과 공유 가치나 문화 같은 Soft한 측면을 모두 고려함으로써 총체적인 조직역량을 진단할 수 있다는 강점을 가진다.

7S 모델을 통해 조직역량을 전반적으로 진단해 봄으로써 자사의 강·약점을 도출하고 향후 마케팅 전략 수립에 활용할 수 있다.

그림 19 7S 모델의 분석 요소

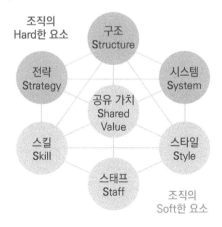

구분	분석 요소
Shared Value	위험부담이 있는 일은 무조건 피하지 않는가? 작은 것에 너무 승부를 걸지는 않는가?
Style	상하관계가 너무 경직되어 있는가? 불평등이 만연해 있지는 않는가?
Staff	너무 순종적인 조직원들로 구성되어 있는 것은 아닌가? 부서장에 적절한 인재가 배치되어 있는가?
Skill	새로운 기술도입이 잘 되고 있는가? 새로운 기술의 경험자가 많이 있는가?
Structure	환경에 대응할 수 있는 기능적 구조를 이루고 있는가? 조직의 규모가 적정한가?
System	의사결정이 신속히 이루어지고 있는가? 책임의 소재가 명확한가?
Strategy	전략이 조직의 환경에 적절한가? 전략에 대해 조직원들 간의 합의가 이루어졌는가?

② 가치사슬(Value Chain) 분석

가치사슬 분석이란 기업의 활동을 '사슬'처럼 연결하여 시각화함으로써, 자사가 어떻게 가치를 창출하고 어떤 프로세스에 초점을 두는지를 파악함으로써 기업의 각 활동이 어떻게 사업에 공헌하는지를 파악할 수 있는 도구다. 가치 사슬은 기업에서 경쟁전략을 세우기 위해, 자신의 경쟁적 지위를 파악하고 이를 향상할 수 있는 지점을 찾기 위해 사용하는 모형이라고 할 수 있다. 전체적인 사업의 가치 사슬을 분석하고, 본원적 활동과 지원 활동을 연계하여, 생산 활동의 병목(bottle nect)을 찾고, 프로세스를 개선하여 이윤을 창출한다.

그림 20 Value Chain 분석

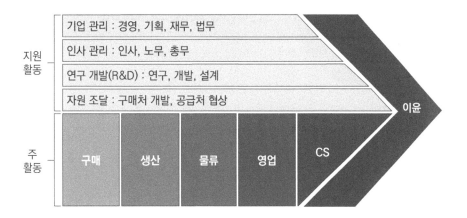

제4장 소비자행동의 이해

1. 소비자행동의 개념과 특성

1) 소비자행동의 개념

원래 '행동'이라는 말은 외부에서 관찰할 수 있는 어떤 '신체적 움직임'에 대한 의미를 강하게 암시하기 때문에 흔히 소비자행동이라고 하면 제품의 구매 및 사용과 관련된 소비자의 물리적 행동(physical action)만을 의미하는 것으로 생각하기 쉽다. 그러나 소비자 행동 연구가들은 이와 같은 가시적인 신체적 움직임보다는 오히려 소비자의 내면에서 일어나고 있는 심리적인 변화, 즉 인지적 활동(cognitive activities)에 대해 더 많은 관심을 보인다.

즉 소비자행동이란 구매 및 사용(또는 소비)을 위한 소비자의 최종적인 실행 행동뿐만 아니라, 구매 결정과 관련하여 발생한 소비자의 내·외적 행동을 모두 포함한다. 다시 말해서, 제품을 직접 구매·사용·소비하는 행동 이외에도, 구매결정을 위한 정보를 수집하고, 제품 및 상표를 비교·검토하며, 더 나아가서는 특정 제품이나 상표에 대한 지각·태도·선호도의 형성(또는 변화) 과정에서 발생하는 소비자의 심리적 움직임까지도 소비자 행동의 범주 속에 포함된다.

소비자행동의 본질을 좀더 구체적으로 알아보면, 다음과 같다.

첫째, 소비자행동이란 소비자가 제품의 구매 및 사용과 관련하여 수행하는 '의사결정 및 그 실행행동'을 의미한다. 따라서 일차적으로는 구매결정에 직접 관련되는 제반 물리적 활동, 즉 어떤 제품을 언제, 어디서, 어떻게 구매할 것인가를 결정하기 위하여 정보를 탐색하고, 상표를 비교·평가하고, 실제로 제품을 구매하고, 구매한 제품을 사용도는 소비하는 일련의 물리적 행동을 소비자행동의 범주 속에 포함한다.

둘째, 소비자는 위에서와 같이 물리적인 구매 관련 행동을 실행하는 과정에서 인지적 의사결정 행동을 병행하기 때문에, 소비자 내부에서 이루어지는 인지적 활동 측면도 소비자행동의 범주 속에 포함된다.

셋째, 제품 사용 후 소비자의 경험이나 평가, 그리고 이 경험과 평가의 결과를 차기 구매결정에 피드백(feedback)하는 심리적 움직임도 소비자행동의 범주 속에 포함된다.

넷째, 소비자의 구매 및 소비자행동과 관련하여 필연적으로 파생되는 집단적·사회적 행동, 즉 불매운동이나 소비자 주권운동과 같은 행동도 소비자행동의 범주 속에 포함된다.

2) 소비자의 유형

소비자는 크게 개인 소비자와 조직 소비자로 분류한다. 개인 소비자는 자신이나 친구를 위해 제품이나 서비스를 구매하는 소비자이고, 조직 소비자는 기업, 정부, 단체의 이익을 위하여 제품이나 서비스를 구매하는 소비자이다. 기업에서 제공하는 제품이나 서비스에 대해 소비자가 어떻게 생각하는가에 따라 3가지 범주로 구분한다.

첫째, 미충족 고객(undershot customer)은 기업에서 제공하는 제품의 성능과 서비스가 부족하다고 느끼는 고객이다.

둘째, 과충족 고객(overshot customer)은 기업에서 제공하는 제품의 성능과 서비스가 과다하다고 생각하는 고객이다.

셋째, 비사용자(non-consumer)는 현재 기업의 목표 고객에 해당하지 않는 고객이다.

이러한 분류는 고객의 행동을 기준으로 고객이 제공되는 제품에 대한 문제점을 해석하는 방법에 기반한다. 이들에 대한 대응 방안은 다음과 같다.

(1) 미충족 고객

제품의 내용이 부족하다고 생각하는 미충족 고객에게는 이들이 무엇이 부족하다고 생각하는지 찾아내는 것이 핵심이다. 이들은 기존 제품의 성능이나 서비스 개선에 얼마든지 가치를 지불하고자 하는 의지가 있는 고객이고, 제품이 항상 완벽하기를 바라는 니즈를 가지고 있는 집단이다. 미충족 고객은 제품에 대한 충성도가 매우 높아서 기업들은 이들의 니즈를 조사하여 제품에 반영하고자 노력한다. 하지만 이들은 항상 일정 정도의 불만족을 가지고 개선 사항을 요구한다. 따라서 이들의 요구를 충족시킬 수 있는 제품이나 서비스가 가장 우선적으로 제공되어야 한다.

(2) 과충족 고객

주어진 기능을 제대로 활용하지 못하는 과충족 고객에게는 제품의 기능 중에서 어떠한 점이 이들에게 불필요하게 작용하는지를 찾아내는 것이 중요하다. 이들은 자신이 필요한 기능보다 과다한 기능이 탑재되어 있다고 생각하며, 적정 정도의 상품이나 자신이 요구하는 최소의 수준만 갖춘 제품을 원한다. 이러한 과충족 고객은 최신 기술이나 첨단 방식보다는 어느 정도 일반화되고 기초적 기능을 갖춘 저렴한 제품을 선호한다. 이로 인해서 제조사에 대한 일방적 충성보다는 타사의 저렴한 제품이 출시되었을 때 바로 갈아타는 유동적인 계층이다. 따라서 제품이나 서비스가 개선되었다 하더라도 이에 크게 중점을 두고 반응하지 않으며, 프리미엄 가격을 지불할 생각이 없는 고객이다. 이들은 개선된 성능이나 서비스보다는 할인 가격이나 제휴 제품을 더 중요하게 여기기 때문에 이를 고려하여 대응한다.

(3) 비사용자

제품을 사용하고 있지 않은 비사용자들에게는 제품에 접근할 수 있도록 유도해야 한다. 이들은 제품의 성능이 복잡하다고 생각하여 제대로 이용할 수 없거나 불편하게 느끼는 고객이다. 또한 제품을 사용하지 않고 있는 집단으로 어느 특정 기업에 충성하지 않는 백지 상태의 고객이다. 이러한 고객에게는 일단 저가 가격 전략으로 구매의 진입장벽을 최소한으로 낮추는 것이 중요하다. 또한 과충족 고객과 동일하게 핵심적인 주요 기능만 탑재하여 최대한 간편하고 저렴한 가격으로 설득해야 한다.

2. 소비자 구매의사 결정과정

소비자들이 구매에 관한 의사결정을 하는 과정은 간단하지 않아서, 사람에 따라 달라지며, 같은 사람이라도 어떤 상품을 구입하느냐에 따라 달라지고, 같은 사람이 같은 상품을 구입한다고 해도 어떤 상황이냐에 따라 달라진다. 예를 들어, 급한 성격을 가진 A와 꼼꼼한 성격을 가진 B가 승용차를 구입하는 과정은 같지 않을 것이다(개인에 따른 차이), 또 C가 승용차를 구입하는 과정과 와인을 구입하는 과정 역시 같지 않을 것이다(상품에 따른 차이), 마지막으로 D가 집에 가서 마실 와인을 구입하는 과정과, 직장 상사의 집들이에 선물로 들고 갈 와인을 구입하는 과정 또한 같지 않을 것이다(상황에 따른 차이).

이렇게 구매에 관한 의사결정을 내리는 과정은 개인, 상품, 상황에 따라 달라지는데, 대체로 어떤 구매에 대하여 관심을 갖는 정도가 높아질수록 의사결정을 신중하게 내리게 된다는 것을 알 수 있다. 이렇게 소비자가 어떤 대상에 대하여 관심을 갖는 정도나 중요하게 여기는 정도를 관여도(involvement)라고 부른다. 즉, 어떤 구매에 대한 관여도가 높아질수록 구매의사 결정과정이 길어지며, 관여도가 낮아질수록 구매의사 결정과정이 짧아진다.

관여도가 높아서 소비자가 상당한 시간과 노력을 들여서 신중하게 의사결정을 하는 경우를 포괄적 문제해결(extensive problem solving)이라고 하고 관여도가 낮아서 소비자가 비교적 적은 시간과 노력을 들여서 의사결정을 하는 경우는 제한적 문제해결(limited problem solving)이라고 한다. 이보다 더 단순한 의사결정 유형에는 일상적 문제해결(routinized prob-lem solving)과 회상적 문제해결(recall problem solving)이 있다. 두 가지 모두 소비자가 다른 대안에 대한 정보탐색이나 평가를 하지 않고 바로 구매에 도달한다는 공통점이 있지만, 전자는 과거에 구매했던 대안을 습관적으로 구매하는 것이고, 후자는 과거에 구매한 경험이 없지만 기억 속에 저장된 대안을 구매한다는 점이 다르다.

그림 21 **관여도와 구매의사 결정과정**

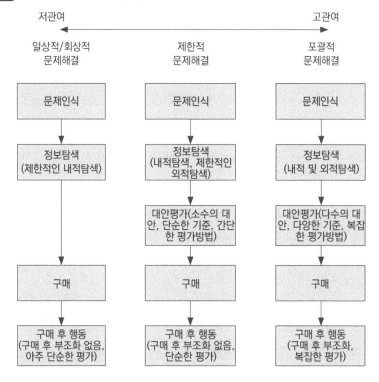

1) 문제인식 단계

소비자가 자신의 현재 상태가 바람직한 상태와 차이가 있다는 것을 느끼게 되면 그 차이를 메울 수 있는 수단을 찾으려는 욕구가 생기는데, 이것을 문제의 인식이라고 부른다. 물론 욕구가 생겼다고 해서 반드시 행동으로 옮겨지는 것은 아니며, 이러한 욕구가 충분히 커져서 구매 동기(motive)가 생겨나야 행동으로 옮겨지는 것이다. 욕구가 동기로 발전하려면 현재 상태와 바람직한 상태 사이의 차이가 상당히 크거나, 이러한 욕구를 해결하는 것이 상당히 중요하다고 느껴야 한다.

소비자가 문제를 인식하게 되는 계기는 내적 요인에 의한 것(즉, 소비자 자신이 스스로 문제를 인식하는 것)과 외적 요인에 의한 것(즉, 소비자 자신은 문제를 인식하지 못하였는데, 광고나 주변 사람 등과 같은 외적인 자극 때문에 문제를 인식하게 되는 것)이 있다.

문제인식 단계에서 기업이 취할 수 있는 방법은 다음과 같다.
• 현재 충족되고 있는 욕구의 경우에는 현재 상태보다 더 바람직한 상태를 제시함으로써 문제를 새롭게 인식하도록 한다.
• 현재 충족되고 있지 않은 욕구의 경우에는 이미 문제인식은 하고 있는 상태이므로, 이를 해결해 줄 수 있는 신상품을 개발하는 데 노력을 집중한다.

2) 정보탐색 단계

문제를 강하게 인식하여 구매동기가 형성된 소비자는 문제를 해결해 줄 수 있는 대안들에 대한 정보를 찾게 된다. 필요한 정보가 소비자의 기억 속에 이미 저장되어 있는 경우에는 내적 탐색만으로 충분하지만, 그렇지 않은 경우에는 외적 탐색을 하게 된다.

외적 탐색 과정에서 소비자는 대개 여러 가지 원천으로부터 필요한 정보를 얻게 되는데, 이러한 정보 원천들은 크게 기업제공 원천(예: 광고, 판매사원 등), 소비자 원천(예: 가족, 친구 등), 중립적 원천(예: 정부기관, 언론 등)의 세 가지로 분류된다. 소비자들은 대개 기업제공 원천보다는 소비자 원천이나 중립적 원천을 더 크게 신뢰하는 경향이 있다.

대안에 대한 정보를 탐색하는 과정은 적지 않은 시간과 노력이 필요하기 때문에, 소비자는 시장에 나와 있는 모든 대안들에 대하여 정보를 탐색하는 것이 아니라, 그중 소수의 대안들만을 고려 대상에 넣고 정보를 수집하게 된다. 이렇게 소비자의 고려 대상에 포함된 상품이나 브랜드들을 고려 상표군(consideration set)이라고 부른다.

소비자들이 고려 상표군에 포함하는 대안의 수는 상품의 종류에 따라 다르지만 대개 3~4개 정도에 불과한 것으로 알려져 있다. 어떤 브랜드가 고려대상에서 제외되는 이유는 위의 예에서와 마찬가지로, 인지도가 낮거나, 아니면 무슨 이유에서건 부적당한 것으로 판단되기 때문이다. 고려 상표군에서 제외된 대안들이 구매될 가능성은 거의 없으므로, 만약 우리 상품이 많은 소비자들의 고려 상표군에서 제외되어 있다면 이는 매우 큰 문제라고 할 수 있다. 그러므로, 우리 상품의 판매가 부진하다면 그 원인을 구매 시점에서만 찾지 말고, 고려 상표군을 조사해 볼 필요가 있다.

정보탐색 단계에서 기업이 취할 수 있는 방법은 다음과 같다.

• 소비자들이 우리 상품에 대한 정보를 쉽게 얻을 수 있도록 한다. (예, 'AI 챗봇'으로 24시간 고객 상담 서비스)
• 소비자들이 신뢰하는 정보원천에 우리 상품에 유리한 정보가 많이 흘러가도록 한다.
• 가능한 한 많은 소비자들의 고려 상표군에 우리 상품이 포함될 수 있도록 하여야 한다.(예: 인지도 향상)

3) 대안평가 단계

소비자는 정보탐색 단계에서 수집한 정보를 토대로 대안들을 비교하고 평가한다. 그리고, 그중에서 자신에게 가장 큰 효용을 줄 것으로 생각되는 대안에 대하여 가장 호의적인 태도를 형성하며, 그 대안을 가장 선호하게 된다(마케팅에서 태도와 선호는 거의 같은 의미로 쓰인다). 소비자는 대안평가의 결과 가장 선호하는 대안을 다음 단계인 구매단계에서 구매하게 될 가능성이 높기 때문에, 대안평가 단계에서 태도가 어떻게 형성되는지를 이해하는 것이 중요하다. 이를 위하여, 소비자 정보처리과정에 대해서 알아보자.

(1) 소비자 정보처리과정

소비자는 많은 마케팅 자극에 노출된다. 소비자가 마케팅 자극에 노출되어 주의를 기울이고 그 내용을 지각하여 어떤 상품에 대한 태도를 형성하기까지의 과정을 소비자 정보처리과정(consumer information processing)이라고 부른다. 이렇게 형성된 태도는 구매의사 결정에 즉시 이용되기도 하고, 아니면 기억 속에 일단 저장했다가 나중에 의사결정에 이용되기도 한다.

여기서는 소비자 정보처리과정의 각 단계를 간략히 알아보기로 한다.

그림 22 소비자 정보처리과정

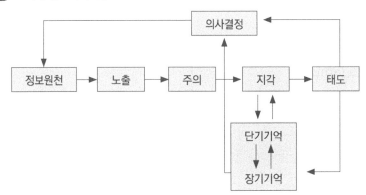

① 노출(exposure)

노출에는 소비자가 정보를 찾기 위하여 스스로 정보에 노출되는 의도적 노출과 우연히 노출되는 우연적 노출의 두 가지 경우가 있다.

② 주의 (attention)

소비자는 노출된 모든 정보에 주의를 기울이는 것이 아니라, 관심이 있거나 흥미를 느끼는 정보에 대해서만 주의를 기울인다. 그러므로, 의도적 노출의 경우에는 주의를 기울이지만, 우연적 노출의 경우에는 관여도가 높은 상품에 대한 정보이거나, 흥미를 유발하는 정보인 경우에만 주의를 기울인다. 주의를 기울이지 않은 정보는 더 이상 처리되지 않는다.

③ 지각(perception)

지각이란 소비자가 여러 가지 자극들을 조직화하고 전체적으로 의미를 부여하는 과정을 의미한다. 예를 들어, 어떤 승용차의 승차감에 대한 지각은 소비자 자신의 승차 경험은 물론, 주위 사람들의 이야기, 자동차 광고, 자동차의 스타일 등의 여러 가지 자극들을 나름대로 통합하고 조직화하여 형성된다. 이렇게 자극들을 통합하고 조직화하는 과정에서 소비자 개개인의 기억 속에 저장되어 있던 선입관이나 사전지식 등이 영향을 주기 때문에, 동일한 자극들을 주더라도 소비자 개개인이 형성하는 지각은 다를 수 있다. 즉, 지각은 매우 주관적이다.

④ 태도(attitude)

태도란 어떤 대상(보통 상품이나 브랜드)에 대하여 호의적 또는 비호의적으로 평가하고, 느끼고, 행동하려는 지속적인 경향을 의미한다. 태도는 지각을 토대로 형성되는데, 다음에 설명할 다속성 태도모델은 지각이 태도를 어떻게 형성하는지를 모형으로 나타낸 것이다.

⑤ 기억(memory)

기억은 정보의 처리와 저장이 이루어지는 가설적인 장소를 의미한다. 기억에는 장기기억과 단기기억의 두 가지 종류가 있다. 정보처리과정에서 나온 결과는 장기기억에 저장되었다가, 의사결정 시에 인출되어 대안평가에 영향을 미친다. 또 장기기억에 저장된 정보는 정보처리 시에 단기기억으로 인출되어, 지각을 형성하는 데 영향을 미친다.

(2) 다속성 태도모델

대안평가 단계는 마케팅 관리자의 관점에서 매우 큰 관심을 가져야 할 단계이다. 태도는 어떤 대상을 얼마나 좋아하느냐 하는 지속적인 경향이므로, 소비자가 이 단계에서 어떤 대안에 대해서 가장 호의적인 태도를 형성하였는지를 정확히 알 수 있다면, 다음 단계까지 가보지 않더라도, 어떤 대안을 선택할지를 비교적 정확하게 예측할 수 있기 때문이다. 이렇게 태도를 측정하여 소비자가 어떤 대안을 구매할지를 예측하는 데에는 다속성 태도모형(multiattribute attitudemodel)이 매우 유용하다.

소비자는 외부정보, 경험, 혹은 추론을 바탕으로 대상에 대한 여러 가지 신념들을 형성하지만 이 중 자신에게 보다 부각되는 신념들(salient beliefs)만을 바탕으로 태도를 형성한다. 소비자들이 태도를 형성할 때 고려하는 속성들에 대한 신념들의 수는 보통 5개에서 9개를 넘지 않는다.

다속성 태도모델은 조직의 의사결정자에게 유용한 정보를 제공한다는 점에서 폭넓은 지지를 받았다. 이유는 다속성 태도모델을 이용할 경우, 태도형성에 영향을 미친 속성신념을 파악할 수 있을 뿐 아니라 자사에 유리한 방향으로 태도를 변화시킬 수 있는 전략을 수립할 수 있다. 태도형성을 설명하기 위해 여러 가지 다속성 태도모델이 개발되었는데, 본 책에서는 Fishbein 태도모델과 속성 만족도-중요도 모델을 설명한다.

① Fishbein 태도모델

피시바인(Fishbein, 1963)은 대상에 대한 개인의 태도가 그 대상의 부각 속성들에 대한 신념(belief)과 이 속성들에 대한 평가(attributes evaluation)에 의해 결정된다는 태도 모델을 제안하였다. 원래 Fishbein 태도모델(Fishbein attitude model)에서 대상은 사람, 사물, 의견, 기관 등 태도의 대상이 될 수 있는 것은 무엇이든지 상관없다. 이하에서는 대상을 제품, 브랜드 등에 적용하여 설명한다.

신념(belief)은 소비자가 특정제품의 속성과 관련하여 가지고 있는 주관적 의견을 가리킨다. 예를 들어, 소비자에 따라 'ㅇㅇ자동차'의 배기량은 크다는 신념을 가질 수도 있고 작다는 신념을 가질 수도 있다. 또한 이러한 속성에 대해 긍정적 평가(evaluation)를 할 수도 있고 부정적 평가를 할 수도 있다. 구체적으로, 한 소비자가 'ㅇㅇ자동차의 배기량은 크다'는 신념을 가지며, '배기량이 크면 파워가 강하기 때문에 좋다'고 생각한다면 이러한 속성신념과 속성평가는 태도에 긍정적으로 영향을 미칠 것이다. 반대로 다른 소비자는 'ㅇㅇ자동차의 배기량은 크다'는 신념을 가지며, '배기량이 크면 연료가 많이 들어 나쁘다'고 생각한다면 이는 태도에 부정적으로 영향을 미칠 것이다. 이처럼 소비자가 한 대상의 속성에 대해 동일한 신념을 가지더라도 그 속성에 대한 평가에 따라 태도는 달라진다.

Fishbein의 태도 모델은 다음의 함수식으로 표현된다.

$$A_0 = \sum_{i=1}^{n} b_i e_i$$

A_0 : 대상에 대한 태도(attitude)

b_i : 그 대상이 속성 i에서 어떨 것인가에 대한 신념(belief)

e_i : 속성 i에 대한 소비자의 평가(evaluation)

n : 고려되는 부각 속성들의 수

먼저 신념은 한 브랜드가 특정 속성에서 어떨 것인가에 대한 소비자의 생각을 가리킨다. 다시 말하면 이는 특정 브랜드와 속성과의 관계에 대한 소비자의 신념으로, 평가적 판단(evaluation judgement)과는 무관하다. 이는 소비자의 경험, 외부정보 혹은 추론(추측)에 의해 결정된다.

속성에 대한 평가는 한 제품군의 특정 속성이 어떠하다는 사실이 소비자에게 바람직한가를 반영하며, 평가적 판단에 관한 것이다. 신념에 강도는 특정 브랜드에 대한 것인데 비해 속성에 대한 평가는 제품군에 관한 것이다.

이 모델에 의하여 소비자가 각 상표에 대해 갖는 태도는 각 속성별로 신념과 평가를 곱한 후, 이 값들을 모두 합한 것이다.

② 속성 만족도–중요도 모델

사회심리학 분야에서 개발된 Fishbein 태도모델은 소비자의 태도형성을 설명하기 위해 개발된 것이 아니므로, 소비자행동에 적용하기 위해 보다 적합한 다속성 태도모델로서 속성 만족도–중요도 모델(attribute satisfaction–importance model)을 개발하였다(Bass & Talarzyk, 1972). 이 모델은 대상(브랜드)에 대한 태도는 각각의 부각속성에 대한 소비자 만족도와 그 속성을 중요시하는 정도에 의해 결정된다고 보는 것이다.

속성 만족도–중요도 모델의 기본식은 다음과 같다.

$$A_0 = \sum_{i=1}^{n} B_i I_i$$

A_0 : 특정 제품에 대한 태도
B_i : 그 제품이 특정 속성에 있어서 얼마나 만족스러운가에 대한 신념(belief)
I_i : 소비자가 속성 i에 대해 부여하는 중요도(importance)
n : 소비자에게 부각되는 속성의 수

이 모델에 의하면 이 소비자가 각 브랜드에 대해 갖는 태도는 각 속성의 만족도에 대한 신념과 각 속성의 중요도를 곱한 후, 이 곱한 값들을 모두 합한 것이다.

③ 두 모델의 차이점

Fishbein 태도모델은 사회심리학 분야에서 개인이 어떤 대상에 대한 태도를 형성하는 과정을 설명하기 위해 개발되었는데, 소비자행동 연구자들이 소비자의 브랜드 태도를 형성하는 과정을 설명하기 위해 도입하였다. 그런데, 소비자행동 연구에서는 소비자가 한 브랜드에 대해 갖는 태도뿐만 아니라 여러 브랜드 중에서 특정 브랜드를 선택할 때 왜 그 브랜드를 선택하는지(선호하는지)를 설명하는 것이 중요하다. 이러한 이유로 인해 속성 만족도–중요도 모델은 소비자행동 연구자들에 의해 여러 대상에 대한 상대적 태도(즉, 선호도)의 형성을 설명하기 위해 개발되었다. 따라서 소비자의 선호(preference)를 설명하는 데는 속성 만족도–중요도 모델이 더 나은 것처럼 보일 수 있다.

그러나 Fishbein 태도모델의 지지자들은 다음의 이유로 Fishbein 태도모델은 소비자의 태도형성을 설명하는 데 전혀 부족하지 않으며, 따라서 별도의 모델이 필요하지 않다고 주장한다.

첫째, Fishbein 태도모델은 다음의 이유로 속성 만족도–중요도 모델의 '속성 중요도'에 대한 정보를 내포한다. ① 중요한 속성일수록 소비자의 평가는 극단적으로 나타난다. 예를 들어, 승용차의 연비를 중시할수록 연비가 높다는 사실을 매우 긍정적으로 평가한다. ② 중요한 속성일수록 소비자의 신념은 뚜렷하다. 예를 들어, 승용차의 연비를 중시할수록 연비에 대한 보다 확실한 정보를 갖는다. 즉 이러한 두 가지 정보는 속성 만족도–중요도 모델의 '중요도'에 관한 정보를 내포하므로 별도로 중요도를 측정할 필요가 없다.

둘째, B는 속성 만족도에 관한 것이므로 속성 만족도–중요도 모델은 어떤 대상에 대한 태도(전반적 평가)보다 전반적 만족도에 관한 것으로 볼 수 있다. 이 점에서 태도 형성을 설명하는 데는 Fishbein 태도모델이 보다 적절하다.

④ 두 모델의 유사성

Fishbein 태도 모델과 속성 만족도-중요도 모델 두 가지 모두 보완적 태도 모델(compensatory attitude model)이다. 즉, 한 속성의 약점이 다른 속성의 강점에 의해 상쇄된다. 예를 들어, 어떤 소비자가 ○○TV는 가격이 조금 비싸지만 화질이 매우 우수하다고 생각하면 전체적으로 호의적인 태도를 가질 수 있다. 이와 같은 모델을 기대-가치 모델(expectancy-value model)이라고도 한다. 이는 브랜드의 속성들과 관련하여 어떠할 것이다(likelihood)라는 기대와 그 제품(군)이 그러한 속성을 갖는다는 것이 그 소비자에게 얼마나 바람직한가(desirable, valuable)에 대한 주관적 가치판단이 곧 그 브랜드에 대한 태도형성의 토대가 된다고 보기 때문이다. Fishbein 태도모델과 속성 만족도-중요도 모델에서 b와 B는 기대에 해당하고 e와 I는 가치에 해당한다.

4) 구매단계

소비자는 보통 대안평가 단계에서 가장 선호하게 된 대안을 구입하게 된다. 그러나, 다음과 같은 세 가지 요인 때문에 가장 선호하던 대안 대신에 다른 대안을 구입하거나 심지어 구입을 뒤로 미루기도 한다. 첫째, 미처 예상하지 못했던 상황적 요인이 발생한 경우이다(예: 품절, 불친절한 판매원). 그러므로, 마케팅 관리자는 이러한 구매시점 요인들을 잘 관리하여야 한다.

둘째, 다른 사람들의 태도가 중요한 영향을 미치는 경우이다. 예를 들어, 주택, 자동차, 의복, 시계, 가방 등과 같이 다른 사람들의 눈에 띄는 상품을 구입할 때에는 가족이나 직장 동료들의 시선을 적지 않게 의식하게 된다. 이러한 현상은 특히 집단 동조 의식과 체면 의식이 강한 우리나라 소비자들에게 강하게 나타난다. 그러므로, 이러한 가능성이 높은 상품의 판매예측을 할 때, 주위 사람들의 영향력을 무시하면 판매예측이 크게 빗나갈 위험이 크다. 따라서, 설문조사 단계에서 응답자에게 자기 자신은 물론 구입결정에 영향을 미칠 수 있는 주위의 다른 사람들의 의견도 감안하여 응답하도록 요구하여야 한다.

셋째, '혹시 산 다음에 후회하면 어떻게 하지?' 하는 생각이 강하게 드는 경우이다. 이것을 지각 위험(perceived risk)이라고 하는데, 비싼 물건일수록, 물건에 대한 확신이 낮을수록 지각된 위험을 크게 느낀다. 마케팅 관리자는 소비자들에게 지각된 위험을 느끼게 하는 원인이 무엇인지를 파악하고, 이를 줄이기 위한 노력을 기울여야 한다.

5) 구매 후 행동 단계

소비자가 물건을 사기 전에는 마치 간이라도 빼줄 것처럼 하다가, 일단 물건을 산 다음에는 '나 몰라라' 하고 돌아서는 것이 얼마나 근시안적인가 하는 것은 이제는 상식에 속한다. 특히 일단 획득한 고객을 유지하는 데 있어서 고객만족이 매우 중요한 역할을 한다는 것도 배웠다. 뿐만 아니라, 불만족한 고객은 주위 사람들에게 좋지 않은 소문을 전파하기 때문에, 잠재고객을 쫓아버리는 실로 두려운 존재가 되기도 한다. 소비자가 얼마나 높은 만족을 느끼는지 결정되는 것이 바로 구매 후 행동 단계이기 때문에, 마케팅 관리자는 마지막 순간까지 마음을 놓아서는 안 된다.

만족이란 구매 전에 가졌던 기대와 구매 후에 느끼는 성과 사이의 차이이기 때문에, 만족을 높이려면 성과를 높이는 것 일 중요하다. 특히 구매 후에는 상품 자체는 이미 소비자의 손에 넘어갔으므로, 상품 이외의 요소들이 성과를 높이는 데 중요하다. 배달, 운반, 설치, 사용방법 설명, 대금지불, 보관, 교환, 애프터 서비스, 그리고 상품을 다 쓴 다음 폐기하는 단계 하나하나에 세심한 주의를 기울여야 한다.

성과를 높이는 것 못지않게 중요한 것은 기대를 적절한 수준에서 관리하는 것이다. 특히 소비자가 구매 후에 쉽게 성과를 확인할 수 있는 속성에 대해서는 지나치게 높은 기대를 갖지 않도록 주의하여야 한다. 반면에 소비자가 구매 후에 오랫동안 사용해보아도 성과를 확인하기 어려운 속성에 대해서는 어느 정도 높은 기대를 갖게 하는 것이 경쟁전략상 바람직할 것이다.

만족과 관련된 개념으로 구매 후 부조화(post-purchase dissonance)는 '내가 선택을 잘 한 것일까? 하는 의구심에서 생기는 불안감을 가리킨다. 대체로, 중요한 구매일수록, 그리고 비슷한 대안이 많이 있을수록 소비자가 구매 후에 느끼는 부조화가 높아진다. 이러한 부조화가 쉽게 없어지지 않으면 소비자는 자신이 구입한 상품에 대하여 불만족을 느끼게 되므로, 마케팅 관리자는 소비자에게 자신의 선택이 잘 된 것이라는 확신을 심어줌으로써 구매 후 부조화를 줄일 수 있는 여러 가지 커뮤니케이션 활동을 펴야 한다.

3. 소비자 구매의사 결정과정에 영향을 미치는 요인

우리는 앞에서 관여도에 따라 소비자의 구매의사 결정과정이 달라진다는 것을 배웠다. 그리고 관여도는 상품, 상황, 그리고 개인에 따라 달라진다는 것도 배웠다. 관여도 이외에도 소비자의 구매의사 결정에 영향을 미치는 요인들은 몇 가지가 더 있다.

1) 사회문화적 요인

소비자 행동에 영향을 미치는 사회문화적 요인들에는 문화, 사회계층, 준거집단, 가족 등이 있다.

(1) 문화 및 하위문화

문화(culture)는 소비자의 행동에 영향을 미치는 요인들 중에서 가장 근원적인 것이다. 우리 사회의 구성원들이 공유하고 있는 문화적 가치는 우리들의 여러 일상적인 행동에 영향을 주고 있다. 즉, 사람이 태어나면서부터 가족, 교육기관, 그리고 종교단체 등을 통하여 끊임없이 전파된다.

마케팅 관리자는 이러한 문화적 가치에 맞도록 마케팅 활동을 하여야 하며, 문화적 가치가 변화하는지를 예의 주시할 필요가 있다. 특히 요즘처럼 변화가 빠른 시대에는 같은 사회를 구성하는 사람들 간에도 서로 다른 문화적 가치를 갖는 경우가 있는데, 이것을 하위 문화(subculture)라고 부른다.

(2) 사회계층

우리나라는 단일민족으로 이루어져 있고, 신분제도가 폐지된 지도 오래 되었지만, 계층구조가 존재한다는 것을 쉽게 발견할 수 있다. 사회계층(social class)은 권력, 재산, 지식 등의 원천으로부터 형성된다. 우리가 흔히 말하는 특권층, 부유층, 지도층 등의 용어들이 이를 잘 보여준다. 일반적으로, 어떤 사람이 어떤 계층에 속하는가를 가장 잘 나타내주는 지표는 그 사람의 직업이라고 할 수 있다.

같은 사회계층에 속한 사람들은 비슷한 태도와 가치를 갖게 되며, 이것은 다시 비슷한 구매 행동을 낳게 되므로, 마케팅 관리자는 시장을 세분화하는 기준을 사회계층으로 삼기도 한다.

(3) 준거집단

소비자는 구매 결정을 내릴 때, 자기 주위 사람들이 무엇을 갖고 있는지 혹은 자기에 대하여 어떻게 생각할지를 생각하는 경우가 많다. 구매하고자 하는 상품이 다른 사람의 눈에 띄는 상품일 경우에 특히 이러한 경향이 많이 나타난다. 자동차, 골프채, 스포츠화, 가방 등이 좋은 예이다. 이렇게 소비자가 구매 결정을 할 때, 비교의 기준으로 삼는 집단을 준거집단(reference groups)이라고 부른다.

그림 23 준거집단의 분류

준거집단은 크게 회원집단과 비회원 집단의 두 가지로 나누어진다. 회원집단이란 소비자가 현재 속해 있는 집단을 가리키는데, 이것은 다시 가족, 학교 급우, 직장 동료 등과 같이 자주 접촉하기 때문에 큰 영향을 미치는 1차 준거집단과 동호회 회원이나 교회 교우 등과 같이 자주 접촉하지 않기 때문에 별로 큰 영향을 미치지 못하는 2차 준거집단으로 나누어진다.

공식집단은 구성원 자격요건이 명확히 정의되어 있고 구성원 명단과 조직구조가 문서화되어 있으며, 개인이 그 집단의 규범에 대한 수용 정도와 순응 정도에 따라 영향력이 달라진다. 예를 들면, 지역단체, 학교, 교회를 말한다. 비공식 집단은 조직의 구조가 명확하지 않으며, 상호 간의 친목에 근거를 둔다. 규범이 엄격할 수 있으나 문서화되는 경우가 적다. 예를 들면, 동아리, 친목모임 등을 말한다.

비회원 집단이란 소비자가 현재 속해 있지는 않지만 소속되기를 열망하는 집단을 가리키므로, 열망집단(aspiration groups)이라고도 부른다. 기대 열망집단은 장래에 소속이 가능한 집단으로 개인과 집단 사이에 직접적 접촉이 이루어진다. 예를 들어, 경영자나 임원을 말한다. 상징적 열망집단은 개인이 소속되기 어려운 집단으로 집단의 신념과 태도가 개인에게 수용된다. 예를 들면, 연예인, 스포츠 스타 등을 말한다. 스포츠 스타가 착용한 신발, 인기 연예인이 착용한 액세서리(accessory) 등을 일반 대중이 순식간에 모방하는 행동을 설명할 수 있다. 회피집단은 개인이 일정한 거리를 유지하고 싶어하고 관여되기 싫어하는 집단이다. 세대 간, 사회계층 간, 정치적 성향 간의 차이로 형성될 수 있다.

우리나라는 자신의 개성이나 의견보다는 집단의 결정을 중시하는 집단동조의식이 강하다. 또 우리나라 사람들은 대인관계에 있어서는 자신의 체면을 중시하는 체면의식이 강하다. 선물을 할 때에는 되도록 비싼 것을 해야 된다고 생각하는 것은 이러한 체면의식의 표현이다. 이러한 집단동조의식과 체면의식 때문에, 우리나라 사람들은 서양 사람들에 비하여 구매를 결정하는 데 준거집단의 영향을 크게 받는 편이다. 그러므로, 우리나라에서는 소비자의 행동을 연구할 때, 개개인의 태도나 선호만 조사해서는 불충분하며, 준거집단이 개개인의 태도나 선호에 어떤 영향을 미칠 것인지도 함께 연구하여야 한다.

이 밖에 마케팅 관리자는 자신의 상품에 적합한 준거집단이 무엇인지를 정확히 파악하여 마케팅에 이용하여야 한다. 예를 들어, 나이키는 오래전부터 유명 스포츠 스타들을 광고모델로 사용해오고 있는데, 이것은 유명 스포츠 스타들이 일반 선수나 열렬한 스포츠광들에 영향을 주고, 다시 이들이 일반 대중에게 영향을 준다는 '영향력 피라미드' 모형에 근거한 것이다.

(4) 가족

가족은 준거집단의 하나이지만, 그 중요성 때문에 별도로 설명하기로 한다. 많은 상품의 경우 구매결정은 개인 수준에서 이루어지는 것이 아니라, 가족 수준에서 이루어진다. 그리고 이 경우 상품을 실제로 사용하는 사람, 의사결정을 내리는 사람, 돈을 지불하고 구매하는 사람이 같지 않을 가능성이 높다.

이런 상품을 마케팅할 때에, 마케팅 관리자는 누가 어떤 역할을 하는지, 얼마만큼의 영향력을 행사하는지를 파악하여 마케팅 활동을 해 나가야 한다.

2) 개인적 요인

소비자 행동에 영향을 미치는 개인적 요인들에는 연령 및 패밀리 라이프사이클, 라이프스타일, 직업 및 소득 등이 있다.

(1) 연령 및 패밀리 라이프사이클

소비자가 나이를 먹어감에 따라서, 소비하는 상품의 종류가 달라지며, 동일한 상품이라도 취향이 바뀌게 된다. 일반적으로 개인주의적 문화가 강한 서양에서 연령은 소비자 행동에 그다지 큰 영향을 미치지 못하는 것으로 알려져 있다. 그러나, 우리나라는 집단주의적 문화가 강하고 자신의 나이에 걸맞게 행동해야 한다는 규범이 매우 강하기 때문에, 연령은 소비자 행동에 매우 큰 영향을 미치는 요소이다.

연령이 소비자 개인에 관한 것이라면, 패밀리 라이프사이클은 가족에 관한 것이다. 나이가 똑같이 30세인 소비자 두 사람을 놓고 보더라도, 한 사람은 미혼이고 다른 사람은 기혼에 자녀가 둘이나 된다면, 이 두 사람의 소비 패턴은 매우 다를 것이다. 가족단위로 구매결정이 이루어지는 상품의 경우에는 소비자의 패밀리 라이프사이클(family lifecycle)을 주목하는 것이 유용하다. 패밀리 라이프사이클의 단계는 보통 미혼 단계, 신혼부부, 젊은 부부, 중년 부부, 장년 부부, 노년 단계, 사별 후 독신기 등으로 나누어진다.

(2) 라이프스타일

라이프스타일(lifestyle)이란 소비자의 삶의 패턴을 말한다. 구체적으로, 그 사람이 살아가면서 어떤 활동을 하며, 어떤 일에 관심을 갖고 있고, 자신 또는 여러 사회문제들에 대하여 어떤 의견을 갖고 있는가를 조사한 다음, 그 결과를 종합하여 비슷한 패턴을 갖고 있는 사람들을 묶어서 하나의 라이프스타일 집단으로 나타낸다. 이것을 AIO(Activities, Interests, and Opinions) 프레임워크라고도 부른다. 라이프스타일을 파악하기 위해서는 많은 수의 소비자들을 대상으로 설문조사를 실시하여, 그들의 활동, 관심, 의견에 대하여 많은 질문을 던지게 된다.

마케팅 관리자는 자신의 상품과 라이프스타일 집단 사이에 관계가 있는지를 분석할 필요가 있다. 예를 들어, 표적시장의 소비자들이 주로 성취 지향적인 라이프스타일을 갖고 있다면, 광고를 만들 때 이들에게 어울리는 광고 카피와 모델을 이용하는 것이 효과적일 것이다.

(3) 소득과 직업

소득과 직업은 모두 소비자의 소비 패턴에 영향을 주는 변수들이다. 그러나, 우리나라 사람들은 자신이나 가계의 소득을 정확히 밝히는 것을 매우 꺼리기 때문에, 소득을 정확히 파악하기란 매우 어렵다. 이러한 이유 때문에 우리나라 기업들은 다른 변수(예: 중형차 보유 여부, 골프 회원권 보유 여부, 아파트 거주 면적 등)를 이용하여 간접적으로 표적시장의 소득수준을 추정하고 있다.

직업은 소득보다 파악하기가 훨씬 쉬울 뿐만이 아니라, 소득 및 사회적 지위와 밀접한 관계를 맺고 있기 때문에, 사회계층을 분류하는 기준으로 유용하게 이용된다. 어떤 직업을 갖고 있는 사람들이 우리 회사의 상품에 대하여 높은 관심을 갖고 있는지를 파악할 수 있다면, 이러한 직업을 가진 사람들에게 마케팅 노력을 집중하는 것이 효율적이다.

시장세분화·표적시장· 포지셔닝 전략

1. 시장세분화의 이해

소비자의 욕구를 만족시키기 위하여 기업은 시장을 세분화(Market Segmentation) 하고 표적시장을 선정한 후 시장 진입전략을 설계한다. 그리고 소비자들의 가슴에 바람직하게 자리를 잡기 위한 포지셔닝 전략을 설정한 후 마케팅 믹스를 개발하는 마케팅 과정을 거치게 된다.

1) 시장세분화의 의의

어느 기업이건 모든 시장에서 모든 고객을 만족시킬 수는 없다. 왜냐하면 고객은 많으며 널리 분산되어 있고 고객의 성향이 서로 다르기 때문이다. 상품의 범주가 형성되는 초기에는 소비자 대중에게 가장 전형적인 상품이 획일적으로 공급된다. 다시 말하면, 많은 대중에게 받아들여질 수 있다고 보는 한 개의 상품을 중점적으로 마케팅 한다. 즉 일반적으로 특정 제품을 대표하는 한 가지 기능을 가지고 소비자들과 만난다. 이것을 대중마케팅(mass marketing)이라고 하는데, 소비자의 구매력이 부족하고 생산자에 대한 상대적 힘이 약한 시장에서 가능하다. 현대사회는 경쟁이 격화되는 사회이기에 마케팅 위주의 경영은 꼭 필요하다. 즉 소비자의 욕구를 창출하고 소비자를 만족시키고 기쁘게 해야 한다. 하지만 이 철학에 충실하려면 시장을 고객 숫자만큼 세분

화해야 한다. 이런 시장 세분 방법은 현실성이 없을 뿐만 아니라 경제적이지
못하기에 효율적인 세분화가 필요하다.

여기서 세분시장이란 소비자들을 그들의 상이한 욕구, 성격, 행동 등을 기
준으로 분류하는 과정을 통해 알 수 있는데, 어떤 특정한 마케팅 자극에 대해
서 유사한 반응을 보이는 소비자들의 집단 또는 시장을 일정한 기준에 따라서
몇 개의 동질적인 소비자 집단으로 나누는 것을 말한다. 세분시장 하나하나가
내부적으로는 최대한으로 동질적인 소비자들을 포용하고 있어야 하고, 외부적
으로는 최대한으로 이질적이어야 한다. 시장세분화의 목적은 동질적 소비자들
에게 맞는 차별적 마케팅 믹스전략을 개발하는 데 있다.

한편 기업은 시장을 세분화함으로써 3가지 이점을 얻을 수 있다. 먼저 고객
의 욕구를 정확히 충족시킬 수 있다. 소비자들의 욕구에 맞는 제품, 마케팅 믹
스를 개발하여 그들의 욕구를 더 정확히 충족시킬 수 있다. 둘째, 충성도 제고
이다. 소비자들의 욕구를 정확히 충족시키면 소비자들은 기업 또는 자사 상표
에 대한 충성도가 높아진다. 셋째, 경쟁우위의 확보이다. 세분시장에만 기업의
마케팅 노력을 투입하므로 경쟁사로부터의 압력을 잘 견뎌 낼 수 있다.

2) 시장세분화의 전제조건

시장을 세분화하는 목적은 선택한 세분시장 내에 있는 동질적 소비자들에
게 맞는 차별적 마케팅 믹스 전략을 개발하는 데 있다. 이렇듯 시장을 세분화
해야 하지만 모든 시장세분화가 반드시 효과적일 수는 없다. 효과적인 시장세
분화의 조건을 요약하면 다음과 같다.

(1) 측정가능성(Measurability)

세분시장의 규모, 세분시장에 속한 소비자들의 구매력과 같은 세분시장의
특성들이 측정 가능해야 한다. 예컨대 여러 권의 종이책으로 이루어진 백과사
전의 판매자는 '장식용으로 책을 구매하기 원하는 소비자들'이라는 세분시장

을 표적시장으로 삼으면 효과적인 마케팅을 수행할 수 있을 것으로 생각할 수도 있지만, 실제로 그들의 수나 그들의 구매력 등을 측정하기가 거의 불가능하기 때문에 효과적인 세분시장이라고 보기는 어렵다. 세분시장의 규모나 소비자들의 구매력을 측정하는 것이 중요한 이유는 표적시장을 선택함에 있어 그 같은 자료가 가장 중요한 의사결정의 기준이 되기 때문이다.

(2) 접근가능성(Accessibility)

세분시장은 기업의 입장에서 접근이 용이해야 한다. 이 경우 접근은 유통경로나 매체를 통해 이루어진다. 예컨대 어떤 커피 제조회사가 조사를 통해서 자사제품의 다량 소비자가 사회생활을 적극적으로 수행하고 밤 늦게까지 야근을 자주 하는 특성을 가진 미혼의 여성임을 밝혀냈을 때, 이러한 특성을 가진 여성들이 특정한 곳에 많이 거주하거나, 특정지역에 직장을 갖고 있는 사례가 많다거나, 특정한 매체에 자주 노출되지 않는 한, 기업은 이 세분시장에 접근하기가 매우 어려울 것이다.

(3) 충분한 규모의 시장(Substantiality)

세분시장은 충분히 커서 이익을 얻을 수 있을 정도여야 한다. 기업이 어떤 세분시장에 진입하여 특정한 마케팅 노력을 기울일 만한 가치가 있기 위해서는 그 세분시장이 충분히 큰 동질적인 소비자들의 집단이어야 한다. 그래야만 기업은 규모의 경제나 경험효과를 충분히 활용할 수 있다. 예컨대 각 소비자의 기호에 정확히 들어맞도록 제조된 '맞춤 냉장고'는 소비자의 만족도는 높일 수 있겠지만 기업의 입장에서 생산비용의 과다로 이익을 내기는 매우 어려울 것이다. 그러나 최근 정보통신 기술의 발달로 비교적 저렴한 비용으로 기업과 소비자 간의 쌍방향 커뮤니케이션이 가능해지면서 효과적인 세분시장의 크기가 점점 작아지고 있는 것은 사실이다.

(4) 차별화 가능성(Differentiability)

세분시장들이 개념적으로 구분될 수 있어야 할 뿐만 아니라 다른 마케팅 믹스에 다른 반응을 보여야 한다. 만일 미혼 여성과 기혼 여성이 같은 향수제품에 유사한 반응을 보인다면 결혼 여부는 시장을 나누는 효과적인 기준이 될 수 없다.

(5) 실행가능성(Actionability)

세분시장을 공략하기 위한 효과적인 마케팅 프로그램을 개발할 수 있어야 한다. 예를 들어 어떤 자동차 회사가 충분히 시장성이 있는 5개의 세분시장 기회를 발견하였다고 하더라도 자사의 여건상 각각의 세분시장에 적합한 마케팅 프로그램을 따로 개발할 수 없다면 이러한 세분화는 의미가 없다.

그런데 많은 마케터들이 이러한 요건들을 고려해 시장을 세분화하는 과정에서 큰 딜레마에 부딪힌다. 기업이 흔히 사용하는 인구통계학적 변수나 지리적 변수는 비교적 쉽게 관찰하거나 측정할 수 있고 접근성이 용이하지만, 소비자행동과의 관련성이 낮은 경우가 많다. 이에 반해 행동적 변수들은 대체로 관찰하거나 측정하기가 어렵고 그러한 행동적 특성을 보이는 소비자집단에 접근하기가 쉽지 않다. 따라서 전략적으로 의미있는 행동적 변수로 시장을 먼저 세분화한 다음, 표적시장에 속한 고객의 프로필을 인구통계학적 변수나 지리적 변수를 이용하여 얻어내는 것이 바람직하다.

2. 시장세분화의 분류

시장세분화에는 고객중심 시장세분화(customer marketing segmentation)와 경쟁상품 중심 시장구조분석(product marketing structure analysis)이 있다.

• 고객중심 시장세분화

현시장의 고객들이 기업의 마케팅 활동에 대해 어떻게 반응하는지 또는 어떠한 마케팅 활동을 선호하는지를 분석 · 비교하여 비교적 동질적인 고객들을 같은 범주로 파악하는 활동이다.

• 경쟁상품중심 시장세분화

현재 시장의 경쟁상품 또는 상표의 마케팅 활동상의 이질성(heterogeneity)을 고객의 입장에서 파악하여 동질적인 상품들을 같은 범주로 파악하는 활동이다. 여기에는 수평적인 방법과 수직적인 시장구조분석을 통하여 시장을 세분화한다.

1) 고객중심 시장세분화

(1) 고객 분포도

고객의 특성분포 형태에 따라 소비자를 동질적 · 집단적 · 확산적 분포로 나눌 수 있다. 예를 들면 상품속성을 라면의 매운 정도라고 가정해 보자. 우선 거의 모든 소비자가 비슷한 정도의 매운맛을 선호한다면 소비자들은 동질적 분포 상태에 있다고 한다. 두 번째, 집단적 분포란 상당히 매운맛과 맵지 않은 맛, 즉 선호 집단이 두 개가 뚜렷하게 나타나는 경우이다. 이 경우 세분화의 기대효익이 가장 크다고 할 수 있다. 셋째, 확산적 분포는 사람마다 조금씩 다른 정도의 매운맛을 골고루 선호하는 경우에 나타나는데 시장을 세분화하고 차별화된 마케팅을 수행해야 한다.

특히 집단적 분포를 보이는 경우 시장을 세분화를 하지 않으면 합산평균의 오류 문제가 발생한다.

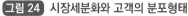
그림 24 시장세분화와 고객의 분포형태

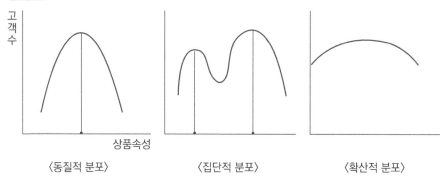

〈동질적 분포〉   〈집단적 분포〉   〈확산적 분포〉

(2) 시장세분화의 기준

시장을 세분화하는 데는 어떤 확실한 규칙은 없다. 어떤 세분화 변수(Seg-mentation variable)가 적합하느냐 하는 문제는 기업이 처한 상황에 달려 있다. 일반적으로 사용되는 세분화 변수는 지리적 변수(Geographic segmentation), 인구통계적 변수(Demographic segmentation), 심리분석적 변수(Psychographic segmentation), 행동주의적 변수(Behavioral segmentation) 즉 네 가지로 나눌 수 있다.

① 지리적 변수에 의한 시장 세분화(Geographic segmentation)

지리적 기준에 따라 특정제품의 시장을 나누는 것을 말한다. 즉 소비자가 살고 있는 지역에 따라서 상품의 구매소비행태에 중요한 차이가 있다고 판단될 때 수행하며 특히 단순히 비용절감을 위해 가장 많이 이용한다. 변수에는 지역, 인구밀도, 도시의 크기, 기후, 국가, 시, 도, 군 등이 있다. 지리적 세분화의 장점으로는 세분화 작업이 비교적 쉽고 비용이 적게 든다. 단점으로는 소비자의 욕구에 따라 시장을 세분화하지 않았기 때문에 소비자의 욕구를 잘 충족시킬 수 없다.

지역별 세분화에서 상품·상표개발지수에 의한 지역시장 분석방법을 통해 상대적으로 강세의 지역시장과 약세의 지역시장을 알 수 있다.

그림 25 상품·브랜드 개발지수에 의한 지역시장 분석

상품개발지수

		낮음	높음
브랜드 개발지수	낮음	미지의 지역시장	취약한 지역시장
	높음	강세의 지역시장	주요한 지역시장

상품개발지수: 전국 1,000명당 상품 사용자 수 대비 특정지역 1,000명당 상품 사용자 수
브랜드 개발지수: 전국 1,000명당 브랜드 사용자 수 대비 특정지역 1,000명당 브랜드 사용자 수

② 인구통계적 변수에 의한 시장세분화(Demographic segmentation)

특정상품의 시장을 인구통계적 변수들(나이, 성별, 가족규모, 가족소득, 직업, 종교, 교육수준, 가족생활주기)을 기준으로 하여 시장을 세분화하는 것이다. 구체적으로 개인의 경우에는 성별, 나이, 가족 수, 가족 수명주기상의 단계, 종교가 중요한 변수이며, 해외시장 소비자의 경우에는 종족과 국적이, 조직체의 경우에는 조직규모, 투자규모, 주력산업분야, 역사, 주력시장이 있으며 식품음료업체의 경우에는 기업체 고객, 영업소 고객, 가정 고객 등의 변수가 중요하다.

고객의 고유특성을 객관적으로 쉽게 측정할 수 있는 것이 장점이며 단점으로는 제품 구매행동에 대한 높은 예측력의 정보보다는 탐색수준의 정보를 제공한다는 점이다. 그럼에도 인구통계 변수를 흔히 활용하는 이유는 우선 소비자의 필요, 욕구, 선호, 제품 사용빈도 등이 인구통계 변수와 밀접한 관계가 있는 경우가 많고, 다른 변수들에 비해 인구 통계 변수가 시장 규모를 측정할 때 활용하기가 쉽기 때문이다.

③ 심리분석적 변수에 의한 시장세분화(psychographic segmentation)

인구통계적 변수는 고객시장세분화의 뼈대와 같은 역할을 하지만 심리분

석적 변수는 시장세분화의 살과 같은 역할을 한다. 이러한 심리분석적 변수는 객관적으로 측정하긴 어렵지만 소비자를 깊이 이해하는 데 도움을 준다. 이것은 소비자들의 생활양식(life style), 사회계층(social class), 개성(personality) 등을 기준으로 시장을 세분화하는 것을 말한다. 주의할 점은 인구통계적으로는 같은 세분시장에 속한 고객들이라도 할지라도 매우 다른 심리분석적 특성을 보이는 경우가 많이 존재한다. 예를 들면 어떤 자동차, 의복, 가구를 선호하는가는 고객이 어떤 사회계층에 속하느냐에 따라 많은 차이를 보인다. 이 방법은 소비자를 깊이 이해하는 데는 좋으나 객관적 측정이 어렵다는 단점이 있다.

• 생활양식(life style)

심리분석적 세분화 방법 중 가장 대표적인 것이 생활양식에 의한 세분화이다. 이것은 제품이 고객의 생활양식에 어떻게 부합하는지를 강조하는 것으로 사람들이 살아가는 생활양식에 따라 필요한 제품이나 서비스도 다르기 때문에 매우 흔히 사용된다.

여기에는 생활양식의 분석이 이용되는데 이것은 같은 유형의 생활양식을 따르고 있는 사람들은 집단화한 것이다. 즉 사람들이 어떤 생활을 하는가는 그들이 하는 활동, 관심사, 여러 가지 사항에 대한 의견을 보면 어느 정도 알 수 있으므로, 생활양식의 분석을 AIO분석이라고 한다. 이런 변수들로 고객을 묘사한다면 그 고객에 대한 생생한 감을 잡을 수 있다. 하지만 심리분석적 변수는 지리적 변수나 인구통계적 변수보다 상대적으로 모호한 개념들을 다루므로 측정하기가 어렵다.

✓ **활동(Activity)**: 일, 취미, 사회활동, 휴가, 오락, 클럽회원 활동, 쇼핑, 스포츠, 지역사회 활동
✓ **관심사(Interest)** : 가족, 가정, 직업, 지역사회, 여가활동, 유행, 음식, 대중매체, 업적
✓ **의견(Opinion)**: 자기 자신에 대한 의견, 사회적 이유, 정치, 사업, 경제, 교육, 상품, 문화

소비자들은 위의 내용에 대해 공통점이 많은 뿐만 아니라 제품에 대한 선호, 커뮤니케이션 매체에 대한 선호하는 정도 등에 있어서도 공통점이 많이 있다.

• **사회계층(social class)**

일반적으로 가장의 교육수준, 직업, 소득 등에 의해 한 가족의 사회계층이 결정되며 이는 인구통계적 변수와도 상호 관계를 가진다. 어느 계층에 속하느냐에 따라서 어떤 제품을 어디서 구입하느냐를 포함한 거의 모든 구매행동에 영향을 미친다. 즉 사회계층이 자동차, 의복, 가전제품, 전자제품, 여가활동, 독서습관, 소매점포 등에 대한 선호성에 많은 영향을 미친다. 만일 소득(인구통계적 변수)이 같더라도 사회계층이 다르다면 그들 사이에는 구매하는 제품과 서비스에는 상당한 차이가 있을 수 있다.

• **개성(personality)**

소비자 대부분은 각자 스스로 평가하고 있는 자기 이미지(self-image)와 자아개념(self-ego concept) 등을 가지고 있기 때문에 제품을 구매할 때에도 자기 이미지, 자아개념 등을 충족시킬 수 있는 제품을 구매한다. 그렇기 때문에 마케터는 소비자들의 자기 이미지와 자아개념에 부합하는 상표 이미지나 상표 콘셉트를 개발할 필요가 있다.

④ 행동주의적 변수에 의한 시장세분화(Behavioral segmentation)

행동주의적 변수에 의한 시장세분화는 구매자들이 제품이나 제품특성에 대해 실제로 갖고 있는 지식, 태도, 가치관, 사용습관, 반응 등을 기준으로 시장을 세분화하는 것을 말한다. 행동주의적 기준에는 구매계기(purchase occasion), 구매편익(benefits sought), 사용자 상태(user status), 사용률(usage rate), 브랜드 충성심 · 상표 애호정도(brand loyalty), 구매태세의 단계(stages of purchase readiness), 마케팅 도구들에 대한 반응 등이 포함된다.

• 구매계기(purchase occasion)

구매계기가 동일한 소비자들을 하나의 집단으로 만드는 것으로서, 여기서의 구매계기란 구매자들이 제품을 구매하는 이유, 원인, 인과 등을 뜻한다. 이와 관련하여 여행사는 여행하는 계기를 효도관광(될 수 있는 한 몇 개국만 여행함), 업무수행(도착지의 호텔 조식 제공함), 개인적 용무(국내 타 도시 여행티켓 제공함), 휴가, 단체관광 등으로 구분한 다음 여행계기(동기)별로 여행시장을 세분화하여 각기 다른 마케팅 전략을 적용한다. 마찬가지로 꽃과 초콜릿의 판매뿐만 아니라 어버이날, 스승의 날, 밸런타인데이와 같은 날에도 구매계기를 이용하여 촉진을 가속화할 수 있다.

• 추구편익(benefits sought)

소비자들은 필요, 욕구, 선호를 충족하거나 어떠한 편익을 추구하기 위해 제품을 구매한다.

스포츠에 관심 있는 사람들이 추구하는 편익은 건강, 몸매유지, 사교, 스트레스 해소, 재미 등으로 나눌 수 있으며 이것 때문에 즐기는 스포츠의 종류가 달라진다.

• 사용자 상태(User Status)

마케터는 특정제품을 사용자 상태 즉, 과거 사용자, 비사용자, 잠재적 사용자, 신규 사용자, 정기 사용자 등으로 구분하여 세분화할 수 있다. 이는 사용자 상태에 따라서 마케팅 전략을 달리 적용할 필요가 있다. 시장점유율이 높은 기업은 잠재 사용자를 정기사용자로 바꾸기 위해 큰 비용을 들이지 않아도 된다. 이미 형성된 그들의 인지도를 이용할 수 있기 때문이다. 반면, 시장점유율이 낮은 기업은 인지도가 높지 않기에 비사용자나 다른 상표구매자를 자사 상표의 구매자로 바꾸는 데 관심을 기울인다. 효율적인 광고활동을 위해서 기업은 비사용자를 신규 사용자로 만들기 위한 메시지를 개발하기보다는 우선 잠재적 사용자로 만드는 내용으로 소비자에게 다가가야 장기적인 효과를 기대할 수가 있다.

• **사용률**(Usage rate)

시장을 소량, 보통, 다량 사용자로 세분화할 수 있다. 이것은 특정 제품에 대하여 소비자들이 소비하는 사용물량의 정도를 말하는 것으로, 기업은 시장의 작은 부분을 차지하지만 제품판매시장에서는 상당한 부분을 차지하는 다량 소비자(Heavy users) 즉 우량고객들을 찾아내야 한다. 이처럼 다량 소비자들의 수는 적지만 소비량은 매출의 아주 큰 비중을 차지한다.

그리고 상품의 사용량을 기준으로 할 때, 고객 간에 집단화 분포를 보이는 경우도 많이 존재한다. 이럴 경우 기업은 시장세분화를 더욱 심각히 고려해야한다. 왜냐하면 매우 기본적인 필수품을 제외한 대부분의 상품은 다량 소비자군에 의해 소비된다.

하지만 어떤 학자들은 다량 소비자군에만 집착하는 것을 대다수의 오류(majority fallacy)라고 주장하면서 소량 사용 소비자층에도 독특한 개성과 충분한 수요가 있다고 주장 한다. 즉 니치시장(market niche)이 존재함을 역설하였다.

• **상표 충성도**(Brand loyalty)

상표 충성도란 소비자가 특정상표를 지속적으로 선호하고 구매를 고집하는 정도를 뜻하는 것으로 상표충성심 혹은 상표 애착심으로도 불린다. 즉 소비자가 어떤 특정 상표를 일관성 있게 선호하는 정도를 말한다. 실지로 소비자는 상표 또는 특정 기업이나 특정 점포에 대해 충성심을 보이기도 한다.

〈표 13〉 상품충성도 소비자 그룹

핵심적 충성고객	단골고객(항상 하나의 상표만을 구매하는 소비자)
유연한 충성고객	두세 가지 상표에 대해 충실한 소비자
과거 충성고객	한 상표로부터 다른 상표로 구매를 변경한 소비자
비충성고객	어떤 상표에도 충실하지 않는 고객 • 고객이 정기 세일/패밀리 세일을 좋아하는 경우(deal-prone customers): 가격에 민감한 소비자 • 다양성을 추구하는 경우(variety-seeking customers): 유행에 민감한 소비자

하지만 주의할 점은 높은 상표 충성도 제품이라 할지라도 구매자의 습관, 무관심, 저가격, 다른 상표의 이용 불가능 때문에 해당제품을 구매하는 경우도 있으므로 경영자는 상표 충성도로 시장을 세분할 때 신중을 기해야 한다.

• **구매태세의 단계**(Stages of purchase readiness)

일반 소비자들은 모든 제품을 알지 못한다. 그러므로 기업들은 소비자들이 제품에 대한 인지도를 파악한 후 다가가야 한다. 소비자들이 특정 시점에 특정 제품을 구매하려는 태세를 5단계로 나타낼 수 있다. 즉 특정 제품에 대해 전연 모르고 있는 소비자, 특정 제품에 대해 알고만 있는 소비자, 특정 제품에 대해 알고만 있는 것이 아니라 충분한 정보를 입수한 소비자, 특정 제품에 대해 단순히 구매할 의사가 있는 소비자, 실제로 구매하려고 제품을 찾아 나선 소비자로 나눌 수 있다. 그러므로 마케터는 소비자들을 여러 단계별로 세분화하여 각기 다른 마케팅 전략을 적용할 필요가 있다.

• **제품에 대한 태도**(Attitude toward product)

어떤 시장에 속해있는 사람들은 그 제품에 대한 열정의 정도에 따라 시장을 다섯 개의 태도계층으로 구분할 수 있는데, 여기에는 열광적 집단, 긍정적 집단, 무관심 집단, 부정적 집단, 적대적 집단이 있다. 정치마케팅에서 정당인들은 유권자를 만날 때 어느 정도의 시간을 할애할 것인가를 결정하기 위해 해당 유권자의 태도를 이용한다. 정당의 선전요원들은 열광적인 유권자에게 감사해하고, 투표하도록 권유한다. 그리고 긍정적인 사람들의 태도를 강화하고, 무관심한 유권자의 표를 얻기 위해 노력을 한다. 주의할 것은 적대적인 유권자와 부정적인 유권자의 태도를 변화시키기 위해 시간을 소비해서는 안 된다는 것이다. 즉 태도가 인구 통계적 특징과도 연관되어 있는 만큼, 조직은 가장 좋은 잠재적 고객에게 매우 효율적으로 도달할 수 있다.

• **마케팅 도구들에 대한 반응**

마케터는 기업체가 활용하는 마케팅도구(상품의 규격, 품질, 가격, 신용판매, 보증, 배달서비스, 수선/유지서비스)들에 대한 소비자들의 반응을 기준으로 시장을 세분화할 수도 있다. 그러므로 마케터는 소비자 반응에 대한 정보를 입수함으로써 마케팅 자원을 마케팅 도구별로 적절히 배분하는 데 그리고 충성스러운 소비자들을 확보하기 위하여 마케팅 자원을 특별히 투입해야 할 마케팅 도구들을 규명하는 데 활용할 수 있다.

2) 경쟁상품 중심 시장세분화

이것은 시장에서 경쟁하는 상품의 이질성을 분석하여 비교적 동질적 집단을 파악하는 것으로서 모양, 재질이 서로 다른 제품이라 할지라도 소비자에게 같은 혜택을 충족시키는 제품들은 같은 경쟁상품으로 볼 수 있다. 즉 같은 목적을 달성할 수 있는 상품들은 모두 같은 경쟁상품시장에 포함된다. 대체성이 큰 상품 간에는 구매상표 전환이 많이 발생하는데 이것은 소비자가 요구하는 상표가 없다고 알려 준 후 어떤 대안을 선택하는지를 측정하는 것으로 타협전환의 정도를 분석하는 것이다. 대안 간의 대체성을 대표하는 변수를 이용하여 경쟁상품시장의 구조를 분석하는 방법으로는 수평적 방법(가장 많이 이용)과 수직적 방법이 있다.

(1) 수평적인 시장구조 분석

측정 가능한 대안간의 대체성 정도에 기초하여, 각 대안의 좌표를 결정하고 2차원 또는 3차원 공간에 조사한 대안들의 위치를 파악하여 그림으로 그려 넣는 것을 말한다. 이러한 목적의 분석기법들을 다차원 척도법(multidimensional scaling)이라고 하고 결과물인 지도를 다차원 인식지도라고 한다.

① 다차원 지각도(perceptual map)

이와 같은 지도를 통해 기업들은 대체성이 높은 상품을 판단하는 것이 가능하다. 동시에 이상적으로 생각하는 제품위치도 파악할 수 있다. 이와 같은 지각도는 자료와의 적합도가 일정수준 이상만 된다면 쉽게 2차원 또는 3차원의 지각도를 그릴 수가 있다.

그림 26 다차원 지각도

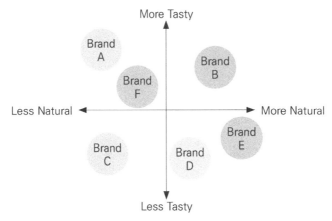

② 별그림

다차원 척도법 이외에도 대안들의 특징을 그림으로 쉽게 볼 수 있게 표현하는 방법으로는 별그림과 뱀그림이 있다. 별그림의 경우, 그려진 그림의 크기는 서로가 다르다 할지라도 여러 개의 그림들 중에서 같은 방향에 있고 같은 모양을 하면 하면 할수록 그들 제품들 간에는 서로가 대체성이 크다고 하겠다. 만약 그 모양이 나비의 날개처럼 대칭구도를 형성한다면 이들 제품들끼리의 유사성은 거의 없다고 해도 무방할 것이다.

그림 27 별그림을 이용한 스포츠 시장분석

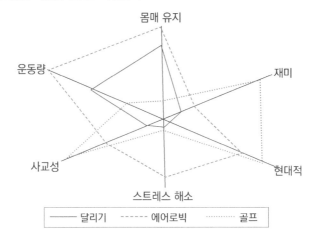

③ 뱀그림

이 그림을 통해 기업들은 위에서 설명한 뱀그림처럼 제품 간의 유사성과 대체 가능성 또는 차별성을 확인할 수 있다. 뱀이 지나간 궤적이 비슷하면 할수록 그들 제품 간에는 대체 가능성이 많이 존재한다고 할 수 있으며, 만일 그들이 지나간 궤적이 서로가 엇갈린다면 그들 제품 간에는 타협의 정도가 많지 않다고 판단해도 무방하다.

그림 28 뱀그림을 이용한 스포츠 시장분석

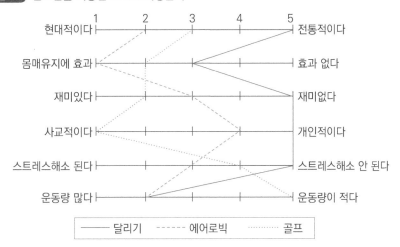

[그림 28]의 뱀그림을 통해 골프, 에어로빅, 달리기를 비교 분석한 결과, 에어로빅과와 달리기의 궤적은 비슷하나 골프의 궤적은 이들 둘과는 서로 교차하며 엇갈리는 부분이 많이 있음을 발견할 수가 있다. 즉 에어로빅과 달리기는 서로가 대체 가능성이 크다는 것을 알 수가 있다. 이 그림을 통해 뱀이 지나간 궤적처럼 각 제품의 궤적이 비슷하면 비슷할수록 이들 간에는 대체 가능성이 높으며, 어떤 그림으로 변경해야 상품 간의 차별화를 할 수 있는지도 이 그림은 설명하고 있다.

(2) 수직적인 시장구조분석

기업들은 이 수직적인 분석을 통해, 즉 점차 밑으로 내려갈수록 대체성이 많은 대안들이 존재한다는 것을 찾아 낼 수가 있다. 이러한 분석 방법에는 소비자의 판단에 의한 방법, 경쟁상품구조를 미리 가상하고 자료를 근거로 하여 그 진실성을 통계적으로 검증하는 확인형 방법, 순수하게 자료를 바탕으로 계층적인 군집분석 방법(cluster analysis)을 동원하여 구조를 찾아가는 탐색형 방법이 있다.

그림 29 수직적인 분석방법을 이용한 스포츠시장분석

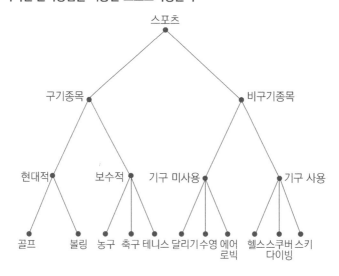

이 수직적 그림을 통해 우리는 스포츠를 4가지 즉 현대적 스포츠인 '골프, 볼링', 보수적인 스포츠인 '농구, 축구, 테니스', 운동할 때 기구나 장비를 사용하지 않는 '달리기, 수영, 에어로빅', 장비를 사용하는 '헬스, 스쿠버 다이빙, 스키'로 분류할 수 있다. 이들 4개의 세분시장에 속한 운동끼리는 대체 가능성이 높다고 할 것이다. 다시 말하면 어떤 사람이 달리기에 싫증이 나면 그 사람은 헬스를 택하기보다는 수영을 선택할 가능성이 높다는 것이다.

3. 표적시장과 시장공략

1) 표적시장 선택(Market Targeting)

기업은 일단 전체시장을 몇 개의 시장으로 세분화한 다음 각각의 세분시장을 평가하고 몇 개의 세분시장을 공략할 것이며 또한 어떠한 세분시장을 표적시장으로 선택할 것인지를 결정해야 하는 문제에 직면하게 된다. 일반적으로 바람직한 시장세분화 과정은 먼저 전체시장을 행동적 변수에 기반해 나눈 후 행동적 변수와 측정하기 쉬운 인구통계학적 변수나 지리적 변수와의 상관관계를 조사한다. 그런 다음 행동적 변수와 상관관계가 높은 인구통계학적 변수나 지리적 변수를 사용해 표적시장의 성격을 표현하는 것이 마케팅전략 수립에 효과적이다.

(1) 세분시장의 평가

세분시장의 매력도를 평가하기 위해서 기업은 세분시장의 규모와 성장률, 세분시장의 구조, 기업의 목표와 자원과 같은 요인을 살펴보아야 한다.

① 세분시장 규모와 성장률

기업은 제일 먼저 세분시장들에 대한 현재 판매량, 예상성장률 그리고 예상수익률에 대한 자료를 수집하고 분석하여야 한다. 즉 기업이 선택할 수 있는 세분시장은 충분한 규모와 높은 성장률을 보이는 시장이어야 한다. 일반적으로 기업들은 큰 규모의 시장에 진입하기를 원할 것이다. 그러나 어느 기업에게나 큰 규모와 높은 성장률을 보이는 세분시장이 매력적인 것은 아니다. 소규모의 기업은 큰 규모의 세분시장을 감당하기에는 기술이나 자원이 부족하며 또한 규모가 큰 세분시장은 기업 간 경쟁이 치열하기 때문에 소규모의 기업이 성공할 가능성이 낮을 수 있다. 따라서 이러한 기업들은 잠재적으로 높은 수익률을 얻을 수 있는 보다 작고 덜 빠르게 성장하는 시장을 선택하기도 한다.

② 시장구조

세분시장이 충분한 규모와 성장률을 가지고 있더라도 수익성 측면에서 덜 매력적인 시장일 수 있기 때문에 기업은 장기적인 세분시장 매력도에 영향을 주는 구조적 요인들을 고려해 보아야 한다. 일반적으로 그러한 구조적 요인들 중에 가장 영향을 많이 주는 요인은 시장에서의 경쟁 상황이다. 따라서 기업은 현재와 잠재적인 경쟁자들을 분석해야 하며 그 결과 해당 세분시장에 강하고 공격적인 경쟁자들이 많다고 판단되면 그 세분시장은 그다지 매력적이지 못하다는 결론이 나온다.

마케팅 관리자들은 또한 대체제품의 위협을 고려해야 한다. 실질적인 대체제품이 있거나 잠재적 대체제품이 있다면 그 세분시장은 덜 매력적이다. 대체제품들은 세분시장에서 얻을 수 있는 수익과 기업이 소비자들에게 제시할 수 있는 가격에 제한을 가하게 된다.

구매자의 힘 또한 세분시장의 매력도에 영향을 미친다. 만약 세분시장에서의 구매자들이 판매자에 비하여 높은 구매자 협상력을 가진다면, 가격할인에 대한 압력을 줄 수도 있고, 기업에 대하여 보다 좋은 제품의 질이나 서비스를 요구할 수도 있다.

마지막으로, 세분시장의 매력도는 공급자(supplier)의 상대적인 힘에 의해 좌우된다. 세분시장에서 원료, 자재, 노동력 그리고 서비스 등의 공급자가 마음대로 가격을 올리거나 제품의 질 또는 수량을 낮출 수 있을 정도로 큰 공급자 협상력을 갖고 있다면 그 세분시장은 덜 매력적이다. 공급자들은 그 규모가 매우 크고 독점적일 때, 대체상품이 거의 없을 때 또는 공급하고 있는 제품이 매우 중요한 원료일 때 강력한 힘을 갖게 된다.

③ 기업의 목표와 자원

세분시장의 규모가 충분히 크며 성장률이 빠르고 시장구조적으로도 매력적이라 하더라도 기업은 세분시장과 관련된 자사의 목표와 자원을 고려하여 시장의 매력도를 평가해야 한다. 세분시장이 그 자체로서 매우 매력적이더라도 기업의 주요 목표와 부합되지 않는 시장이라면 기업은 그 시장을 선택할 수 없을 수도 있으며, 경우에 따라서는 환경적 · 정치적 · 사회적 책임이라는 시각에서 볼 때 세분시장이 그다지 바람직하지 못하다면 기업은 그 세분시장에 진입하는 것을 포기할 수도 있다.

일단 세분시장이 기업의 목표에 부합된다면 기업은 그 세분시장에서 성공할 수 있는 자사의 기술과 자원이 있는지를 평가해 보아야 한다. 만약 기술과 자원 측면에서 기업이 세분시장에서 성공적으로 경쟁할 수 없다고 판단된다면 그 시장에는 참여하지 말아야 한다. 기업이 세분시장에서 요구하는 만큼의 자원과 기술을 가지고 있다 하더라도 세분시장에서 경쟁적 우위를 누릴 수 있을 만큼 경쟁자들보다 기술이나 자원이 풍부하지 않다면, 해당 세분시장에 진입하는 것을 신중히 고려해야 한다. 따라서 기업은 그 세분시장에서 경쟁자들보다 우위를 얻을 수 있고, 시장에 참여했을 경우 잃는 것(cost)보다 얻는 것(benefit)이 더 많다고 판단할 때 그 세분시장에 진입해 성공할 수 있다.

2) 표적마케팅(Target marketing) 전략의 선정

각 세분시장을 평가한 다음에는 진출해야 할 하나 또는 그 이상의 세분시장을 발견해 내야 하고 얼마나 많은 세분시장에서 활동할 것인가를 결정해야 한다. 이 문제가 바로 표적시장 선택이다. 그 후 기업은 어떤 세분시장을 집중 공략할 것인지를 결정한다.

세분시장들에 대한 평가가 수행된 뒤 기업은 어떤 시장을 공략해야만 하는가, 그리고 몇 개의 세분시장을 공략할 것인가의 문제를 해결해야 한다. 기업이 선택할 수 있는 시장공략 전략은 무차별적 마케팅, 차별적 마케팅, 집중적 마케팅의 세 가지가 있다. [그림 30]은 기업이 채택할 수 있는 무차별적 마케팅, 차별적 마케팅 그리고 집중 마케팅의 세 가지 시장공략 전략을 보여준다.

즉 비차별적 마케팅(undifferentiated marketing) 전략, 차별적 마케팅(differen-
tiated marketing) 전략, 집중 마케팅(concentrated marketing) 전략이 그것이다.

그림 30 표적시장 공략 전략

(1) 차별적 마케팅(differentiated marketing) 전략

각 세분시장에 맞는 차별화된 마케팅 믹스를 개발하여 활용하는 전략이다.
이 전략은 문화와 같은 다양한 환경을 가진 광범위한 해외시장을 공략할 때
자주 사용된다. 이 전략을 사용하면 비차별화 마케팅 전략을 사용할 때보다
전체적인 소비자의 만족도가 높아지고, 매출액도 높아진다는 장점이 있다. 하
지만 제품생산비, 관리비, 재고비, 광고비 등이 많이 드는 단점이 있다. 그렇
다면 이 전략은 언제 적합한가? 기업은 비용의 상승보다 매출액의 상승이 훨
씬 커서 전체적인 수익률이 향상될 것으로 예상할 때 많이 이용한다.

(2) 비차별적 마케팅 전략

무차별 마케팅전략이라고 불리는 이 전략은 기업의 모든 자원과 마케팅 믹
스전략을 전체 시장에 적용하는 것으로서 소비자들 사이의 차이점보다 공통
점에 초점을 맞추는 것이다. 즉, 각 세분시장의 차이를 무시하고 전체 소비자

를 대상으로 하나의 마케팅 전략을 구사하는 것을 말한다. 이 전략의 장점은 비용절감에 있다. 구체적으로 보면 일관된 하나의 마케팅을 추구하기 때문에 경제성, 제품생산비, 수송비, 재고비용, 세분화하는 데 필요한 마케팅조사 비용, 여러 개의 광고 프로그램 개발이 불필요하기 때문에 광고비 등이 절감된다. 이 전략은 소비자들 사이의 욕구 차이가 크지 않을 때, 단일 마케팅 사용으로 인한 비용절감 효과가 클 때 사용된다. 하지만 전 시장을 하나로 보고서 전략을 설계하기 때문에 고객의 욕구 충족에는 미흡하다.

(3) 집중마케팅(Concentrated marketing) 전략

차별화와 비차별화 전략은 모두 전체 시장을 표적으로 하여 마케팅 활동을 전개한다. 하지만 이 방법은 기업 전체의 역량을 시장 한 곳에 집중함으로써 경쟁력을 가지는 것이다. 그리고 특히 기업의 자원이 한정되어 있는 경우에는 많은 시장에 진출할 수가 없다.

이 전략의 효용 가치는 많은 시장 또는 큰 시장에서 고전하는 것보다 선정된 소수의 시장에서 선도기업이 되는 것이 좋다고 할 때이다. 예를 들면, 금융 전문기업, 고급 자동차, 사치품 시장에만 진출하여 이익을 추구하는 기업을 말한다. 많은 기업들은 국가라는 시장을 벗어나 글로벌시장에서 활동하고 있다. 치열한 경쟁 속에서 집중화 전략은 몇 개의 의미로 사용된다. 우선 기업 전략에 있어서는 기업이 가장 잘할 수 있는 부분에 제한된 자원을 집중함으로서 최대의 성과를 가져올 수 있다는 의미로 사용될 수 있다. 또는 마케팅에서 80:20룰에 따라 가장 이익을 가져오는 20%의 상품에 집중하거나 혹은 20%의 최고 이익을 만들어주는 고객에 집중하는 것도 집중화 전략의 한 형태이다.

어떤 경우이건 집중화 전략의 핵심은 기업의 제한된 자원을 바탕으로 최대의 이익이 예상되는 특정 부분에 집중적으로 투자함으로써 최대의 이익을 거둔다는 것이다. 만일 어느 기업이 집중 마케팅전략을 추구한다면 다음 2가지 조건을 갖춘 표적 시장을 찾아야 한다. 우선 현재의 매출액, 성장속도, 수익률, 경쟁의 강도, 유통의 난이도 등의 기준에 비추어 볼 때 전망이 밝다고 인정된 시장을 가지고 있어야 하고, 기업이 표적시장에서 성공할 수 있는 강점을 가지고 있어야 성공할 수 있다.

3) 시장공략 전략

어떤 전략을 채택하여야 하는가? 기업들은 시장을 세분화하고 난 뒤 제품과 관련하여 구체적인 전략을 선택하여야 한다. 기업의 자원이 제한되어 있는 경우에는 집중마케팅 전략이 좋으며, 제품의 동질성과 관련하여 생필품(쌀, 밀가루, 석유, 소금, 설탕)은 비차별화 마케팅 전략이, 내구재의 경우에는 디자인 때문에 차별화 또는 집중마케팅 전략이 좋다. 제품수명주기상에서 신제품을 도입하는 시기에는 비차별화 또는 집중 마케팅 전략이 좋으며 제품이 성숙기에 들어서면 차별화 정책이 권장된다. 시장의 동질성 즉 고객의 취향, 구매량이 비슷하거나 기업이 다양한 마케팅 믹스에 대해 비슷한 반응을 보이면 비차별화 전략이 적합하고, 경쟁사가 적극적으로 세분화 전략을 전개하면 비차별화 전략을 사용하고 있을지라도 변화를 주어야 한다. 그리고 경쟁사가 비차별화 전략에 집착할 때에는 차별화 또는 집중화 마케팅 전략을 사용하여 상대방의 허를 찌를 수 있다.

4. 포지셔닝

1) 포지셔닝의 의의

시장을 세분화하고 기업이 표적시장을 선택하고 나면 다음 과제는 표적고객들에게 기업의 제품을 어떻게 부각하냐 하는 것이다. 포지셔닝은 소비자의 인식 속에 경쟁 제품들과 확실하게 구별되도록 제품을 위치시키는 것이다. 아무리 고객의 니즈를 충족시킬 수 있는 시장을 잘 세분화하여 표적으로 설정했더라도, 제품이나 서비스가 그 니즈를 부합하지 못하거나, 고객이 알지 못한다면 충분한 성과를 낼 수 없다. 이에 따라, 소비자의 마음속에 자사 제품을 경쟁사의 능력, 제품과 서비스 등 다양한 요인을 고려하여 가장 유리한 포지션에 배치할 수 있도록 하며, 제품과 서비스가 고객의 니즈를 충분히 반영해야 한다. 각 차이점은 기업에 대해서는 비용을 유발하며, 고객에게는 이점을 창출하는 잠재력이 있다. 그러므로 기업은 경쟁자로부터 차별화할 수 있는 것이 어느 것인가를 신중하게 선정해야 한다. 즉 차이는 다음의 기준을 충족하는 정도에서 조성되어야 한다.

- **가치** : 차이는 많은 구매자들에게 가치가 있는 이점을 제공한다.
- **독특성** : 차이는 타 기업에 의해서가 아니라 해당기업 자체가 독특성을 제공해야 한다.
- **우월성** : 다른 방법으로 제공하는 것보다 차이를 통한 방법이 우월해야 한다.
- **의사전달성** : 차이는 소비자들에게 전달되고 보여질 수 있어야 한다.
- **지속성** : 경쟁자들이 쉽게 차이를 모방할 수 없어야 한다.
- **구입가능성** : 구매자들이 차이를 인정하고 그에 대해 기꺼이 지불할 수 있어야 한다.
- **수익성** : 기업은 차이를 통하여 이익을 창출할 수 있어야 한다.

제품포지션은 소비자들의 인식 속에 자사의 제품이 경쟁제품에 비하여 차지하고 있는 상대적 위치를 말한다. 예컨대 소비자들의 마음속에 ○○소주는 제로슈거를 앞세운 무칼로리 소주로 산뜻하고 부드러운 맛이 특징의 소주로 포지셔닝 되어 있다.

이렇듯 소비자들은 제품과 서비스에 대한 많은 정보에 노출되어 있다. 따라서 소비자들은 그들이 구매의사 결정을 내릴 때마다 제품을 재평가할 수 없기 때문에 구매의사 결정을 단순화하기 위해서 소비자들은 제품들을 몇 개의 카테고리로 묶는 경향이 있다. 즉 소비자들은 제품, 서비스와 제조회사들을 그들의 마음속의 특정 위치에 저장한다. 기업은 선택한 표적시장의 소비자들 마음속에서 경쟁사에 비하여 최대한의 경쟁적 우위를 누릴 수 있는 위치를 개발하는 과정인 포지셔닝 전략을 기획하고 이에 맞는 구체적인 실행 프로그램인 마케팅 믹스를 개발한다.

2) 포지셔닝 접근방법

(1) 속성에 의한 포지셔닝

기업은 이 방법을 가장 빈번히 사용하는 것으로서, 경쟁제품과 비교하여 자사제품이 차별적 속성·특징을 가지고 있으므로, 경쟁제품이 소비자에게 잘못된 혜택을 제공한다고 소비자에게 인식을 심어주는 것을 말한다.

(2) 사용상황에 의한 포지셔닝

이것은 소구제품의 적절한 사용상황을 묘사하거나 제시함으로써 포지셔닝하는 것을 말한다. 비타500, 오렌지주스, 두루마리 화장지 등은 누구를 방문할 때 무엇을 사가야 하는지에 대한 고민을 해결해주는 것으로 포지셔닝하였다. 특히 두루마리 화장지의 경우에는 '잘 풀리는 집'이라는 문구를 삽입함으로써 집들이용 소구로 성공하였다.

(3) 제품사용자에 의한 포지셔닝

대학생, 취업준비생, 젊은 신혼부부, 운동선수, 1인가구 소비자 등을 이용하여 소구하는 제품이 특정한 소비자들에게 적절하다고 포지셔닝하는 방법이다. 즉 누가 특정 제품을 사용하고 있는지를 소비자들의 마음속에 심는 것이다.

(4) 경쟁에 의한 포지셔닝

소비자의 지각 속에 자리 잡고 있는 경쟁제품과 명시적 혹은 묵시적으로 비교함으로써 자사제품에게 혜택을 강조하려는 방법을 말한다. 그러나 이제

이런 최상급의 단어들은 그 효용가치가 사라져가고 있다. 오늘날 우리가 광고에서 흔히 발견할 수 있는 단어들은 최상급이 아닌 비교급의 것들이다.

(5) 니치시장 소구를 위한 포지셔닝

이 방법은 기존의 제품이 충족시키지 못하는 시장기회를 이용하는 것으로써 니치마켓을 개척하여 포지셔닝하는 것을 말한다. ○○맥주는 "강력한 리얼 탄산 100%가 만드는 청정함"이라는 광고 문구로 소구함으로써 틈새시장에 집중하였다. 그리고 차별화를 필요로 하는 사치품이나 고급품의 경우 이 표지셔닝 방법을 많이 이용한다.

3) 포지셔닝 전략의 수립과정

(1) 경쟁사 대비 경쟁적 강점 파악

소비자들은 일반적으로 그들에게 가장 높은 가치를 가져다줄 수 있는 제품이나 서비스를 선택하게 된다. 따라서 소비자들이 자사의 제품을 구매하도록 유도하고 지속적인 자사제품 고객으로 유지하기 위해서 기업은 소비자들의 욕구와 구매과정에 대하여 경쟁사들보다 잘 이해하고 있어야 하며 그 결과로 경쟁사들보다 높은 가치를 소비자들에게 줄 수 있어야 한다. 기업은 제품, 서비스, 인력 또는 이미지 등으로 경쟁사에 대비하여 차별적인 우위를 누릴 수 있다.

① 제품 차별화(Product Differentiation)

기업은 성능, 디자인 등과 같이 제품의 물리적 특성을 가지고 차별화할 수 있다. 예컨대 1990년대에 국내에 출시되어 관절염 치료제 시장에서 선두주자로 부상했던 케토톱은 그 이전의 관절염 치료제들이 먹는 약이었던 데 반해 붙이는 패치형의 관절염 치료제라는 점을 강조하여 소비자들에게 어필할 수 있었다.

② 서비스 차별화(Services Differentiation)

제품의 서비스에 대하여도 차별화가 가능하다. 어떤 기업은 빠르고도 조심스러운 배달을 통하여 경쟁적 우위를 누리고 있다.

③ 인적 차별화(Personnel Differentiation)

기업은 경쟁사보다 직원의 선발과 훈련에 많은 노력을 기울여 강한 경쟁적 우위를 누릴 수 있다. 싱가포르 항공사의 경우 승무원들의 뛰어난 친절에 대하여 고객들이 높은 평점을 주어 우수 항공사로서 세계적인 명성을 드높이고 있다. 인적 차별화를 위해서 기업들은 특히 소비자들과 접촉하는 직원들의 선발과 교육을 매우 중요하게 고려해야 한다. 이러한 직원들은 소비자들에게 매우 친절해야 하고 소비자들을 이해하려고 노력해야 하며 소비자의 요구에 즉각적으로 대응할 수 있어야 한다.

④ 이미지 차별화(Image Differentiation)

기업들이 똑같은 제품을 제공하더라도 소비자들은 기업이미지나 상표이미지로 인해서 그 제품들을 매우 다르게 인식하게 되는 경우가 많기 때문에 기업들은 그들의 경쟁사에 비하여 차별적 이미지를 구축하기 위한 노력을 기울인다. 기업이나 상표이미지는 단순하고 차별적인 제품의 주요편익과 포지셔닝을 잘 표현할 수 있는 내용을 전달할 수 있어야 한다. 강력하고 차별적인 이미지를 개발하기 위해서 기업은 창조적이고 부단한 노력을 하여야 한다.

심벌이나 로고 등은 이미지 차별화를 위한 중요한 수단으로 사용될 수 있는데 기업이나 상표의 차별성을 강하게 전달할 수 있는 이점이 있다. 성공적인 심벌이나 로고는 기업에 상당한 자산적 가치를 누릴 수 있도록 해준다. 그러나 기업의 심벌이나 로고의 경우에도 기업환경이 변화함에 따라 적응해 나가는 것이 필요하다.

(2) 적절한 경쟁우위의 선택

가능한 경쟁적 강점 파악이 끝난 후에 기업은 그다음 단계로 과연 어떠한 경쟁우위점을 선택할 것인지, 몇 개의 우위점을 가지고 차별적 포지셔닝을 시도할 것인지를 결정해야 한다.

① 포지셔닝에 사용할 차별점과 동등점

다수의 마케팅 관리자들은 표적시장에 오직 하나의 편익을 집중적으로 촉진시켜야 한다고 생각한다. 또한 소비자들은 많은 정보들 속에서 '1등'을 보다 잘 기억해내는 경향이 있기 때문에 많은 기업들은 각 상표마다 그 자체로서 '1등'이 될 수 있는 제품속성을 찾아내고자 노력한다. 기업들이 하나의 편익을 사용하여 효과적으로 포지셔닝하기 위해서는 사용되는 편익은 소비자들이 그 제품을 구입할 때 매우 중요하게 고려하는 내용이어야 하며 확실히 타 경쟁사 대비 우위점이 있어야 한다. 차별점(POD: Point of Difference)은 자사의 제품이나 서비스가 경쟁사와 차별화되는 것이 무엇인지 포인트로 이끌어 내서 그 포인트를 강조하는 것이다. 예컨대 Volvo 자동차는 "최고의 안전성"과 "최고의 내구성"을 주장하고 있다. 현재 기업들은 보다 많은 수의 세분시장에 소구하기 위하여 자사제품의 보다 다양한 차별점을 포지셔닝에 사용하고 있다. 그러나 기업들이 상표에 대한 다양한 주장을 할수록 소비자들이 신뢰하지 않을 수도 있으며 하나의 확실한 포지션을 얻을 수 없는 경우도 있다.

하지만 여기서 동등점(Point-of-Parity: POP)도 생각해야 한다. 동등점이란 다른 제품이나 브랜드들도 가지고 있는 공통적인 속성이나 편익을 뜻한다. 예를 들어, 카스라이트는 다른 맥주에 비해 칼로리가 33% 정도 낮다는 차별점을 들고 시장에 진출했다. 맥주를 먹으면 뱃살이 찐다는 인식이 있기 때문에 많은 사람이 관심을 보였다. 하지만 모든 사람이 카스라이트를 마시진 않는다. 왜냐하면 다른 맥주에 비해 뭔가 맛없다는 인식이 있기 때문이다. 코카콜라 제로도 마찬가지다. 제로칼로리라는 차별점을 두었지만 많은 사람이 기존 오리지

널 코카콜라보다는 맛이 별로라고 생각한다. 이런 경우는 차별점은 가지고 있지만 동등점을 겨냥하지 못한 것이다. 만약 코카콜라 제로가 기존 코카콜라와 완벽하게 동일한 맛을 구현하여 동등점도 충족시켰다면 모든 사람이 코카콜라 제로를 마실 것이다. 똑같은 맛인데 칼로리가 0이니 이건 고민할 필요도 없다. 따라서 마케터는 포지셔닝 시 차별점과 동등점을 모두 소구해야 한다. 기업이 차별점을 강조 시 소비자들은 차별점 이외의 다른 속성에서는 열등할 것이라고 추론하기 때문에 더더욱 동등점도 충분히 소구해야 할 것이다.

② 차별점의 선택

제품의 모든 차별점이 기업의 효과적 포지셔닝에 가치 있는 것은 아니다. 각 차별점은 소비자에게 편익을 제공함과 동시에 기업의 비용증대를 가져오기도 한다. 따라서 기업은 경쟁사들로부터 차별적 우위를 얻을 수 있는 경쟁적 강점이 어떤 것인지를 신중하게 선택하여야 한다. 차별점이 의미 있는 차별화를 위한 도구가 되기 위해서는 다음과 같은 사항을 만족시킬 경우에 가능하다.

- **중요성** : 차별점은 표적시장의 소비자들에게 확실히 가치가 있는 편익을 제공해야 한다.
- **차별성** : 경쟁자들이 똑같은 차별점을 제공할 수 없거나 보다 확실히 차별된 방법으로 그 차별점을 제공할 수 있어야 한다.
- **우수성** : 차별점은 소비자들이 같은 편익을 얻을 수 있는 다른 방법보다 확실히 뛰어나야 한다.
- **전달성** : 차별점은 소비자들에게 전달할 수 있어야 하고 보여줄 수 있어야 한다.
- **선점성** : 차별점은 경쟁자들이 쉽게 모방할 수 없어야 한다.
- **가격 적절성** : 차별점은 구매자들이 구입을 꺼릴 정도로 가격의 인상을 초래하지 않아야 한다.
- **수익성** : 차별점은 기업에 이익을 제공할 수 있어야 한다.

③ 선택한 포지션의 전달

일단 포지셔닝에 사용할 차별점이 선택되고 나면 기업은 표적소비자들에게 바람직한 포지셔닝이 될 수 있도록 차별점을 전달해야 한다. 이때 모든 기업의 마케팅 믹스 노력은 포지셔닝 전략을 뒷받침해야 하며 포지셔닝을 위해서는 기업의 실질적인 행동이 요구되는데, 만약 기업이 좋은제품의 질과 서비스로 포지셔닝을 시도한다면 우선 자사제품의 질과 서비스의 질을 높여서 소비자들에게 전달해야 한다. 즉 기업은 포지셔닝 전략에 맞는 제품, 가격, 유통, 촉진의 마케팅 믹스를 기획하여야 한다. 일단 바람직한 포지셔닝이 이루어지고 나면 기업은 이를 지속적으로 유지할 수 있도록 제품의 성능에 대한 주기적인 검사 등의 노력과 함께 경쟁사들의 전략변화나 소비자의 욕구변화에 대하여도 지속적으로 살펴보아야 한다.

④ 지각도(Perceptual Map)

지각도란 여러 가지 평가할 수 있는 차원에 따라 제품이나 상표의 위치를 나타내는 것이다. 바꾸어 말하면 지각도는 제품의 심리적인 포지셔닝을 위한 하나의 강력한 도구로 사용되는 기법이다. 소비자가 제품, 상표 등에 대한 신념과 선호도를 형성하는 데 고려하는 여러 가지 제품속성을 두세 개의 차원(dimension)으로 압축하여 그 사이의 제품 지각공간(product perceptual space)을 형성한 다음 제품들의 전반적인 유사성이나 선호도에 대한 소비자 조사를 근거로 각 제품, 상표 등을 기하학적인 거리로 환산하여 공간상에 표시하는 것이다. 지각도에서 각 대상들의 위치는 고려되는 속성 차원에서 그 대상들이 얼마나 강점과 약점을 지니고 있는가를 보여주며 표시된 제품들 간의 거리로 미루어 제품들 간의 유사성 정도를 판단할 수 있다.

지각도 분석을 통하여 소비자가 제품을 평가하는 데 사용하는 기본적인 인식은, 예를 들면 승용차를 평가할 때 '안정성'이나 '경제성'에 해당한다. 이러한 차원상에서 기존 제품과 잠재적 제품의 상대적 위치를 알 수 있다.

PRINCIPLES

OF MARKETING

제 **3** 부

마케팅 믹스 관리

제6장 제품 관리

1. 마케팅 믹스의 개념

마케팅 믹스(marketing mix)란 마케팅 목표의 효과적 달성을 위하여 마케팅 활동들을 전체적으로 균형이 잡히도록 조정·구성하는 일이다.

〈표 1〉 마케팅 믹스의 구성요인

4P	분석요소
Product(제품)	제품특성, 수명주기, 제품계열, 상표
Price(가격)	가격설정, 가격조정·변경
Place(유통)	유통형태, 유통 경로, 물류관리
Promotion(촉진)	광고/홍보, 판매촉진, 인적판매

소비자의 입장에서는 제품도 좋고, 가격도 저렴하고 유통조건도 편리한 상품을 충분한 구매동기를 통해 구입한다면 당연히 완벽한 구매가 될 것이다. 마케터들은 흔히 경쟁제품과의 차별화 강박증에 시달린다. 제품, 가격, 유통, 촉진 모든 부분을 차별화해야 경쟁제품을 밀어낼 수 있을 것이라고 생각하고, 경영자 또한 그것을 요구하기도 한다. 그러다 보니 이도 저도 아닌 마케팅 믹스가 나오고, 오히려 어정쩡한 전략을 구사하는 경우가 생긴다. 그러나 모든 부분에서의 시도보다는 파괴력 있는 하나의 장점을 살리는 것이 시장공략에

는 유리하다.

그러나 정보화 사회에 들어서면서 산업사회 마케팅의 4P는 현대에서 마케팅의 4C로 변화하고 있다. 4C는 고객(customer), 고객 비용(cost to customer), 편리성(convenience), 그리고 소통(communication)을 말한다.

- **고객(Customer)**: 고객의 필요(needs), 요구(wants), 그리고 이에 따른 수요(demands)를 의미한다. 고객들의 필요(아, 배고파)가 요구로 구체화되고(짜장면이 먹고 싶네...), 이를 실현할 능력(5천 원 정도야 한끼 값으로 저렴하지!)을 가지고 있는지를 분석해야 한다.
- **고객 비용(Cost to customer)**: 고객이 상품 및 서비스를 구입하는 데 지불해야 하는 유·무형의 총비용으로 하나의 브랜드에서 다른 브랜드로 바꿀 때 발생하는 전환비용(switching cost)도 해당한다. 소비자는 전환비용이 낮을수록 새로운 브랜드가 제공하는 상품이나 서비스의 구매나 혹은 정체성의 동조가 쉽게 일어나며, 전환비용이 높을수록 현재 사용 중인 브랜드를 계속 사용할 확률이 높아진다.
- **편리성(Convenience)**: 유통과는 조금 다른 범주로 가치교환의 편의성을 의미한다. 예를 들면 고가의 상품구매시 무이자 할부 서비스가 제공되어 구매시의 장벽을 낮추어 준다든지, 상품 사용설명서를 유튜브 동영상으로 제공하여 사용의 편의성을 높여줌으로써 가장 효율적으로 소비자의 비용을 낮춰주는 전략이다.
- **소통(Communication)**: 마케팅에서 의사소통은 초기 기업의 일방적 의사전달(예: 광고, 행사)에서 점차로 양방향 의사교환(예: 소비자 피드백, 온라인 투표)으로 발전해 왔고, 지금은 상호작용(interactive)이 중심이 되는 의사소통 단계에 와 있다.

결국 4C의 핵심은 고객 위주로 돌아간다는 것이다. 이는 예전과 달리 주도권이 공급자에서 소비자로 넘어간 현실을 보여준다.

2. 제품과 제품 믹스

1) 제품의 개념

　마케팅이 이루어지는 시장은 사업자로서의 판매자와 고객으로서의 구매자 간에 전통적인 시장(marketplace)과 디지털 기술에 의한 사이버 공간에서의 시장(marketspace)에서 교환(exchange)이 이루어지는 곳을 의미한다. 일반적으로 사람들은 교환의 제공물(offerings) 즉, 거래의 대상을 유형적인 제품(product)으로 여긴다. 그러나 제품은 욕구와 필요성을 충족시키기 위해 시장에 제공할 수 있는 물리적 재화(goods)는 물론 서비스, 이벤트, 사람, 장소, 소유권, 조직체, 정보, 그리고 아이디어 등을 포함하는 유형, 무형의 복합적인 형태이다.

2) 제품의 수준(product level)

　시장에 제공할 제품을 기획할 때에 마케팅 요원은 구매자인 고객의 가치 관점에서 다섯 가지 수준으로 [그림 1]과 같이 접근할 필요가 있다. 각 수준은 고객의 가치를 더해 가는 것으로서 다섯 가지의 구성을 고객 가치 계층(customer-value hierarchy)이라고 한다.

그림 1 제품의 다섯 가지 수준

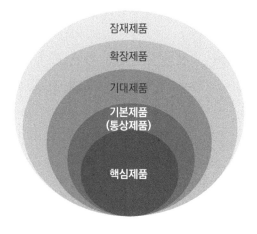

(1) 핵심 제품(core product)

기초적인 수준으로서 구매 고객이 실제로 구매하는 서비스나 혜택을 의미한다. 예를 들어 호텔 투숙객이라면 휴식과 수면을 구매하는 것이고, 드릴(drill)을 구매하는 고객은 구멍을 뚫기 위해 구매하는 것이다. 따라서 마케팅 요원은 고객에게 혜택을 제공하는 이가 되어야 한다.

(2) 기본 제품(basic product)

두 번째 수준으로서 마케팅 요원은 핵심 혜택을 기본 제품으로 전환시켜야 한다. 예를 들어 호텔의 객실은 침대, 욕실, 타월, 데스크, 화장대 그리고 벽장을 구비할 필요가 있다.

(3) 기대 제품(expected product)

세 번째 수준으로서 마케팅 요원은 기대 제품 즉, 구매자인 고객들이 제품을 구매할 때에 정상적으로 기대하는 일련의 속성들과 조건들을 구비해야 한다. 예를 들어 호텔 투숙객은 청결한 침대, 신선한 타월, 잘 작동되는 전구들, 그리고 조용한 객실을 기대한다.

(4) 확장 제품(augmented product)

네 번째 수준으로서 마케팅 요원은 구매자인 고객들이 기대하는 정도를 뛰어넘는 확장 제품을 준비해야 한다. 예를 들어 호텔에서 외상, 보증, 판매 후 서비스 등에 해당한다. 선진국 시장에서는 브랜드 포지셔닝과 경쟁이 이 수준에서 이루어지고, 개발 도상국 또는 신흥 시장에서는 대부분 기대 제품 수준에서 이루어진다.

(5) 잠재 제품(potential product)

다섯 번째 수준은 미래에 가능한 확장이나 기술적 전환이 마련되어 제품에 부가될 수 있는 것들을 모두 포함하는 것이다. 기업들이 고객들을 만족시킬 새로운 방법을 모색하게 되고 그들의 시장 제공물(offerings)인 제품의 특징을 결정짓는다.

3) 소비자에 따른 제품의 구분

(1) 소비재(개별 구매자 또는 소비자용 상품)

다양한 소비자들의 쇼핑 습관을 바탕으로 소비자용 상품을 구분한다면 편의품, 선매품, 전문품 그리고 미탐색품이 있다.

① 편의품(convenience goods)

소비자가 보편적으로 자주, 즉각적으로, 그리고 최소한의 노력으로 구매하는 비교적 저렴한 가격대의 상품이다. 편의품은 일상생활 용품이나 식품처럼 규칙적으로 구매하는 필수품(staple goods), 사전 구매 의사 없이 충동적으로 매장에서 커피나 청량음료 등을 구매하는 충동품(impulsive goods), 그리고 비가 올 때나 정전이 되었을 때 우산이나 손전등처럼 유사시에 즉각적으로 구매해야 하는 응급품(emergency goods) 등으로 나누어진다.

② 선매품(shopping goods)

소비자가 제품의 물리적 특성, 서비스 특성, 가격, 품질, 스타일, 구매 장소 등에 대한 정보를 수집하고 비교하여 구매하는 과정에 많은 시간이 소요되는 상품이다.

편의품에 비해 비교적 고가 제품이고 구매 빈도는 낮은 편이며, 매장의 이름이나 입소문은 소비자의 구매에 영향을 크게 미치는 편이다.

• **동질적 선매품** : 구매자는 동질적 선매품을 품질면에서 유사하지만, 가격에 차이가 있으므로 비교 쇼핑을 하는 것을 당연한 것이라고 인식한다. 이러한 경우 판매업자는 소비자에게 가격을 명확하게 알려야 한다.

· **이질적 선매품** : 의류와 가구 등과 같은 이질적 제품을 쇼핑하는 경우, 소비자에게는 제품의 특성이 가격보다 더 중요하다. 이질적 선매품의 판매업자는 다양한 구색을 완비하여 개인별 취향을 충족시켜 주어야 하며, 잘 훈련된 판매원을 고용하여 정보제공과 자문역할을 수행할 수 있도록 해야 한다.

③ 전문품(specialty goods)

특정 고객집단이 습관적으로 상당한 구매노력을 기울이며, 독특한 특성을 보유하고 있거나, 브랜드 식별능력이 가능한 제품으로서 특별한 상표의 기호품, 자동차, 촬영기자재, 의류 등이 여기에 해당된다. 예를 들면 포르쉐는 구매를 위해 먼 거리도 주저하지 않는 제품이기에 전문품에 해당된다. 특히 전문품을 구매할 때에는 경쟁자의 상표와 비교하지 않으므로 구매자는 단지 자신이 선호하는 특정제품을 취급하는 점포를 찾아가는 데 시간을 기꺼이 투자한다. 따라서 판매업자는 위치상의 편의를 갖출 필요가 없고, 다만 자신의 소재지를 잠재고객에게 고지하여야 한다.

다시 말해, 많은 구매자가 특정 제품이 가진 독특성 또는 브랜드 정체성 때문에 제품 구매에 특별한 노력을 기울이는 제품으로서 제품의 높은 차별성, 특정 브랜드에 대한 강한 로열티와 높은 소비자 관여도의 특징이 있다.

④ 미탐색품(unsought goods)

소비자가 알지 못하거나 또는 알고 있더라도 일반적으로 구매를 생각하지 않는 제품을 말한다. 식품 가공기와 같은 신제품은 매체를 통해 소비자들이 알 때까지는 미탐색품이다. 소비자가 상품을 잘 모르고 있거나 평소에 상조 보험 상품에 가입하려고 생각은 하지만 잘 찾지 않는 것들이 여기에 해당한다.

(2) 내구재·비내구재·서비스

제품은 내구성 또는 유형성을 기준으로 3가지 부류로 나눌 수 있다.

① 내구재

보통 여러 번 사용할 수 있는 유형제품으로서 냉장고, 기계류, 의복 등이 이에 속한다. 내구재에는 보통 많은 인적판매와 서비스가 수반되어야 하고, 많은 이익이 가산되며, 특히 판매보증이 잘 되어야 한다.

② 비내구재

보통 한 번 또는 두세 번 사용하면 소모되는 유형제품이다. 맥주, 비누, 소금 등이 여기에 속한다. 이러한 제품은 빨리 소비되고, 자주 구입하므로 이에 적절한 전략은 어떤 장소에서도 구입할 수 있게 해 주고 소액의 이익을 가산하며, 대량 광고를 통하여 사용을 유도하고 선호도를 심는 것이다.

③ 서비스

판매의 대상으로 제공되는 다양한 활동 또는 만족으로서, 무형이고 분리가 불가능하며, 변동성과 소모성이 높다. 따라서 서비스는 높은 수준의 품질통제, 공급자의 신뢰성 및 적응성이 요구된다.

(3) 산업재(조직적 구매자용 상품)

산업재는 조직적 구매자가 구매하거나 비즈니스 활동을 위해 구매하는 상품으로서 산업재 시장에서 다양한 제품과 서비스의 거래가 이루어지고 있다. 산업재는 조직적 구매자가 구매한 제품을 제조 과정이나 운영 과정에 어떻게 이용하는가에 따라 원자재와 부품, 자본재, 소모성 물품 및 비즈니스 서비스 등으로 분류한다. 산업재의 매출은 소비재의 매출에 따라 영향을 많이 받는 파생 수요의 특성이 있다.

① 자재(materials)와 부품(parts)

제조업자가 완제품을 제조하기 위해 제품의 한 부분으로 투입하는 것들이다. 대부분의 원자재와 부품은 조직적 구매자들이 사들이고 브랜드나 광고보다는 공급업자의 가격과 서비스 조건이 더욱 중요한 마케팅의 요소가 된다.

• 자재

가공 정도에 따라 원자재(raw materials)와 구성 자재(component materials)로 구분한다. 원자재는 농산품과 천연 재료로 가공 처리를 하지 않은 것이다. 구성 자재는 추가적인 가공 과정에서 그 형태가 변화한 것이며, 완제품 공정에서 사용되는 자재로 철광석에서 가공한 강철, 누에에서 추출한 실 등이 해당된다.

• 부품

완제품을 만들기 위해 완성 공정 단계에 있는 제품에 추가적으로 투입되는 것으로서 완제품의 외형이 바뀌지 않는 특성이 있다. 진공청소기 완제품의 부품으로는 소형 모터와 타이어 등이 해당된다.

② 자본재(capital items)

완제품 개발이나 운영에 필요한 영속적인 상품으로서 설치 제품과 장비의 두 가지 그룹으로 구분할 수 있다.

• 설치 제품(installation)

공장과 사무실이 위치한 건축물, 드릴 프레스(drill presses), 발전기, 엘리베이터 등과 같은 중장비이다. 이들 중장비는 제조업자로부터 직접 구매하고, 중장비의 사양과 구매 후 서비스를 제조업자가 설계하기도 한다.

• 장비(equipment)

지게차나 수공구와 같은 이동용 공장 장비, 개인용 컴퓨터와 책상과 같은 사무용 장비이다. 내구 연수가 설치 제품보다 짧고 사무용 장비보다는 길다. 일부 장비는 제조업자로부터 직접 구매하지만 대부분의 장비는 중간 유통업자들로부터 구매한다. 품질, 성능, 가격, 그리고 서비스가 구매의 주요 고려 요소이다.

③ 소모성 물품 및 비즈니스 서비스

완제품 개발이나 운영에 단기적 상품과 단기적 서비스 상품을 필요로 한다.

• 소모성 물품(supplies)

완제품 생산에 투입되지 않고 공장이나 기업의 운영에 사용되는 소모성 물품으로서 산업재의 편의품이라고 한다. 예를 들면 장비 유지 보수용 오일, 프린터 잉크나 출력 용지 등과 같은 운영용 소모품과 볼트, 너트, 페인트 등과 수선용 소모성 물품 등이 있다.

• 비즈니스 서비스

비즈니스 서비스는 유지 보수와 수리 서비스(유리창 청소, 복사기 수리 등)와 비즈니스 자문 서비스(법률, 경영 컨설팅, 광고 활동 등)를 포함한다. 유지 보수와 수리 서비스는 통상 소규모 생산업자와 계약하에 제공되거나 납품 장비 제조업체로부터 제공된다. 비즈니스 자문 서비스는 통상 공급업체의 평판과 스태프(staff)의 됨됨이에 바탕을 두고 구매가 이루어진다.

4) 제품 믹스

단 한가지 상품만 내놓고 있는 회사는 우리 주변에서 찾아보기 힘들다. 대부분의 회사들은 대개 두 가지 이상의 상품들을 내놓고 있다. 어떤 회사가 판매하는 모든 상품들의 집합을 상품믹스(product mix)라고 부른다. 상품라인(product line)이란 상호 밀접하게 관련되어 있는 상품들의 집단을 가리킨다.

상품믹스 및 상품라인과 관련하여 다음과 같은 용어를 알고 있어야 한다.

• 상품믹스의 폭(width)이란 상품믹스 안에 들어 있는 상품라인의 개수를 가리킨다.
• 상품라인의 길이(length)는 상품라인 안에 들어 있는 브랜드의 개수를 가리킨다.

• 상품라인의 깊이(depth)는 어떤 브랜드가 얼마나 많은 품목을 거느리고 있는가를 의미한다.

일반적으로, 상품을 단 하나만 내놓기보다는 여러 개의 상품들로 상품라인을 구성하는 것이 바람직한데, 그 이유는 다음과 같다.

① 욕구의 이질성 때문이다. 즉, 하나의 상품으로 여러 개의 세분시장들이 갖고 있는 상이한 욕구들을 충족시킬 수 없기 때문이다.

② 다양성 추구 성향 때문이다. 즉, 고객들이 다양성을 추구하는 경우, 이를 충족시키기 위함이다.

③ 가격 민감도의 차이 때문이다. 즉, 고객들 가운데 같은 상품이라도 조금 높은 가격을 지불할 용의가 있는 집단과 그렇지 않은 집단이 있다고 하자. 이런 경우에 상품을 한 가지만 내놓고 한 가지 가격으로만 판매하는 것보다는, 상품을 다양화하여 높은 가격을 지불할 용의가 있는 집단에는 조금 비싼 상품을 팔고, 그렇지 않은 집단에는 조금 싼 상품을 파는 것이 이익을 극대화할 수 있다. 이것을 가격차별(price discrimination)이라고 부른다.

④ 경쟁자의 진입을 저지할 수 있기 때문이다. 다만, 상품라인 내의 품목 수가 늘어나게 되면 다음과 같은 문제점들이 발생한다.

• 생산의 효율성이 떨어져서 비용이 높아진다.

• 선택의 폭이 너무 많아져서 고객들이 혼란을 느끼고 구매를 연기하거나 포기할 수도 있다.

• 소매점에서 진열 면적을 확보하기가 어려워진다.

• 품절 가능성이 높아지므로 재고관리도 어려워진다.

• 새로 추가된 품목이 경쟁자의 고객을 빼앗아 오는 것이 아니라 우리 회사의 다른 품목의 고객을 빼앗을 가능성이 높아진다.

추가로, 신상품이 경쟁상품이 아니라 우리 회사 다른 상품의 판매를 잠식하는 현상을 자기잠식(cannibalization)이라고 부른다.

(1) 제품의 계층(product hierarchy)

제품의 계층은 기본적인 필요로부터 특정 품목에 이르는 여섯 가지 수준으로 식별할 수 있다. 생명 보험의 예를 들어 살펴본다.

① 필요 패밀리(need family)

제품 패밀리의 존재 근거가 되는 핵심적 필요성을 말한다(예: 보장성).

② 제품 패밀리(product family)

합리적인 효과로서 핵심적 필요성을 충족시킬 수 있는 제품의 모든 등급을 말한다(예: 저축과 수입).

③ 제품 종류(product class)

제품의 범주라고도 한다. 어떠한 기능적 일관성을 갖추고 있는 것으로 인지된 제품 패밀리 안에서의 일단의 제품들을 말한다(예: 금융 상품).

④ 제품 라인(product line) 또는 제품 계열

제품 종류 안에서의 일단의 제품들이 비슷한 기능을 수행하기 때문에 밀접하게 관련되는 것이다. 동일한 고객 그룹들에게 팔리고, 비슷한 아웃렛(out-lets)이나 유통 경로를 통해 마케팅이 이루어지고, 매겨지는 가격 범위에 들어가는 제품들을 말한다. 제품 라인은 상이한 브랜드, 또는 단일 패밀리 브랜드, 또는 확장된 라인의 개별 브랜드로 구성되기도 한다(예: 생명 보험).

⑤ 제품 유형(product type)

제품의 여러 가지 형태 중 한 가지를 공유하는 제품 라인 안에서 일단의 품목들을 말한다(예: 단기 생명 보험).

⑥ 품목(item) 또는 재고 유지 단위(stock keeping unit) 또는 제품 변형 (product variant)

한 가지 브랜드 안에서 특정 단위 또는 사이즈, 가격, 외양, 또는 다른 일부 속성에 의해 구분이 가능한 제품 라인을 말한다(예: P사의 갱신형 단기 생명보험).

(2) 제품 시스템과 믹스(product systems and mixes)

제품 시스템은 광범위하지만 호환되는 기능으로 관련되는 품목들의 그룹을 의미한다. 예를 들면 A사의 MP3 제품의 시스템은 헤드폰, 헤드셋, 케이블 그리고 도크(docks), 완장(armbands), 케이스, 전원과 차량 액세서리, 그리고 스피커 등을 포함한다. 기업이 취급하는 제품 구성은 제품 믹스와 제품 라인을 통하여 분석할 수 있는데, 제품 믹스는 다양한 제품 라인들로 구성된다. 제품 믹스 또는 제품 구색은 특정 판매업자가 판매할 제품들과 품목들의 조합(set)이다. 기업의 제품 믹스는 제품 믹스의 폭(width), 길이(length), 깊이(depth), 그리고 일관성(consistency)을 가지고 있다.

〈표 2〉 가상 소비재 기업의 제품 믹스 폭과 제품 라인 길이

	제품 믹스 폭				
	세탁 및 주방 세제	치약	비누	일회용 기저귀	화장지
제품 라인 길이	A	TT1	SS1	DD1	PP1
	B	TT2	SS2	DD2	PP2
	C		SS3		PP3
	D		SS4		
	E		SS5		
	F				
	G				
	H				

- 제품 믹스의 폭은 기업이 얼마나 많이 상이한 제품 라인을 취급하고 있는지를 나타낸다. 〈표 2〉에서 다섯 가지 라인의 제품 믹스 폭을 볼 수 있다.
- 제품 믹스의 길이는 믹스의 품목의 전체 숫자를 나타낸다. 〈표 2〉에서 20임을 알 수 있다. 또 제품 라인의 평균 길이를 살펴볼 수 있는데, 〈표 2〉에서 전체 길이 20을 제품 라인 5로 나누면 제품 라인의 평균 길이가 4임을 알 수 있다.
- 제품 믹스의 깊이는 제품 라인에 있는 개별 제품이 얼마나 많이 변형되어 있는지를 살펴보는 것이다. B라는 세제가 세 가지 용량과 세 가지 세탁 용도로 되어 있으면, B 세제의 깊이는 9가 된다.

제품 믹스의 일관성은 다양한 제품 라인들이 최종 소비자의 용도, 원자재, 제조 공정, 유통 경로 등에서 서로 얼마나 밀접하게 관련되고 있는지를 나타낸다. P사의 제품 라인들은 동일한 유통 경로를 통해 공급되는 소비재들이라는 것에서 일관성 있고, 제품 라인들이 구매자별로 수행되는 기능들에서는 일관성이 줄어든다. 이들 네 가지 제품 믹스의 차원들은 기업이 네 가지 방법으로 자사의 사업을 확장하도록 해준다. 자사 제품의 믹스 폭을 넓히려고 새로운 제품 라인들을 추가할 수 있고, 각 제품 라인의 길이를 늘여갈 수 있고, 개별 제품에 제품의 변형을 더할 수 있고, 제품 믹스의 깊이를 더할 수도 있는 것이다. 궁극적으로 기업이 더 많은 제품 라인의 일관성을 추구할 수 있다. 이들 제품과 브랜드의 의사 결정을 하려면 제품 라인의 분석을 수행하는 것이 유용하다.

(3) 제품 라인 분석(product line analysis)

기업이 제품 라인을 제시할 때에 일반적으로 상이한 고객들의 요구사항들과 저비용의 제조 원가를 맞추기 위해 기본적인 플랫폼과 모듈들을 개발하여 운영한다. 자동차 제조업자들은 기본 플랫폼에 따라 자동차를 만들고, 주택업자들은 구매자들이 부가적인 기능을 추가할 수 있는 모델 하우스를 보여 준다.

제품 라인 관리자들이 어떤 품목을 만들고(build), 유지하고(maintain), 수확하고(harvest), 또는 버릴 것인지(divest)를 결정하기 위해서는 각 품목들의 판매와 수익을 파악할 필요가 있고, 각 제품 라인의 시장 프로필(market profile)을 이해할 필요가 있다.

① 판매와 수익(sales & profit)

기업의 제품 포트폴리오에는 상이한 마진들(margins)이 있다. 슈퍼마켓은 빵과 우유의 마진이 거의 없고, 통조림과 냉동식품에서 합리적인 마진이 있고, 화초, 특별한 식품류, 그리고 신선하거나 갓 구운 상품에는 더 많은 마진을 붙인다.

기업들은 자사 품목들의 매출, 마진, 또는 두 가지 모두를 늘리려는 방법으로 가격을 높게 매기거나 광고를 더 많이 실시하기도 한다.

② 시장 프로필(market profile)

제품 라인 관리자는 자사의 제품 라인이 경쟁사의 제품 라인들에 비해 제품의 속성 측면에서 어떻게 포지션이 되어 있는지를 검토해야 한다. 예를 들어 제품의 속성 두 가지 중에서 A 경쟁사가 한 가지 속성에서 두 가지 품목을 판매하고, B 경쟁사가 다른 한 가지 속성에서 세 가지 품목을 판매한다. 자사는 두 가지 속성에서 다양하게 세 가지 품목을 판매한다.

제품 맵(product map)은 어느 경쟁사들의 품목들이 자사의 품목들과 어느 속성을 놓고 경쟁하고 있는지를 보여 주고, 새로운 품목으로 경쟁할 수 있는 위치를 알려 준다. 이러한 제품 맵을 통하여 경쟁 가능한 품목을 해당되는 제품 라인에 추가하는 방안을 고려할 수 있다. 또 다른 이점은 세분시장을 식별하는 것이다. 제품 라인 분석(product line analysis)은 제품 라인 길이(product line length)와 제품 믹스 가격(product mix pricing)과 같은 주요 의사 결정에 필요한 정보를 제공한다.

(4) 제품 라인 길이

기업의 사업 목적은 자사 제품 라인의 길이에 영향을 주는 것과 같다.

첫째, 자사의 매출을 늘리기 위해 제품 라인을 창출한다.

둘째, 교차 판매(cross-selling)를 촉진할 제품 라인을 창출한다.

셋째, 경제 상황의 호조와 난조에 대응하여 자사를 보호할 제품 라인을 창출한다.

높은 시장 점유율과 고성장을 추구하는 기업들은 일반적으로 보다 긴 제품 라인들을 보유하고, 고수익을 강조하는 기업들은 세심하게 선택한 품목들로만 구성되는 보다 짧은 제품 라인을 취급한다.

① 제품 라인 확장하기(line stretching)

기업마다 제품 라인은 전체 시장에서 자사가 가능한 범위의 특정 위치를 차지한다. 독일의 고급 브랜드 자동차들은 동급 경쟁 브랜드 차량들에 비해 상위의 가격대에 위치한다. 제품 라인 확장은 기업이 현재 진출한 범위를 뛰어넘는 제품 라인의 길이로 [그림 2]와 같이 상향 시장, 하향 시장, 또는 양방향 시장으로 연장하는 것이다.

• 상향 시장 확장(up-market stretch)

고가 제품 시장의 성장률이 높고, 수익 마진이 양호하여 기업이 현행 품목들보다 더 높은 가격대와 고품질의 제품 품목들을 기존 제품 라인에 추가한다. 그러나 상향 시장 확장에는 다음과 같은 위험이 수반될 수 있다.

✓ 고가 제품 시장의 기존 경쟁사들과 경쟁을 해야 하는 어려움이 따르고 경쟁사가 자사의 저가 제품 시장에 공격적으로 진입해 올 수 있다.
✓ 시장의 중간상들과 소비자들이 자사의 고가 제품에 대한 개발, 제조 역량을 불신할 수 있다.
✓ 자사의 중간상들과 판매 요원들이 고가 제품을 다룰 준비가 안 되어 있을 수도 있다.

• **하향 시장 확장**(down-market stretch)

고가 제품 위주의 사업 구조에서 저가격 및 저품질의 제품 품목을 기존 제품 라인에 추가하는 것이다. 자사가 하향 시장 확장을 고려할 수 있는 경우는 아래와 같다.

> ✓ 고가 제품 시장에서 자사가 경쟁사의 공격을 받아 대체 방안으로 저가 제품시장에 진출한다.
> ✓ 고가 제품 시장의 성장률이 둔화 추세로 나타나서 대체 방안을 마련한다.
> ✓ 저가 제품 시장을 장악하여 경쟁사의 진입을 억제한다.
> ✓ 고가 제품 시장에서의 평판을 바탕으로 저가 제품 시장에 진출한다.

• **양방향 확장**(two-way stretch)

중가 제품 시장에서 활동하는 기업들이 자사의 제품 라인을 양방향으로 확장하는 것이다. 유명한 애견 사료 업체 P사는 자사의 제품 라인을 애견에게 줄 혜택, 다양성의 폭, 성분, 가격별로 차별화한 제품 라인을 창출하여 상향 및 하향 시장을 확장하고 있다.

그림 2 제품 라인 확장하기

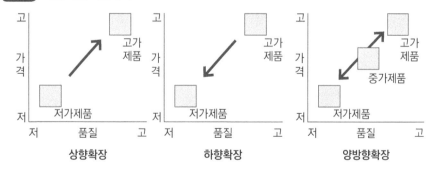

② 제품 라인 보강(line filling)

기업은 현행 제품 라인에서 몇 개의 품목들을 추가하여 자사 제품 라인의 길이를 연장한다. 라인의 보강은 기존 라인에서 빠진 품목들로 인해 판매를 실기하는 딜러들의 불만을 만족시킬 수익 상품을 갖추도록 한다. 여기에는 과잉 생산 능력을 채우도록 하고 관련 상품들을 모두 갖추는 선도 업체가 되려고 하며, 경쟁사들을 배척하려는 의도 등을 담고 있다.

(5) 제품 라인업(product line-up) 전략의 유형

앞에서 다룬 내용을 제품 라인의 전략적 관점에서 정리하면 다음의 〈표 3〉과 같다.

〈표 3〉 제품 라인업 전략

전략 유형		주요 내용
제품 라인 수익 확장	상향 확장	기존 제품 라인보다 고가 및 고품질의 제품 라인을 추가
	하향 확장	기존 제품 라인보다 저가 및 저품질의 제품 라인을 추가
	양방향 확장	상향 및 하향 확장을 동시에 전개함
제품 라인 품목 구성 변경	제품 라인 현대화	제품 라인 안에서 기술적 진보로 쇠퇴기 품목은 제거
	제품 라인 특성화	제품 라인 안에서 공통점을 가지는 품목들로 구성
	제품 라인 확충	제품 라인 안에 제품 변종(product variant)을 추가
기타	제품 리더	특정 제품의 판매 증가로 보완 제품의 판매 증가 유도
	묶음(bundle)	개별 제품 구매보다 저가의 패키지(package)형으로 판매
	시스템	시스템의 구성 대상 제품들 간에 호환성을 개발하여 판매

3. 제품 수명 주기

1) 제품 수명 주기(product life cycle)의 개념과 특징

　기업의 포지셔닝(positioning)과 차별화(differentiation) 전략은 제품 수명 주기(PLC)상에서 제품, 시장, 경쟁사들이 변화할 때에 반드시 바꾸어야 한다. 제품 수명 주기의 의미로 다음의 네 가지 사실을 들 수 있다.

• 제품은 한정된 생명을 가진다.
• 제품 판매는 독특한 단계들을 거치는데, 각 단계에서 판매자에게 도전 과제들, 기회 요인들, 그리고 각종 문제들에 직면한다.
• 제품 수명 주기의 서로 다른 단계에서 수익이 상승하거나 하락한다.
• 수명 주기의 각 단계에서 상이한 마케팅, 재무, 제조, 구매, 그리고 인적 자원 전략들
　을 필요로 한다.

　대부분의 제품 수명 주기 곡선(curves)은 [그림 3]과 같이 종(bell)의 모양이고, 대표적으로 다음과 같이 네 가지 단계로 나누어진다.

그림 3 제품 수명 주기 곡선

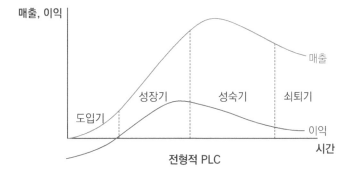

• **도입기**(Introduction Stage)

신제품이 시장에 출시되어 매출이 급성장하기 직전까지의 기간이다. 시장에 제품이 처음 등장했기 때문에 제품설계의 불완전성이 내포되어 있을 수도 있다.

소비자들의 신제품에 대한 인지도가 낮고 기존 제품을 구매해 오던 소비 습관의 저항이 크다. 매출은 완만한 증가 추세를 보이며 그 기간이 상당히 오랜 시간을 소요할 수 있다.

• **성장기**(Growth Stage)

매출이 빠르게 성장하는 시점에서부터 성장률이 둔화되기 시작하는 시점까지의 기간이다. 성장기에서는 시장 수요가 급증하고, 대량 생산과 규모의 경제로 인하여 가격이 하락하게 되어 고객들은 비교적 낮은 가격으로 제품을 구매할 수 있다. 시장에 매력을 느낀 경쟁사들이 시장에 진입하기 시작하며, 매출이 늘면서 서서히 이윤이 발생하기 시작한다.

• **성숙기**(Maturity Stage)

매출의 성장률이 둔화되기 시작하는 시점으로부터 매출이 최고점에 이를 때까지의 기간이다. 시장은 포화상태가 되며 점차 수요가 하락한다. 많은 제품을 생산해 왔기 때문에 일반적으로 제품의 단위당 원가가 낮고 생산성도 높은 기간이다.

• **쇠퇴기**(Decline Stage)

매출이 최고점에 이른 후, 실제로 감소하는 때부터 제품이 시장에서 완전히 사라지는 때까지이다. 매출이 감소하는 이유는 시장 수요의 포화, 신기술의 출현, 사회적 가치의 변화, 고객 욕구의 변화 등이 있다.

2) 제품 수용 주기

제품이 시장에서 시간의 흐름에 따라 소비자들에게 수용되어 확산되는 모델은 [그림 4]와 같이 제시하였는데, 종(bell) 모양의 정규 분포를 이루고 있고 다섯 가지 소비자 계층으로 구분한다.

그림 4 제품 수용 주기

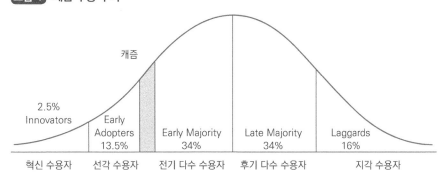

• **혁신 수용자**(Innovators)

가장 먼저 첨단 기술을 받아들이는 약 2.5%의 소비자층이다. 이들은 첨단 기술에 대한 이해가 빠르며 분석하기를 좋아해 신기술이나 제품 발굴에 적극 참여하기도 한다. 제품의 실제 효용보다는 기술 자체에 대한 관심이 높아 아직 검증되지 않은 신제품을 적극적으로 구매한다.

• **선각 수용자**(Early Adoptors)

혁신 수용자 다음으로 첨단 기술을 빨리 받아들이는 선각 수용자는 혁신 수용자처럼 분석하기를 좋아한다. 제품을 구매할 때 잘 주변의 평가에 의존하기보다는 자신의 직관과 분석에 의존한다. 일반 대중보다 첨단 기술을 빨리 접하고 혁신 수용자와 달리 입소문 내기를 좋아하기 때문에 마케팅 시 주요 공략대상이 된다.

• **전기 다수 수용자**(Early Majority)

전기 다수 수용자는 얼리어답터의 행동을 보고 첨단 기술이나 제품의 실용적인 활용방법을 모색하는 집단이다. 전체 소비자층의 약 1/3에 해당하는 이 소비자층은 어느 정도 기술과 신제품에 대해 관심이 있지만, 혁신 수용자나 선각 수용자보다 실용성에 더 무게를 둔다.

• 후기 다수 사용자(Late Majority)

후기 다수 수용자는 신기술 제품이 시장의 표준으로 자리 잡을 때까지 기다린 후 제품을 구매하는 층이다. 첨단기술을 소화하는 데 있어 전기 다수 수용자들만큼 자신의 능력을 확신하지 않는다. 후기 다수 수용자는 제품 구매 후에도 많은 지원을 기대해 큰 회사의 상품을 구매하고 AS가 확실한 회사의 제품을 선택하는 경향이 있다.

> 전기 다수 사용자와 후기 다수 사용자를 묶어 주류시장이라고 한다. 전체 시장의 약 70%를 차지하는 이 주류시장은 기업들이 궁극적으로 노리는 시장이 된다.

• 지각 수용자(Laggards)

지각 수용자는 좀처럼 신기술을 받아들이지 않는 사람이다. 그 이유는 개인적 성향일 수도 있고 경제적 이유일 수도 있다. 이들이 첨단 기술을 구매하는 경우가 있다 하더라도 제품의 기술성과 필요성은 모를 확률이 높다.

학계에서는 이 소비자들을 캐즘의 전과 후로 초기시장, 후기시장로 나누기도 하고 더 세분하게는 후기 소비자를 다시 2개로 나누어 주류시장, 후기시장으로 나누기도 한다. 이 경우 혁신 수용자와 선각 수용자가 초기시장에, 전기 및 후기 다수 사용자가 주류시장에, 지각 수용자가 후기시장에 포함된다. 초기시장은 기술의 실용성에, 주류시장는 보수성에 초점이 맞춰져 있다.

• 캐즘(chasm)

본래 '캐즘(chasm)'이란 지질학 용어로서 지질 변동과 같은 원인으로 지층 사이의 큰 틈이 생겨 서로 단절된 것을 지칭하는 용어를 말한다.

캐즘은 초기시장과 주류시장의 사이 즉, 선각 수용자와 전기 다수 수용자의 사이에서 발생한다. 캐즘이 발생하는 이유는 '혁신의 불연속성' 때문이다. 5개의 소비자층은 매끄럽게 연결되어 있는 게 아니라 가뭄에 쩍쩍 갈라진 땅처럼 단절되어 있다. 그리고 초기에 새로운 기술에 대해 열린 자세로 수용하는 혁신 수용자와 선각 수용자, 그리고 실용주의자인 다수 사용자들의 사이에는 특히나 큰 갭, '캐즘'이 존재한다. 초기시장과 달리 주류시장의 소비자들은 급격한 변화를 무조건적으로 수용하지 않고 처음에는 저항하는 태도를 보이기 때문이다. 특히나 첨단 기술을 다루는 업계에서 이 캐즘은 더 두드러지게 보이는데 더 진보적인 기술일수록 다수시장으로의 진입이 힘들기 때문이다. 그 이유로는 새롭고 뛰어난 기술을 소비자가 이해 못 할 수도 있고 시장에 적용할 시기가 적절하지 않아 사양될 수도 있기 때문이다.

3) 제품 수명 주기 단계에 따른 제품 믹스 전략 실행 계획 수립

(1) 도입기 제품 믹스

도입기에는 시장이 제한되어 있어서 제품 수요가 한정된다. 소비자의 선호가 변화하지 않는다면 제품 폐기를 고려해야 하며 대부분의 경우에는 제품의 수정과 변경을 통해소비자의 선호에 맞춘다. 따라서 도입기의 제품 믹스는 기본적인 제품 위주로 소비자의 선호에 따른 제품 변경 계획을 수립하여야 한다.

(2) 성장기 제품 믹스

성장기는 다수의 소비자에게 급속히 판매되는 시기로 수요 증대, 매출 증가, 이익 증가가 실현된다. 기본 속성에 의한 기본 제품에 부가적인 기능을 덧붙이거나 시장 세분화를 충족하는 제품 품목이 늘어난다. 경쟁사와 구별되는 제품을 출시한다. 따라서 제품 믹스 전략은 제품 계열의 확대, 제품 품목 수의 증가, 그리고 용량 다변화 등의 시장 세분화 수요 충족을 위한 단품 확대 전략이 실행되는 계획 수립에 초점을 맞춘다.

(3) 성숙기 제품 믹스

성숙기는 시장이 포화되어 매출에 변화가 없고 제품이 표준화되어 마케팅 활동이나 제품 사용자의 사용량 및 사용 빈도를 증대시키는 활동이 중요하다.

따라서 성숙기의 제품 믹스 전략은 다양한 모델을 개발하는 제품 믹스에 깊이를 더하여 사용 대상을 확대하고 제품 품목과 단품도 확대하여야 한다. 장수 제품의 경우 용량의 변경이나 디자인 변화로 매출을 유지해 나가는 제품 전략을 사용한다.

(4) 쇠퇴기 제품 믹스

쇠퇴기는 매출이 감소하는 단계로 제품 믹스를 축소해야 한다. 제품 계열을 묶거나 폐기하면서 기본 품목을 제외하고 품목 수를 줄이면서 단품의 종류도 대폭 축소한다. 따라서 쇠퇴기의 제품 믹스 전략의 실행 계획은 제품 믹스를 축소하는 실행 계획을 작성하는 것이다.

〈표 4〉 제품 수명 주기별 제품 믹스 전략의 실행 계획

	제품 계열	제품 품목	실행 계획
도입기	단일 계열	소수의 기본적인 품목 위주	제품 변경 및 폐기
성장기	제품 계열의 추가	품목 수의 확대	제품 확충과 추가
성숙기	제품 계열의 유지	품목 수의 확대와 모델 다양화	제품 다양화와 수정, 단품 수 증대
쇠퇴기	제품 계열의 축소	기본 품목 위주로 제품 믹스 개편	기본 품목만 유지 단품도 표준만 유지

읽을거리 | 캐즘을 넘을 솔루션, 캐즘마케팅

시장에서 진정한 성공을 거두기 위해서는 혁신을 대다수인 주류시장에 전달할 수 있어야 한다. 그러기 위해서는 얼리어답터들에게 퍼진 제품의 인식을 짧은 시간 안에 일반 대중에게 전달하는 게 중요하다. 이렇게 캐즘을 극복하는 마케팅이 바로 캐즘마케팅이다. 캐즘마케팅의 핵심은 각 소비 단계에 맞는 고객을 이해하고 거기에 맞는 '표적 마케팅'을 하는 것이다. 구체적인 방법은 다음과 같다.

① 경쟁 상대에 대한 완전한 이해

초기시장이 형성되는 경우의 경쟁은 타사의 제품이 아니라 신제품이 대체할 기존의 상품과의 경쟁이다. 즉, 신기술을 지지하는 선구자와 기존의 기술을 고수하는 실용주의자 간의 경쟁인 것이다. 또한 경쟁의 대상이 특정 상품이기보다는 새로운 기술에 대한 두려움, 현상을 유지하려는 관성과 싸워야 하는 경우가 많다.

이에 반면 주류시장은 실용주의자들의 영역으로 경쟁의 대상이 완전 다르다. 그래서 주류시장에서의 경쟁은 같은 범주에 있는 타 제품이다. 실용주의자는 타사의 제품과 비교해 보고 실용성을 따져 구매를 결정하기 때문이다.

② 제품뿐만 아니라 인프라와 보완재를 구축한다

새로운 첨단 기술인 만큼 관련 인프라와 보완재가 구축돼 있지 않은 경우가 많다. 그래서 소비자들의 사용을 이끌기 위해 이 인프라를 구축하는 것이 중요하다. 인프라 구축을 참 잘한 첨단기술이 바로 MP3다. MP3는 디바이스뿐만 아니라 손쉽게 음원을 다운받아 MP3에 넣어 들을 수 있는 인프라를 구축하며 다수시장으로의 진입을 앞당겼다.

③ 볼링핀 전략

볼링을 생각해보자. 10개의 핀을 넘어뜨리기 위해서 10개의 핀 모두를 공이 맞출 필요는 없다. 가장 앞에 나와 있는 핀 하나만 정확히 넘어뜨리면 뒤에 있는 나머지 9개의 핀은 알아서 넘어진다. 볼링처럼 소비자를 세분화한 후 공격 지점을 선정해 한 고객층을 표적하는 것이다. 이렇게 먼저 표적한 곳을 더 광범위한 소비자층을 노릴 거점으로 삼고 캐즘을 뛰어 넘을 발판으로 삼을 수도 있다.

④ 절대무적, 완전완비제품을 내놓는다

완전완비제품이나 최종소비자의 구매와 사용을 유도할 수 있을 정도로 모든 가치를 만족하는 제품이다. 즉, 모든 소비자가 사고 싶어하는 완벽한 제품을 만들어 내라는 것이다. 정말이지 무적인 완전한 솔루션이 아닐 수 없다.

출처 : besuccess.com(2015.01.15.)

제 7 장

가격 관리

1. 가격과 가격 믹스

1) 가격의 개념

우리가 '가격을 결정한다'고 할 때, 가격은 크게 두 가지 의미로 해석될 수 있다.

- 제조회사의 관점에서 가격은 출고가격을 의미한다. 즉, 제조회사가 상품을 도매업자나 소매업자에게 판매하는 가격을 가리킨다.
- 소매업자의 관점에서 가격은 소매가격을 의미한다. 즉, 최종 구매자가 상품을 사는 가격을 가리킨다.

제조회사가 유통업자들보다 우월한 위치에 서 있었던 시대에는 제조회사가 출고가격은 물론 소매가격까지 결정하는 것이 일반적이었다. 그러나, 최근 유통업자들의 파워가 높아지면서 소매가격의 결정 권한은 급속히 소매업자에게 넘어가고 있다. 뿐만 아니라, 제조업자가 소매업자에게 가격을 정해주고 이를 강요하는 것은 대개 불법으로 간주된다.

제조업자가 소매가격을 강요할 수 없다는 것은 가격결정을 더욱 어렵게 만든다. 예를 들어, 제조업자가 출고가격을 인하하더라도, 소매업자가 소매가격을 인하할 것이라는 보장이 없기 때문이다.

2) 가격의 특성

가격결정과 관련된 구체적인 주제들을 살펴보기 전에, 가격이 다른 마케팅 믹스 요소들과 구별되는 특징은 무엇인지 알아보자.

- 가격은 다른 마케팅 믹스 요소들과 달리 쉽게 변경할 수 있다. 예를 들어, 일단 개발된 상품을 개선하거나 수정하는 데에는 적지 않는 시간과 비용이 들어간다. 광고 역시 마찬가지이다. 유통 경로의 경우에는 변경하기가 매우 어렵다. 그러나, 가격은 변경하겠다고 결정한 즉시 실행에 옮길 수 있다.
- 가격변경은 기업의 이익에 즉각적으로 커다란 영향을 미친다. 미국에서 2,463개의 기업들을 대상으로 수행된 한 연구 결과에 따르면, 가격을 1% 인상하면 공헌이익이 평균 11.1%나 향상되는 것으로 나타났다. 이 결과가 암시하는 것은, 가격을 조금만 잘못 결정해도 이익이 크게 감소될 가능성이 높다는 것이다. 따라서, 가격이란 변수는 매우 조심해서 다룰 필요가 있다.
- 우리가 가격을 변경하는 것이 쉬운 것처럼, 경쟁자들도 마찬가지이다. 그러므로, 원가우위에 의하여 뒷받침되지 않는 한, 가격측면에서의 경쟁우위는 단기간에 그칠 가능성이 높다.
- 가격변화는 회사의 매출액과 이익에 직접적이고 즉각적인 영향을 주기 때문에, 회사의 수익성을 보전하기 위해서는 가격경쟁을 가능한 한 피하는 것이 바람직하다. 이를 위해서는 경쟁사 간 암묵적인 합의에 도달하거나(명시 합의는 많은 경우에 불법임), 경쟁의 양상을 가격경쟁에서 상품차별화(product differentiation)에 의한 경쟁으로 바꾸어 나가야 한다.

3) 가격의 영향요인 분석

가격(price)은 제품이나 서비스를 소유 또는 사용하는 대가로 지불해야 하는 금전적 가치이다. 가격은 제품의 품질에 대한 정보를 제공하며 가격은 수익을 결정하는 유일한 변수이며 쉽게 변경할 수 있어 경쟁 전략적 도구로 사용하기 쉽다는 특징이 있다.

판매자인 기업이 제시하는 가격이 개별 구매 고객인 소비자가 부여하는 가치보다 높으면 제품을 구매하지 않고, 그보다 낮으면 제품을 구매하게 된다. 소비자가 지불하려는 가격을 상한선으로 하고 제품의 원가를 하한선으로 산정한다.

이 가격 범위 안에 영향을 미치는 대표적 요인으로 통제 가능한 내부 환경 요인으로 자사의 마케팅 전략, 자사의 원가, 자사가 진출한 유통 경로, 그리고 자사 제품의 품질 등이 있고, 비교적 통제 불가능한 외부 환경 요인으로 고객의 가치, 경쟁 환경(경쟁자의 가격, 원가, 마케팅 전략 등), 그리고 법적규제 등이 있다. 가격에 미치는 대표적 영향 요인들은 [그림 5]와 같다.

그림 5 가격의 영향요인

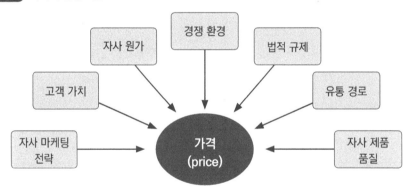

본 책에서는 어떤 상품의 가격을 결정할 때 고려하여야 하는 요인에는 다음과 같은 세 가지 C(Customer, Company, Competitor)를 들었다.

(1) Customer: 고객의 심리와 행동

다른 모든 마케팅 믹스 요소들과 마찬가지로 가격을 결정하기 전에 가격과 관련된 고객의 심리와 행동을 충분히 이해할 필요가 있다.

여기서는 다음과 같은 개념들을 살펴보기로 한다.

그림 6 가격의 종류

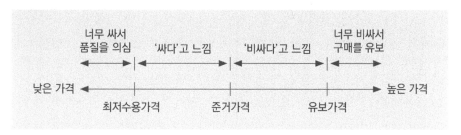

① 준거 가격

준거 가격은 제품의 가치를 평가할 때 사용하는 가격으로 권장 소비자 가격과 같은 것이다. 제품의 가격표가 권장 소비자 가격 옆에 제시되어 있어서 소비자의 심리를 자극하여 구매를 촉진하고자 하는 가격 책정이다.

② 유보가격(reservation price)

구매자가 어떤 상품에 대하여 지불할 용의가 있는 최고가격을 가리킨다. 즉, 그 상품의 가격이 이 수준 이하이면 구매를 하지만, 이 수준을 넘어서면 너무 비싸다고 생각해서 구매를 유보하게 되는 가격이다. 유보가격은 준거가격과 마찬가지로 구매자의 경험이나 정보에 의해서도 형성되지만, 무엇보다도 구매자 자신이 해당 상품에 대하여 주관적으로 느끼는 효용과 지불능력에 의하여 많은 영향을 받는다.

③ 최저 수용가격(lowest acceptable price)

가격이 낮을수록 무조건 구매자들이 좋아하는 것만은 아니며, 어느 수준 이하로 내려가면 해당 상품의 품질을 의심하게 된다.

④ 손실회피 경향(loss aversion)

가격이 인하되면 판매량이 늘어나고 가격이 인상되면 판매량이 줄어드는 것을 말한다. 그런데, 어떤 상품의 가격을 10% 인하한 경우와 10% 인상한 경우를 비교하면, 어떤 경우에 판매량의 변화가 더 크게 나타날까? 정답은 가격

인하보다는 가격인상에 더 민감하게 반응한다는 것이다. 예를 들어, 가격을 10% 인하한 경우에 판매량이 10% 늘었다면, 가격을 10% 인상한 경우에는 판매량은 20% 줄어든다는 것이다. 즉, 사람들은 손해를 회피하려는 경향이 강하기 때문에, 자신에게 손해가 되는 경우와 이득이 되는 경우 중에서 손해가 되는 경우에 더 민감하게 반응한다는 것이다. 여기서, 가격인상은 구매자들에게 손해가 되는 경우이고, 인하는 이득이 되는 경우에 해당된다. 이러한 현상은 기업이 가격을 인상하려고 할 때에 특히 중요한 의미를 갖는다. 처음부터 가격을 인상하지 말고, 가격인상의 효과를 거둘 수 있는 방법(예: 포장변경, 불필요한 서비스 중단 등)을 먼저 시도해 보는 것이 바람직하다.

⑤ 베버의 법칙(Weber's Law)

낮은 가격의 상품의 가격은 조금만 올라도 구매자가 가격인상을 알아차리는 반면, 높은 가격의 상품의 가격은 어느 정도 오르더라도 구매자가 가격인상을 알아차리지 못하는 현상을 종종 발견할 수 있다.

이와 밀접하게 관련이 있는 개념으로 JND(Just Noticeable Difference)라는 것이 있다. JND란 가격변화를 느끼게 만드는 최소의 가격변화폭을 의미한다. 예를 들어, 1,000원짜리 상품에서 10원 미만의 가격인상은 전혀 알아차리지 못하지만, 10원 이상의 가격인상에 대해서는 알아차린다고 한다면, 10원이 JND에 해당된다. 즉, 구매자의 입장에서 1,000원이나 1,009원은 마찬가지인 셈이다. 베버의 법칙과 JND는 기업이 일정한 범위 내에서는 가격을 인상하더라도 구매자가 느끼지 못할 수 있다는 것을 보여준다. 그러므로, 기업은 그 범위 내에서 가격을 인상하더라도 판매량이 줄지 않을 것이고, 새로이 확보된 마진으로 수익성을 적지 않게 향상시킬 수 있을 것이다. 마찬가지로, 일정한 범위 내에서는 가격을 인상(인하)하더라도 구매자가 느끼지 못할 수 있다. 이 경우에는 판매량이 늘지는 않고 마진만 줄어들므로 기업은 가격인하를 하지 않는 편이 더 나을 것이다.

⑥ 가격-품질 연상(price-quality association)

경제학의 기본원리 중의 하나는 가격은 수요와 반비례한다는 것이다. 즉, 가격이 높아질수록 판매량이 줄어들어야 한다. 그러나, 향수, 보석 등의 경우에는 오히려 비싼 것이 더 잘 팔리는 경우를 볼 수 있다. 이러한 현상은 여러 가지로 설명할 수 있지만, 한 가지 설명은 구매자들이 가격이 높은 상품일수록 품질도 높다고 믿기 때문이라는 것이다. 이것을 가격-품질 연상이라고 부른다.

그러나, 이러한 현상은 보편적인 것이 아니라 구매하기 전에 품질을 평가하기 어려운 향수나 보석 등과 같은 상품들에서만 발견된다. 이들 상품의 경우에는 대개의 구매자들이 품질을 평가할 수 있는 지식을 갖추고 있지 못하므로, 가격에 의존하여 품질을 추측할 수밖에 없기 때문이다. 그러므로, 이러한 상품들을 마케팅할 때에는 가격을 높게 매겨야 구매자들에게 품질이 높다는 것을 암시할 수 있다. 반대로, 품질을 평가할 수 있는 정보가 풍부한 상품들의 경우에는 가격이 품질평가의 단서로서의 역할을 거의 하지 못하므로, 품질이 높다는 것을 암시하기 위하여 가격을 높게 매길 필요가 없다.

⑦ 미래 가격에 대한 기대

PC나 이동전화 단말기와 같은 상품들의 가격은 시간이 지남에 따라 빠른 속도로 떨어진다. 이런 시장의 잠재 구매자들 중에는 가격이 좀 더 떨어질 것이라는 것을 예상하고 구매를 늦추는 사람들이 존재한다. 만약 구매를 늦추는 사람들의 비율이 높다면, 이러한 상품을 판매하는 기업의 입장에서는 심각한 문제가 아닐 수 없다.

이 문제를 해결하기 위해서 기업들이 즐겨 사용하는 방법은 한정 수량만을 생산한다고 발표하는 것이다. 그러나, 대개 이 발표를 믿지 않는 고객들이 많기 때문에, 큰 효과는 기대하기 힘들다.

또 다른 방법은 가격보호정책(price protection-policy)을 실시하는 것이다.

가격보호정책이란 우리 회사에서 상품을 구입한 구매자가, 예를 들어, 6개월 이내에 우리 회사가 똑같은 상품을 더 낮은 가격에 판매한다는 것을 발견하면 그 차액을 보상해 주는 제도이다. 이 제도를 실시한 다음에, 우리가 가격을 인하하면 그때까지 판매된 수량에 대하여 차액을 보상해 주어야 하므로, 우리는 여간 해서 가격을 인하할 수 없게 된다. 즉, 우리 스스로를 쇠사슬로 묶는 것과 같은 효과를 가져오므로, 잠재 구매자에게 가까운 시일 안에 가격이 내려가지 않을 것이라는 것을 믿게 만들고, 구매를 앞당길 수 있다.

⑧ 구매자 vs. 소비자 vs. 의사결정자

구매자와 소비자와 의사결정자가 일치하지 않는 경우가 종종 발생한다. 일반적으로 이런 경우에는 의사결정자는 본인이 가격을 지불하지 않기 때문에 가격에 둔감해지는 경향이 있다. 그러므로 이러한 시장에서 기업은 가격을 비교적 쉽게 올릴 수 있거나, 내리더라도 덜 내릴 수 있다.

⑨ 단수 가격

단수 가격은 제품의 가격을 현재의 화폐 단위보다 조금 낮춤으로써 소비자가 심리상으로 가격 차이를 크게 느끼는 데 착안한 가격 조정이다. 가격의 끝자리를 약간 낮추어 가격을 결정하는 것이다. 2만원짜리 남성용 와이셔츠를 19,900원으로 가격표를 붙이는 것이다.

소비자들이 주어진 가격에 대한 인지와 가격은 민감도에 따라 달라지는 구매 결정 영향의 아홉 가지 법칙이 있다(Nagle & Müller, 2017).

• 준거 가격 효과(reference price effect)

준거 가격은 제조업체의 권장 소비자 가격과 같이 제품의 가치 평가의 기준이 되는 가격이다. 소비자 가격은 주어진 상품의 가격 민감도에 따라 결정한다. 취급 제품의 가격 탄력도에 따라 판매 증대의 폭이 달라지므로 준거 가격에 따른 제품 가격의 결정 효과 정도가 나타난다.

• **비교의 어려움**(Difficulty of comparison)

소비자들은 이미 가격을 알고 있고 잠재적인 대안 상품에 대해 비교가 어려워 덜 알려진 상품일 경우에도 가격에 민감하지 않다.

• **전환 비용 효과**(switching costs effect)

소비자들은 자신의 소비를 위해 품질이 높고 가격이 저렴한 상품으로 구매 상품을 전환할 때 대체재들 사이에서 더 낮은 가격에 대해 민감하게 반응한다.

• **가격 품질 효과**(price-quality effect)

소비자들은 더 높은 가격이 더 좋은 품질의 제품이라고 믿기 때문에 좋은 품질의 제품 가격에 대해 덜 민감한 반응을 보인다. 이러한 효과를 반영하는 상품들은 이미지 상품(image products), 독점적 상품(exclusive products), 소위 명품으로 불리는 상품이다.

• **지출 효과**(expenditure effect)

소비자들은 자신의 예산상 많은 부분을 지출하게 될 때 가격에 민감하게 반응한다.

• **수요의 추론**(end-benefit effect)

가격에 민감한 소비자들은 지출과 구매의 전체 이익의 관계를 추론한다.

• **공유-비용 효과**(shared-cost effect)

소비자들은 자신의 소비 중 극히 일부를 차지하여 지불해야 하는 금액이 적어야 가격에 민감하지 않다.

• **공평성 효과**(fairness effect)

소비자들은 구매 상황이 '공정' 또는 '합리적'이라고 인식할 때 가격에 대해 더 민감하게 반응한다.

• **프레임 효과**(framing effect)

소비자들은 예측된 이득보다 손해가 클 때 민감하게 가격에 반응하고, 묶음 상품보다 개별 상품의 가격에 대해 더 민감하게 반응한다.

(2) Company: 우리 회사의 마케팅 목표와 원가

① 마케팅 목표

가격결정은 가격목표를 결정하는 것에서부터 출발한다. 가격은 마케팅 믹스 요소 중의 하나이므로 가격목표는 해당 상품의 마케팅 목표와 일관성을 가져야 한다. 마케팅 목표는 성장목표(즉, 매출증대)와 수확목표(즉, 이익증대)의 두 가지로 나누어 볼 수 있다.

해당 상품의 마케팅 목표가 성장목표라면, 가격은 이를 달성하기 위하여 상대적으로 낮은 수준으로 결정될 필요가 있다. 반대로, 해당 상품의 마케팅 목표가 수확목표라면, 가격은 상대적으로 높은 수준에서 결정되어야 한다.

예를 들면, 촉진 가격 조정은 사전에 정한 기본 가격을 소비자의 구매 심리를 자극하여 판매를 촉진할 목적으로 가격을 조정하는 가격 결정 방식이다.

- **할인(discount)** : 기본 가격을 낮추어 판매
- **행사 가격(special event pricing)** : 특정 기간 동안 해당 제품의 가격을 낮추어 판매
- **유인 가격(loss leader pricing)** : 원가와 무관한 가격으로 특정 제품을 판매하여 다른 제품의 구매를 유도
- **교환 판매(made in allowances)** : 중고품을 반환하고 신제품을 구입하는 소비자에게 가격을 낮추는 것
- **장기 저리 할부 판매(low interest financing)** : 고가 자동차에서 사용

② 자사 원가

제품 가격에 영향을 미치는 자사 제품 원가의 요인으로는 마케팅 비용, 제품 규모의 경제, 경험적 효과 등이 포함된다. 제품이나 서비스의 판매 가격이 시장에서 결정되더라도 가격관리와 전략적 의사 결정에 자사 원가가 미치는

역할을 이해한다는 것은 중요하다. 대부분의 기업 내 회계 부서는 정기적으로 제품 원가 내용을 마케팅과 영업 부서에 제공하여 제품 가격 결정에 도움을 주기도 한다.

- **마케팅 비용** : 판매자인 기업이 목표로 하는 시장에서 추구할 마케팅의 목적으로, 예를 들어, 이익 극대화하기, 시장 점유율 확대하기, 브랜드 가치 높이기 등과 같이 설정하였다면, 어떤 목적을 달성할 것인지에 따라 적절한 제품 라인업과 제품 라인별 또는 품목별 가격 결정에 그 제품을 유통시킬 유통 경로의 개발과 유지, 인적 판매 수단인 영업 조직과 인력 관리, 광고, 판매 촉진, PR와 같은 대표적인 촉진 수단에 비용이 발생하여 원가에 영향을 미치게 된다. 또 이전 학습과 같이 취급하는 제품들의 수명 주기가 어느 단계에 위치하는지에 따라 판매 가격 결정에 영향을 미친다.

- **제품 규모의 경제** : 생산자이자 판매자로서의 기업이 제품의 생산 규모를 증가시킴에 따라 생산 원가도 추가로 증가하게 된다. 이는 제품의 생산에 필요한 평균 원가(= 총생산 원가 / 총생산량)가 증가한다는 의미이다. 그러나 일부 제품의 생산에서는 생산 규모를 키울수록 평균 원가는 하락하게 되는데, 이를 규모의 경제(economy of scale)라고 한다. 규모의 경제가 나타나는 가장 큰 이유는 거대한 공장 부지 확보와 설비 투자와 같은 비용이 초기에 필요하기 때문이다.

- **경험적 효과** : 먼저 우리나라에도 진입해서 운영 중인 미국계 할인 창고형 유통업체 C사의 사례를 통해 경쟁사 대비 낮은 가격의 판가로 운영이 가능한지에 대한 독특한 비용 구조를 살펴본다. C사가 낮은 가격에 팔아도 수익을 많이 낼 수 있는 것은 바로 연회비를 내고 C사의 매장을 이용하는 소상공인 대상의 비즈니스 멤버십과 소비자 대상의 멤버십 정책에 기인한다. 일반적으로 중간 유통업체의 가격 결정은 매입가에 판매 관리비와 상품별로 부가하는 마진이라는 영업 이익을 더한 것이다. 세계적인 할인 유통업체 W사와 비교해 보면 동일한 판가의 상품을 판매하는 비용은 C사는 W사에

비해 절반 이하의 수준이고, 매입가가 동일한 상품에 부가하는 마진은 C사는 연회비를 감안하여 W사에 비해 역시 절반 이하의 수준이다. 실제로 C사의 점포에서 구매하는 고객이 지불하는 가격은 W사보다 저가이고, C사의 취급 상품 판매량이 많을수록 수익은 더 커지는 것이다. 이처럼 C사의 수익 기반은 상품을 팔아서 생기는 매출보다 매장을 이용하는 회원들의 연회비에 있으면서 경쟁사 대비 저비용의 독특한 비즈니스 모델에서 볼 수 있는 경험적 효과를 통하여 자사의 가격 결정에 비용 구조가 영향을 미치는 사례이다.

③ 유통 경로

제조업자와 소비자 사이에서 도소매상의 역할을 하는 중간 유통업자들이 전통적인 오프라인 경로는 물론 온라인 경로에서도 관련 시장에 대한 지배력이 커지면서 제조업자들에게 제조업자의 브랜드나 중간 유통업자가 부착하는 브랜드 모두가 공급가 인하의 압력을 행사하는 추세이다. 유통 경로에 따라서는 선적/운송/보관 비용과 부대 보험료, 제조업자 단독 또는 중간 유통업자와 공동으로 수행하는 마케팅 커뮤니케이션의 비용 부담들이 발생하여 제품 가격에 반영될 수 있다.

제조업자들은 전속점이나 중간 유통업자를 통한 유통 경로상에서 가격 할인을 하고, 일부 유통업체들은 제조업체와의 거래 계약 조건에 따라 재고를 반품할 수 있고, 신제품의 출시에 따른 기존 제품 재고의 처분 손실, 가격 조정에 따른 손실 보상 등의 비용이 제품 가격에 반영될 수 있다.

④ 고객가치

고객가치(customer value)는 제품이나 서비스에 고객이 얼마만큼 지불할 것인지의 측정치이고, 경제학자들은 이를 유보가격(reservation price)이라고 한다. 일반적으로 사람들은 가격 정보를 입수하고 나서 가격이 좋고 나쁘다는 평가를 하고, 구매 이후에 나타날 가치인식(perceived value) 또는 편익과 관련되어 비교를 한다. 고객 가치는 소비자에게만 볼 수 있는 것이고, 특정 시장이나 목표시장(target market)에 대한 평균 가치나 대표 가치로 고려하고, 가치 인식은 추가적으로 항상 상대적이다. 자사 제품에 대한 고객의 가치 인식이 절대적으로 중요하지만, 가격을 설정하기 위한 개념으로 사용하려면 고객들의 가치 산출 대안들이 어떠한지를 알아내는 것이 중요하다.

(3) Competitor: 경쟁자의 원가와 가격

① 경쟁자 원가

경쟁자의 원가와 가격은 가격결정에 있어서 매우 중요한 역할을 한다. 경쟁상품들의 가격은 구매자들이 준거가격을 형성하는 데 많은 영향을 미친다. 예를 들어, 대부분의 경쟁 상품들이 5,000원에 판매되고 있는데, 우리 상품의 가격이 10,000원이라면 아무리 우리 상품이 뛰어난 효용을 제공한다 하더라도 판매는 매우 저조할 것이다. 그러나, 경쟁상품들이 대부분 500원에 판매된다고 해서 구매자들이 500원 이상은 한 푼도 더 내지 않을 것이라고 생각하는 것은 잘못이다.

경쟁자의 현재 가격 수준 못지 않게 중요한 것은 경쟁자의 미래 가격전략을 예측하는 것이다. 이것은 여러 가지 단서들을 종합함으로써 가능한데, 경쟁회사의 마케팅 목표, 과거 가격전략, 재무상태(모기업까지 포함해서), 생산설비 가동률 등이 중요한 단서가 될 수 있다.

경쟁자의 원가수준을 알고 있는 것도 매우 중요하다. 그러나, 경쟁자의 원가는 파악하기 어려운 경우가 많다. 유형적인 제품의 경우에는 경쟁자의 제품을 구입하여 이를 분해함으로써 원가를 추정하는 것이 가능하다. 고정비의 비중이 높은 서비스의 경우에는 원가를 추정하는 것이 쉽지 않지만, 일부러 경쟁자의 고객이 되어봄으로써 경쟁자의 원가구조를 이해하는 데 도움이 되는 정보를 수집할 수 있다.

이상과 같이 가격결정에 영향을 미치는 세 가지 중요한 요인들을 살펴 보았는데, 이 세 가지 요인들이 모두 중요하기는 하지만, 상품수명주기에 따라 이들 요인의 상대적인 중요성이 달라질 수 있다. 즉, 도입기에는 아직 경쟁자가 거의 없으므로 가격을 고객의 유보가격 수준으로 높게 책정하는 것이 가능하다. 그러므로 경쟁자의 가격이나 우리의 원가보다는 고객의 중요성이 높다. 그러니 성장기에 접어들면서 경쟁자들이 진입하면, 고객과 경쟁자가 비슷하게 중요해진다. 그리고 성숙기와 쇠퇴기에 들어서면, 상품들 간의 차별화는 미약해지고 가격경쟁이 치열하게 벌어지므로, 경쟁자들의 가격과 우리의 원가수준이 중요해진다.

② 경쟁 환경

경쟁사의 브랜드 파워, 원가, 가격 등이 있다. 자사의 브랜드 파워가 상대적으로 높으면 가격 결정이 용이하고 높은 수익성을 확보할 수 있다. 자사의 원가가 경쟁사들보다 낮으면 저가를 제시할 수도 있다. 그러나 높은 비용 구조를 가지고 있거나 제품, 디자인, 품질, 제품 지원 서비스 등에서 차별화를 통하여 소비자의 구매 행동에서 심리적 특성을 자극하여 시장의 평균 가격 이상으로 매겨도 구매 고객층이 형성된다.

비슷한 수준의 제품과 서비스가 가격 경쟁을 하는 경우에 어느 한 회사가 낮은 가격을 제시하면 대부분의 경쟁사들도 가격 인하로 대응하게 되어 손익 구조가 나빠지는 악순환을 초래한다.

(4) 기타 요인들

가격결정에 영향을 미치는 요인들에는 위의 세 가지 이외에도 여러 가지가 있다.

① 유통업자와 판매사원들의 반응

유통업자와 판매사원들은 대개 가격인상을 싫어하고 가격인하를 좋아하는 경향을 보인다. 물론 이것은 자신들의 이해관계와 일치하기 때문이다. 실제로 판매를 하는 데에 있어서는 이들의 협조와 노력이 매우 중요한 역할을 하므로, 이들의 반응을 감안하여 가격결정을 하여야 한다.

② 산업구조 요인

앞 장에서 설명한, 포터의 분석틀(Five Forces Model)의 요소들도 가격결정 시에 고려되어야 한다. 잠재적 진입자와 대체재의 위협, 구매자의 협상력이 크다면 가격을 높은 수준에서 유지하기가 어려워진다. 반대로 공급자의 협상력이 큰 산업에서는 가격인상의 압력을 받게 된다.

현재 시장 내의 경쟁도 중요한 영향을 미치는데, 예를 들어, 퇴출장벽(exit barrier)이 높은 산업에서는 가격경쟁이 매우 치열하게 벌어진다.

③ 법적 규제

정부는 주요 생필품이나 원자재 등의 수급과 가격 안정을 위한 통제를 위해 가격 동결, 최저가 설정, 세금 부과와 독과점 품목에 대한 규제, 그리고 관세율이나 금리 결정 등 일정 수준의 가격을 유지하려는 규제를 통하여 기업의 가격 결정에 영향을 미친다.

또 정부는 기업 간 또는 기업과 소비자 간 공정 거래를 유도하기 위해 관련 법규의 제정과 시행으로 특정 품목의 제조업체 간 가격 담합, 중간 유통업체 간 또는 일부 제조업체와 중간 유통업체 간 가격 담합을 규제한다.

2. 가격 결정법

1) 원가기준법

원가기준법(cost-plus pricing 또는 markup pricing)이란 상품의 원가에 일정 비율의 이익을 더하여 가격을 결정하는 방법이다. 미국에서 가격 결정에 대한 조사 결과, 60%의 기업이 원가를 기반으로 한 가격 운영을 하고, 100여 개국에서도 조사한 결과 원가 기반의 가격 운영을 한다고 한다. 제품의 제조 비용과 목표 수익 마진이 원가 기반 가격 결정의 두 가지 결정 요소이고, 여기에 중간상들의 마진을 더하여 고객이 지불하는 가격이 된다. 그러나 이 방법은 첫째, 많은 고객들이 높은 수준의 제품 성과(product perrformance)를 필요로 하고 지불할 의향이 있다는 것과 둘째, 고객의 욕구와 가격 감당성(price afforda-bility)에 비교해서 경쟁사들의 가격을 간과하는 문제점을 안고 있다.

예를 들어, 어떤 상품의 변동비가 단위당 10만원이고 고정비가 60억원이라고 하자. 그리고, 이 상품의 예상 판매량이 10만 개라면, 이 상품의 단위원가는 다음과 같다.

단위원가=변동비+단위당 고정비
=100,000+6,000,000,000/100,000=160,000(원)

이 상품을 판매해서 20%의 이익을 얻고자 한다면, 이 상품의 가격은 다음과 같이 결정된다.

가격 = 단위원가/(1−희망이익률)=160,000/(1−0.2)=200,000(원)

이 방법은 주로 유통업자들이 가격을 결정하는 데 이용되며, 군수산업이나 건설산업에서도 종종 이용된다. 이 방법은 단순하다는 장점이 있지만 다음과 같은 단점들이 있어서 종종 비판의 대상이 되고 있다.

• 이 방법은 고객의 관점을 완전히 무시하고 있다. 즉, 고객이 이 상품에 대하여 어느 정도의 가치를 느끼며 얼마 정도를 지불하려고 하는지를 전혀 고려하지 않는다. 즉, 이 방법에 의하여 결정된 가격은 고객이 지불하려고 하는 가격보다 훨씬 낮아지거나 높아질 가능성이 있다.

- 이 방법은 경쟁자의 가격이나 원가에 대한 고려도 전혀 하지 않고 있다.
- 이 방법은 논리적인 결함을 안고 있다. 단위원가는 판매량에 따라 달라지는데, 판매량은 판매가격에 따라 달라지기 때문이다. 그러므로, 판매가격을 정하기 위하여 단위원가를 계산한다는 것은 논리적으로 모순이다. 군수산업이나 건설산업처럼 판매수량이 계약에 의하여 결정되어 있는 경우에는 문제가 없지만, 판매수량이 가격에 의하여 영향을 받는 경우에는 적절하지 못한 방법이다.

2) 목표수익률 기준법

목표수익률 기준법(target-return pricing)이란 목표로 하고 있는 투자수익률 (return on investment, ROI)을 달성할 수 있도록 가격을 결정하는 방법이다. 앞의 예에서 나온 회사가 그 상품을 만들기 위하여 총 200억원을 투자하였고, 이 투자금액에 대하여 10%의 투자수익률을 얻기를 원한다면, 이 상품의 가격은 다음과 같이 결정된다.

> 가격 = 단위원가+(목표 투자수익률 × 투자금액)/예상 판매량
> =160,000+(0.1×20,000,000,000)/100,000
> =180,000(원)

이 방법의 장점과 단점은 원가기준법과 동일하다. 이 방법은 시장 내에서 독점적인 지위가 있고, 투자자들에게 적절한 이익을 제공해야 하는 의무를 안고 있는 정부 투자기관이나 공기업들에 의하여 많이 사용된다.

3) 경쟁기준법

경쟁기준법(going-rate pricing)은 경쟁자의 가격을 기준으로 동일한 수준이나 조금 높거나 낮도록 가격을 결정하는 방법이다. 예를 들어, 소수의 대기업

들이 시장을 지배하고 있는 철강, 정유, 제지, 비료 등의 시장에서는 모든 기업들이 동일한 가격을 매기고 있는 것을 발견할 수 있다. 이런 산업에서는 리더 회사가(보통 점유율 1위 기업) 가격을 변경하면, 나머지 회사들은 이것을 따라가는 패턴을 보인다. 이 방법은 가격경쟁을 최소화할 수 있다는 장점이 있는 반면에, 원가와 고객측면을 전혀 고려하지 않는다는 단점이 있다.

4) 지각된 가치기준법

가치란 '고객이 어떤 상품으로부터 얻는 편익과 그 대가로 지불하는 비용의 차이'라고 정의한 바 있다. 지각된 가치기준법(perceived-value pricing)이란 이처럼 고객이 지각한 가치를 기준으로 가격을 결정하는 방법을 가리킨다. 가치기반 가격은 고객, 경쟁 상황과 자사의 영향 요인을 고려하여 소매상의 마진을 포함한 소매가를 정한다. 가치 기반의 가격 운영은 고객, 경쟁 상황 그리고 자사의 포지셔닝에서 접근한다. 고객의 욕구, 가격 민감성, 그리고 경쟁 제품들을 바탕으로 해서 기업이 경쟁하는 제품들이 제시하는 것보다 큰 가치를 창출하기 위해 제품의 상대적인 강점을 놓고 가격 결정을 한다.

이 방법은 보통 다음과 같은 절차를 거친다.

- 첫째, 우리 상품과 비교의 기준이 될 준거상품(reference product)을 선정한다. 이것은 대개 고객이 이미 사용하고 있는 상품이거나 아니면 경쟁자의 상품이 된다.
- 둘째, 준거상품 대신 우리 상품을 사용함으로써 고객이 얻게 될 경제적인 편익의 증가분(incremental economic benefits)을 화폐단위로 계산한다.
- 셋째, 이 값이 0보다 크다는 것을 전제로, 적절한 가격수준을 결정한다. 이때, '우리 상품의 가격=준거상품의 가격'이면 우리 상품을 사용함으로써 고객이 얻게 되는 경제적 편익의 증가분을 모두 고객에게 돌려주는 것이 되고, 반대로 '우리 상품의 가격=준거상품의 가격+경제적 편익의 증가분'이면

우리 상품을 사용함으로써 고객이 얻게 되는 경제적 편익의 증가분을 모두 우리가 흡수하는 것이 된다. 그러나, 실제로 가격 수준은 이 중간의 적절한 선에서 결정되는 것이 보통이다.

그림 7 지각된 가치기준법 예시

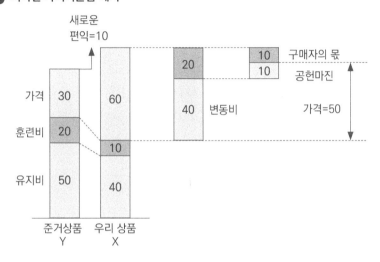

[그림 7]에는 지각된 가치기준법에 따라 가격을 결정하는 과정이 예시되어 있다. 가장 왼쪽에 있는 막대는 준거상품 Y를 나타낸다. 준거상품의 가격은 30만원이고, 이를 사용하는 방법을 익히는 데 20만원, 유지비용으로 50만원이 들어간다. 우리 회사의 상품 X는 Y바로 옆에 나와 있다. 우리 상품은 사용법을 익히는 데 10만원, 유지비용으로 40만원밖에 들어가지 않는다. 더구나 우리 상품은 준거상품 Y가 제공하지 않는 새로운 편익을 제공하는데, 이것의 가치는 10만원으로 추정된다. 결국 우리 상품은 Y보다 30만원(=20만원의 절약 +10만원의 새로운 편익)의 경제적 편익을 구매자에게 더 제공하므로, 구매자가 Y에 대하여 30만원을 지불하려고 한다면, 우리 상품에 대해서는 30만원 더 높은 60만원까지 지불할 용의를 갖고 있을 것이다.

세 번째 막대는 우리 상품의 변동비가 40만원임을 나타낸다. 그러므로 우리는 이 상품의 가격을 최소 40만원에서 최고 60만원 사이에서 결정해야 한다. 예를 들어, 우리 상품의 가격을 50만원으로 결정하면, 우리 상품이 추가로 제공하는 30만원의 경제적 편익 중에서 20만원은 우리의 몫이 되고 10만원은 구매자의 몫이 된다.

고객이 지각한 가치를 측정하는 방법에는 여러 가지가 있다. 산업재의 경우에는 산업공학적인 방법들이 이용되며, 소비재의 경우에는 설문조사나 컨조인트 분석(conjoint analysis)과 같은 마케팅 조사기법들이 이용된다.

지각된 가치기준법은 고객의 관점에서 출발하지만, 경쟁상품의 특성과 우리 회사의 원가를 모두 고려한다는 점에서 앞서 나온 다른 가격결정 방법들보다 우월하다. 실제로 점점 더 많은 기업들이 이 방법을 가격결정에 도입하고 있으며, 앞으로 더 널리 이용될 것으로 전망된다.

5) 고객 가치와 수익성의 시뮬레이션

기업은 가격 경쟁 상황인 자사 상품에 대하여 구매 고객의 주관적 가치인 지불 의사액(WTP: willingness to pay)을 적절한 조사 분석 도구를 활용하여 조사 분석한다. 그 결과 가격과 판매량의 관계를 나타내는 '가격 반응 함수'가 만들어지고, 이 함수를 바탕으로 매출과 수익을 극대화시키는 최적 가격을 시뮬레이션할 수 있으며 자사의 실판매 가격과 최적 가격과의 차이를 파악한다. 가격대별 상품의 판매량을 측정하는 방법으로 자사 판가와 판매량 변화의 과거 데이터를 분석하거나 구매 고객에게 질문하여 답변한 결과를 분석하여 가격을 책정하는 방법 등을 활용한다.

3. 가격 전략 수립

1) 원가 가산 가격을 결정한다

고객의 관점은 무시하고 경쟁자와 이익에 대한 고려가 적다는 비판을 받기는 하지만 단기간에 시장 점유율을 확대해야 하는 경우에 사용된다. 원가 중심은 다시 원가에 일정 이윤을 더해서 판매 가격을 결정하는 방법과 기업이 설정한 목표 이익을 달성할 수 있는 수준에서 가격을 결정하는 방법, 미리 결정된 목표 이익에 총비용을 더해서 결정하는 방법이 있다. 그러나 원가 기반의 가격 결정은 경쟁사에서 가격을 내릴 경우 이익 증가 없이 매출만 늘어나게 되고, 출혈 경쟁으로 모두에게 손실을 입히는 결과를 낳기도 한다.

2) 투자 수익률 기준 가격을 결정한다

투자 수익률(ROI: return on investment)의 목표치를 달성하도록 가격을 결정하는 것이다.

공익사업에서 종종 사용하는 것으로서 공정한 ROI가 필요한 경우이다.

3) 가격 선도제(price leadership: 가격 리더십)에 따른 가격을 결정한다

대기업 또는 시장 점유율이 가장 큰 가격 선도 기업(price leader)이 가격을 발표하면 과점시장에서 대다수의 추종 기업(price follower)들은 그 가격으로 결정할 수밖에 없다. 과점시장에서 한 기업의 비중은 매우 높고 다른 기업들의 비중은 미미한 수준이라면, 비중이 높은 기업의 시장 점유율은 매우 크지만 나머지 다른 소기업들의 시장 점유율은 매우 작다. 이 경우 시장을 과점하는 기업이 가격을 결정하면 다른 소기업들은 그 가격을 받아들여 생산량을 결정한다. 과점 기업은 다른 소기업들을 가격 경쟁에 의해 제거할 수도 있지만, 독점 금지법을 위반하게 되므로 과점 기업이 소기업들과 공존하면서 자사의 이익을 극대화하는 방법을 모색한다.

4) 고객 가치 관점의 가격을 결정한다

고객 가치 관점의 가격 결정은 구매 고객이 느끼거나 필요한 시간대에 따른 상품의 가치를 중심으로 가격을 결정하는 것이다.

　고객 가치 기반 가격 결정은 원가 가산 가격 결정과 달리 목표 고객들이 자사 제품과 서비스에 어느 정도의 가치를 부여하고 있는지를 사전에 조사하여 분석한 결과를 기반으로 가격을 결정한다. 고객 가치 관점의 가격 결정은 경쟁 환경과 원가를 고려하는 관점은 물론 고객 중심으로 가격을 결정한다는 점에서 많은 기업들이 도입하고 있는 방식이다.

　고객 가치 관점에서 가격을 결정하기 위해서는 경쟁사의 유사 제품과 서비스와 비교하여 차별화 포인트가 있어야 한다. 이를 위해서는 제품과 서비스에 대한 고객 관점의 가치를 파악해야 하는데 조사 비용이 많이 들고, 일반적으로 고객들이 진정성 있는 의견을 분명하게 제시하지 않는 경향이 있기 때문에 유의해야 한다.

　고객 가치 관점의 가격 전략을 수립하기 위해서는 개별 고객들의 특징과 환경적 요인을 파악하여 고객 가치를 분석할 수 있다. 고객이 어떠한 상황에서 구매 의사 결정을 하고 그 과정에서 누가 영향을 미치는지, 구매 경로, 경쟁 상품의 속성과 품질 인식에 대한 다양한 정보를 수집하고 분석해야 한다.

　고객들은 자신이 원하는 것을 솔직하게 말하지 않는 경우가 많아서 고객 가치를 측정하기가 쉽지 않다. 예를 들어 나로서는 상품이 매우 싸더라도 구매하지 않을 것을 주변 지인들이 비싸게 구입하는 경우가 있다. 이는 그 사람들이 필요할 상황에서 구매하기도 하지만, 일반적으로 충동적인 구매를 한다. 이는 가격이 비싸더라도 고객 자신이 가치를 느끼면 적정 가격이라 여기고 구매한다는 것이다. 기업이 처한 환경에 따라 원가 가산, 경쟁 환경, 고객가치 관점의 가격 전략을 결정하지만, 바람직한 가격 전략은 자사의 수익성과 성장성을 도모하기 위해 고객의 가치를 제대로 포착해야 한다.

5) 전략 관점의 가격을 결정한다

(1) 스키밍 가격

스키밍 가격(skimming pricing)이란 신상품이 처음 나왔을 때, 아주 높은 가격을 매긴 다음, 시간이 흐름에 따라 점차 가격을 낮추는 가격정책을 가리킨다.

• 스키밍 가격은 다음과 같은 경우에 사용하는 것이 이상적이다.
• 가격을 일부러 높게 매겨도 경쟁자들이 들어올 가능성이 낮을 때 충족된다.
• 경험효과나 대량생산으로 인한 원가절감 효과가 크지 않을 때이다. 만약 이러한 효과가 크다면 스키밍 가격을 사용함으로써 가격경쟁력을 상실할 위험이 크다.
• 잠재 구매자들이 가격-품질 연상을 강하게 갖고 있을 때이다. 초기에 신상품의 가격을 높게 결정함으로써, 신상품이 우수한 상품이라는 인상을 심어줄 수 있다.

그러나, 많은 잠재 구매자들이 조금만 기다리면 가격이 내려갈 것이라는 기대심리를 갖고 있다면, 스키밍 가격은 성공하지 못할 위험을 안게 된다.

(2) 침투 가격

침투 가격(penetration pricing)은 스키밍 가격과는 반대로, 신상품이 처음 나왔을 때 매우 낮은 가격을 매긴 다음, 시간이 흐름에 따라 점차 가격을 높여나가는 가격정책이다.

침투 가격은 한 마디로 단기적으로 이익을 희생하는 대신, 장기적으로 이를 상쇄하고도 남을 정도의 이익을 얻기 위하여 사용된다.

침투 가격이 장기적으로 이익 극대화를 가져올 수 있는 이유들은 다음과 같다.

• 초기에 많은 수의 구매자들을 확보함으로써, 이들을 통하여 강력한 구전(WOM: word-of-mouth) 효과를 창출하고, 다른 구매자들의 모방행동을 유도한다.

- 진입장벽을 구축할 수 있다. 초기의 낮은 가격으로 충분히 많은 수의 구매자들에게 상품을 안겨 놓으면, 나중에 경쟁자가 진입하였을 때 남아 있는 수요가 부족할 것이기 때문에, 잠재적인 진입자가 진입을 포기할 수 있다. 이러한 효과는 주로 구매주기가 긴 내구재에서 기대할 수 있다.
- 원가우위를 확보할 수 있다. 경험효과가 큰 산업에서는 '초기의 낮은 가격→대량판매→대량생산→원가하락'의 사이클이 일어남으로써, 경쟁자들보다 훨씬 더 낮은 원가를 달성할 수 있게 되고, 이것을 진입 장벽으로 활용할 수도 있다. 이것을 경험곡선가격(experience-curve pricing)이라고 부르기도 한다.
- 첨단기술 시장에서 우리 회사의 기술을 산업의 표준으로 확립할 수 있다.
- 시장의 성장을 촉진할 수 있다.

이러한 효과에도 불구하고, 침투가격은 몇 가지 문제점들을 안고 있다.
- 경험효과를 이용한 원가우위 확보에 너무 집착하면, 낡은 모델이나 낡은 기술을 버리지 못해서 오히려 경쟁우위를 잃어버릴 위험이 있다.
- 잠재 구매자들이 가격-품질 연상을 강하게 갖고 있다면 침투가격은 실패할 위험이 크다.
- 처음에 낮은 가격을 매김으로써 구매자들의 준거가격이 낮아졌다면, 시간이 지남에 따라 가격을 올리고자 할 때 구매자들의 저항에 부딪힐 위험이 있다.

(3) 포지셔닝 전략

판매자로서 기업은 품질에 비해 높은 가격을 받고 싶지만, 구매자인 고객은 품질에 비해 낮은 가격에 사려고 하고, 가격을 내리는 것은 쉽지만 다시 올리는 것은 여러 가지 위험 상황을 안게 된다. 가격을 결정할 때에 먼저 고려해야 하는 영향 요인은 제품이 제공하는 편익의 수준이다. 편익은 제품의 품질, 브랜드 인지도, 구매의 용이성 등 종합적인 관점에서 판단하지만, 가격 결정에 편익의 수준만 바탕에 둘 필요는 없다. 왜냐하면 기업이 시장에서 직면한 상황, 비즈니스 전략, 시장의 특성 등에 따라 가격과 편익이 서로 다른 관계를 가져갈 수 있기 때문이다.

낮은 수준의 편익에 비해 가격을 높게 매기는 것은 시장의 특성(예를 들면 고급 브랜드 제품, 신제품, 독점 등)을 바탕으로 수익성을 확보하려고 할 때에 주로 사용한다. 그러나 편익이 높은 수준이거나 동일한 경우에 낮은 가격을 매기는 것은 원가 우위의 경쟁력 기반인 장기적인 가격 포지셔닝 전략이거나 극도의 경쟁 상황에서 기업이 생존하려는 목적을 위해 결정한다.

6) 경쟁 중심의 가격을 결정한다

가격 결정에서 경쟁자를 가장 중요하게 바라보는 것이 경쟁 중심 가격 결정이다. 제품이나 서비스가 유사한 통신 산업과 같은 성숙기 산업에서 주로 사용된다. 통신사들은 서로 간의 차별성을 강조하고 있지만 소비자들은 제품이나 서비스가 비슷하다고 생각한다. 결국 제품의 차별적 요인보다는 가격이 가장 중요한 요인이 되는 것이다.

경쟁 중심 가격 결정은 다시 시장 가격 중심의 가격 결정과 경쟁 입찰에 의한 가격 결정으로 구분할 수 있다. 시장 가격 중심의 가격 결정은 시장의 경쟁 상황이나 제품의 특성에 따라 경쟁 제품의 가격을 토대로 가격을 결정하는 것이다. 경쟁 입찰에 의한 가격 결정은 정부 기관에서 사용하는 경쟁 입찰이나 소비자들이 모여서 판매자들 간의 경쟁으로 가격을 낮추는 역경매 방식이 대표적이다.

7) 차별화 가격을 결정한다

제품이나 서비스의 가격 차별화는 원가 기반 차이가 아니라 구매 고객, 제품, 장소별 차이에 따라 두 가지 이상의 가격으로 판매한다. 즉 세분시장마다 다른 가격을 받는 것을 가격차별(price discrimination)이라고 부른다. 가격차별이 중요한 이유는, 모든 고객들에게 같은 가격을 받는 것보다 가격을 다르게 받는 것이 더 높은 이익을 창출할 수 있기 때문이다.

(1) 고객별 가격차별 : 직접적 가격차별

- **학생할인** : 학생들은 일반인들에 비하여 가격민감도가 높으므로, 구독료를 할인해 주는 것이다.

- **항공요금** : 항공기의 원가구조는 변동비가 낮고 고정비가 높은 특징이 있기 때문에, 빈자리를 남겨두기 보다는 가격민감도가 높은 집단에게 가격을 할인해 줌으로써 자리를 채우는 것이 바람직하다. 예를 들면, 항공사들은 자비로 여행하는 사람들이 가격민감도가 높고, 남의 돈으로 여행하는(즉, 회사업무로 출장가는) 사람들은 가격민감도가 낮다는 것이다.

- **수량할인**(quantity discount) : 한 번에 구입하는 물량이 많아짐에 따라 단가를 낮춰주는 가격정책을 가리킨다. 수량할인의 좋은 예는 복사 가게에서 발견할 수 있다. 예를 들어, 단가가 1매에 100씩이더라도, 원본 1부를 한꺼번에 100,000매쯤 복사한다고 하면 단가를 낮추어주는 것이 일반적이다. 수량할인은 비교적 널리 쓰이는 가격정책이지만, 수량할인이 이익 극대화에 기여한다는 것을 깨닫지 못하는 기업들이 많이 있다. 이들 기업들은 '대량 구매를 통하여 원가가 절감되는 부분을 구매자에게 일부 돌려주기 위하여 수량할인을 한다'라고만 알고 있다.

- **이중요율**(two-part tariff) : 가격체계가 기본요금과 사용요금의 두 가지로 이루어진 것을 가리킨다. 스마트폰 요금이 이중요율의 대표적인 예이다.

- **할인시간가격**(off-peak pricing) : 주로 전화나 음식점 등과 같은 서비스 업종에서 발견된다. 할인시간가격이 존재하는 이유는 크게 두 가지로 설명할 수 있다. 첫째, 특정 시간대에 몰리는 고객들을 분산시키기 위해서다. 서비스업의 특성상 미리 재고를 만들어 놓을 수가 없기 때문에, 수용능력 이상으로 고객이 몰릴 경우 매출손실이 발생할 수밖에 없으므로, 이

를 방지하기 위한 것이다. 둘째, 가격민감도가 높은 사람들을 유인하기 위해서다. 서비스업의 원가구조는 변동비가 낮고 고정비가 높은 경우가 많으므로, 앞에서 설명한 것처럼 되도록 가격을 낮추고 그 대신 판매량을 높여서 매출액을 높이는 것이 중요하다. 그런데, 모든 사람들에게 가격을 할인해주지 않고, 가격민감도가 높은 사람들에게만 할인을 해줄 수 있는 방법이 바로 할인 시간대를 두는 것이다. 할인 시간대는 보통 한밤중이나 이른 아침과 같이 불편한 시간대에 위치하므로, 불편을 감수하면서 할인 시간대를 이용하는 사람들은 대부분 가격민감도가 높은 사람들이다.

- **할인쿠폰**(discount coupon) : 가격차별의 수단으로서 이해할 수 있다. 할인 쿠폰을 사용하는 사람들은 바로 가격 민감도가 높은 사람들이기 때문이다.

(2) 고객별 가격차별 : 간접적 가격차별

- **소프트웨어** : 새 버전이 나왔을 때 기존 사용자들을 위한 업그레이드 버전과 신규 구매자들을 위한 풀 버전의 가격이 큰 차이를 보이는 것도 가격차별의 한 종류이다.
- **상품라인 가격정책** : 가장 흔한 가격차별의 예가 바로 상품라인을 이용하는 방법이다. 상품라인 내에 값이 싼 품목부터 비싼 품목까지 여러 품목을 두는 이유 중의 하나는 가격민감도가 높은 사람들에게는 싼 품목을 팔고, 가격민감도가 낮은 사람들에게는 비싼 품목을 팔기 위한 것이다.

(3) 상품라인 가격결정 : 대체재와 보완재

가격차별이 세분시장, 즉 고객을 축으로 하는 가격구조였다면, 지금 설명하려고 하는 상품라인 가격결정은 고객이 아니라 상품을 축으로 하는 가격구조에 해당된다.

상품라인 가격결정의 성격은 상품들이 상호 대체재인가 아니면 보완재인가에 따라 크게 달라진다. 상품라인 내의 상품들이 상호 대체재라는 것은 기본적으로 같은 상품이지만 가격대가 다른 경우를 가리킨다. 이 경우는 간접적 가격 차별에 해당되는 것으로, 이미 앞에서 설명한 바 있다.

여기서 중점적으로 설명하려는 것은 상품들이 상호 보완재인 경우의 대표적인 가격구조인 캡티브 프로덕트 가격(captive product pricing)과 묶음가격(bundlling)이다.

• 캡티브 프로덕트 가격

캡티브 프로덕트 가격(captive product pricing)이란 일단 어떤 상품을 싸게 판매한 다음에, 그 상품에 필요한 소모품이나 부품 등을 비싼 가격에 판매함으로써 더 큰 이익을 거둘 수 있는 가격정책을 가리킨다. 정수기와 필터, 에스프레소 커피머신과 에스프레소 커피캡슐, 프린터와 잉크 카트리지, 자동차와 부속품 등이 좋은 예이다. 이런 상품들의 경우, 대부분의 이익은 소모품이나 부품 등을 지속적으로 판매하는 데에서 얻어진다.

그러므로, 이 경우 처음에 싸게 판매하는 상품의 가격은 원가 이하로 내려가기도 하며, 심지어 무료로 줄 수도 있다.

• 묶음가격(bundling)

여러 개의 상품을 묶어서 판매함으로써 더 큰 이익을 얻을 수 있는 가격정책이다. 여기서 묶음으로 판매되는 제품들은 서로 보완재인 경우가 많지만, 반드시 그런 것만은 아니다.

영화 공급업자들은 영화를 개별적으로 판매하기보다는 패키지로 판매하는 것이 보통이다. 그 이유는, 개별 영화에 대하여 구매자들이 부여하는 가치는 상당히 큰 기복을 보이지만, 패키지에 대하여 부여하는 가치는 그다지 큰 기복을 보이지 않기 때문이다.

묶음가격은 이렇게 상품 하나하나에 대하여 고객들이 지각하는 가치가 너무나 이질적이어서, 기업이 상품 하나하나의 가격을 매기는 것이 어려울 때

흔히 쓰이는 가격정책이다.

영화 공급업자들처럼 상품을 개별적으로는 팔지 않고 묶음으로만 판매하는 것을 순수 묶음가격(pure bundling)이라고 부른다. 반면에 상품을 개별적으로도 팔고 묶음으로도 파는 것을 혼합 묶음가격(mixed bundling)이라고 부른다. 순수 묶음가격보다는 혼합 묶음가격을 채택하는 것이 더 높은 이익을 가져오는 것으로 알려져 있다.

혼합 묶음가격을 채택할 경우, 묶음의 가격은 개별상품의 가격의 합보다 낮을 수도 높을 수도 있다. 묶음의 가격이 낮은 경우는 대개 그 안에 잘 안 팔리는 품목이 끼워져 있는 경우가 많고, 반대로 묶음의 가격이 높은 경우는 묶음으로 사는 것이 개별적으로 사는 것보다 고객에게 더 큰 편익을 제공하는 경우에 해당된다. 명절에 백화점에서 판매하는 선물세트나 맥도널드의 해피밀이 여기에 해당한다.

제8장 유통 관리

1. 유통과 유통 믹스

1) 유통 경로의 개념

대부분의 생산자들은 자사 상품을 최종 사용자들에게 직접 판매하지 않고 그들 사이에는 다양한 기능을 수행하는 일련의 중간상들(intermediaries)이 있다. 이러한 중간상들로 이루어진 것이 유통 경로이다. 즉, 유통 경로(distribution channel)란 어떤 상품을 최종 구매자가 쉽게 구입할 수 있도록 만들어 주는 과정에 참여하는 모든 조직체나 개인들을 가리키는 말이다. 또, 유통 경로에 참여하는 도매상, 소매상과 같은 조직체나 개인들을 중간상(middlemen) 또는 경로 구성원이라고 부른다.

유통 경로가 존재하는 근본적인 이유는 생산자와 소비자 사이에 시간, 장소, 형태상의 불일치가 있기 때문이다.

• 시간상의 불일치란 생산시점과 소비시점의 불일치를 가리킨다. 예를 들어, 우리나라에서 쌀은 가을에만 생산되지만 소비는 일 년 내내 계속해서 일어난다. 그러므로, 쌀을 보관하여 일 년 내내 소비될 수 있도록 하는 것이 유통 경로가 수행하는 중요한 기능이다.

• 장소상의 불일치란 생산장소와 소비장소의 불일치를 가리킨다. 다시 쌀의 예를 들면, 농촌지역에서 도시지역으로, 그리고 집 근처의 소매점으로 쌀을

운송하는 기능도 유통 경로에서 수행된다.

• 형태상의 불일치란 생산되는 형태와 소비되는 형태의 불일치를 가리킨다. 쌀의 경우 생산자는 대량으로 생산하지만 소비자는 10kg, 20kg 등과 같이 소량으로 구매한다. 이렇게 대량으로 생산된 상품을 소량으로 나누어 구매 자들이 쉽게 살 수 있도록 해주는 기능도 유통 경로에서 이루어진다.

중간상들은 앞서 언급한 시간, 장소, 형태의 불일치를 해소하는 기본적인 기능 이외에 다음과 같은 기능을 더 수행한다.

• **정보제공**: 구매자, 경쟁자, 기타 시장환경 요인들에 대한 정보를 생산자에 게 제공한다. 또, 상품에 대한 정보를 구매자에게 제공한다. 즉, 정보제공은 양방향으로 일어난다.

• **촉진**: 도매상은 소매상을 대상으로, 소매상은 소비자를 대상으로 여러 가지 판매촉진활동을 전개한다.

• **협상**: 중간상은 생산자를 대신해서 소비자와 가격과 기타 거래조건을 협상하고 합의를 이끌어 냄으로써, 판매를 가능하게 한다.

• **주문**: 소매상은 소비자들의 주문을 받아 도매상에 전달하고, 도매상은 소매상들의 주문을 받아 생산자에게 전달한다.

• **금융**: 중간상이 재고를 갖고 있는 것은 생산자에게 간접적으로 자금을 융통해 준 것과 같은 효과를 갖는다. 또, 생산자가 중간상에 비하여 영세한 경우에는 이들이 생산자에게 직접 자금을 융통해 주기도 한다. 뿐만 아니라, 소매상은 소비자에게 외상이나 할부판매를 통하여 금융기능을 제공한다.

• **위험분담**: 특히 신상품의 경우, 수요가 불확실한 신상품의 재고부담을 안고 중간상이 판매하는 것은 상당한 위험을 분담하는 것이다.

2) 소매상과 도매상의 유형

소매상(retailers)이란 상품을 최종 구매자에게 직접 판매하는 활동을 수행하는 상인을 가리킨다. 소매상은 유통 경로의 마지막 단계에서 최종 구매자와 접촉하므로, 제조업자의 성과에 큰 영향을 미칠 수 있다. 소매상들은 슈퍼마켓, 백화점 등과 같이 점포가 있는 점포형 소매상과 방문판매, 카탈로그 마케팅 등과 같이 무점포형 소매상으로 나누어진다.

(1) 점포형 소매상

① 전통시장

점포형 소매상의 원조라고 할 수 있는 전통시장은 기록상으로는 신라시대에까지 거슬러 올라갈 정도로 오랜 역사가 있다. 여기서는 전통시장을 소매상으로 분류하였지만, 실제로는 도매기능과 소매기능을 겸하고 있다. 전통시장은 가격이 저렴하다는 강점이 있는 대신, 품질보증 기능이 미약하다는 약점도 갖고 있다. 재래시장이 소매업에서 차지하는 비중은 그동안 계속 감소하였고, 앞으로도 이러한 추세는 계속될 것으로 보인다. 그러나, 전통시장이 도매기능도 겸하고 있고, 저가상품에 대한 수요는 어느 시대에나 존재하기 때문에, 전통시장이 가까운 시일 안에 완전히 쇠퇴하지는 않을 것이다.

② 전문점

전문점(specialty store)이란 한정된 상품라인을 취급하지만, 그 상품라인 안에서는 다양한 브랜드를 취급하고 매우 깊이 있는 상품 구색을 갖춘 점포를 가리킨다. 예를 들면, 가전, 오디오, 스포츠용품 등의 상품에서 전문점들을 쉽게 발견할 수 있다. 앞으로 전문점들은 더욱 고급화될 것으로 예상되며, 이렇게 될 경우 백화점들과 치열하게 경쟁하게 될 것이다.

③ 백화점

우리나라의 백화점(department store)은 1930년에 일본 미츠코시 백화점 경성 지점이 현재 신세계 백화점 건물에 들어서면서부터 시작되었다. 세계적으로는 1852년 프랑스 파리에 개점한 봉 마르쉐(Bon Marche) 백화점이 최초의 백화점인 것으로 알려져 있다.

백화점은 다양한 상품 구색, 편리한 입지, 쾌적한 쇼핑공간, 높은 신뢰성, 강력한 품질보증을 제공하고 있고, 그 대신 가격이 높은 것이 특징이다. 이러한 특징 때문에, 백화점은 구매자에게 사회적 지위와 관련된 만족을 줄 수 있다는 강점이 있다.

다만, 외국의 백화점들은 자기 책임하에 상품을 구입, 판매하며, 재고 부담을 지는 데 비하여, 우리나라의 백화점들은 재고 부담을 피하기 위하여, 매장을 제조업자에게 임대하고, 매출액의 20~35%의 수수료를 받는 수수료 매장 중심으로 운영되고 있다. 실제로 백화점 매장 직원들 중의 대부분은 백화점 직원이 아니라 제조업자가 파견한 판매사원들이다. 이것을 '부동산적 소매업'이라고 부른다.

④ 슈퍼마켓

우리나라의 슈퍼마켓(supermarket)은 1964년에 한국슈퍼마켓(주)가 설립되면서 시작된 것으로 알려져 있으며, 세계적으로는 대공황 중이던 1930년에 미국 뉴욕에 킹 컬렌(King Kullen)이라는 슈퍼마켓이 개점한 것이 최초로 알려져 있다. 슈퍼마켓은 당시로서는 획기적인 아이디어인 셀프서비스 개념을 도입하여 저렴한 가격을 실현함으로써, 대공황으로 가격에 민감해진 소비자들로부터 환영을 받아 급성장할 수 있었다.

⑤ 양판점

양판점(general merchandising store, GMS)은 많은 사람들이 그 개념을 정확하게 이해하지 못하고 있으며, 우리나라에 아직 그 뿌리를 내리지 못하고 있는 소매업태이다. 양판점은, 한 마디로, 상품 구색 및 매장형태는 백화점과 비슷하지만, 가격은 백화점보다 싼 곳이라고 할 수 있다. 미국에서도 양판점들이 할인점들에 밀려나고 있어서, 1902년에 설립된 미국 최초의 양판점이었던 제이 시 페니(J. C. Penny)는 패션 백화점으로 변신하였고, 현재는 시어스

(Sears)만이 양판점의 명맥을 잇고 있다.

⑥ 편의점

편의점(convenience store)은 1946년에 미국에서 7-Eleven이 설립된 것이 처음이며, 우리나라에서는 1989년에 7-Eleven이 개점한 것이 최초의 편의점이다. 편의점은 24시간 영업을 통한 시간적인 편익, 편리한 입지를 통한 공간적인 편익을 제공한다. 그 대신 슈퍼마켓보다 비싼 가격과 한정된 상품 구색을 갖추고 있다. 편의점들 중에는 본사 직영점은 소수에 지나지 않고, 대부분은 프랜차이즈(franchise) 형태로 가입한 가맹점들인데, 이러한 방식 덕분에 편의점 본부들은 짧은 시간 안에 다점포화를 달성하고, 규모의 경제를 이룩할 수 있었다.

⑦ 할인점, 하이퍼마켓, 슈퍼센터

할인점, 하이퍼마켓, 슈퍼센터는 서로 밀접하게 관련되어 있다. 할인점(discount store)은 유명 브랜드 상품을 낮은 가격으로 판매하는 소매업태를 가리킨다. 미국에서는 1948년에 개점한 콜벳(Korvette)이 최초의 할인점이지만, 우리에게는 월마트(Wal-Mart)가 더 잘 알려져 있다. 양판점이 백화점 수준의 매장에서 스토어 브랜드 상품을 판매하는 반면, 할인점은 매우 평범한 매장에서 유명 브랜드 상품을 판매한다는 점이 다르다. 미국에서 할인점은 양판점과의 가격경쟁에서 승리하여 지배적인 소매업태가 될 수 있었는데, 이것은 다점포화에 의한 상품구입원가 절감, 셀프서비스를 통한 인건비 절감, 저렴한 입지, 내부장식 최소화 등에 힘입은 바 크다.

미국식 할인점은 식료품의 비중이 매주 낮다. 이것은 미국의 슈퍼마켓이 식료품에 관한 한 매우 강력한 경쟁력을 갖고 있기 때문인데, 최근에는 미국의 할인점들도 식료품 비중을 대폭 높인 형태로 변화했고, 이것을 미국에서는 슈퍼센터(super-center), 유럽에서는 하이퍼마켓(hypermarket)이라고 부른다. 즉, 미국식 할인점에 슈퍼마켓을 합쳐 놓은 형태라고 이해할 수 있다.

우리나라는 이마트, 롯데마트, 홈플러스 등의 대형마트 또는 기업형 슈퍼마켓(SSM; Super Supermarket)로 명칭하고 있고, 유통산업발전법으로 인해 전통시장 1km 반경 안에서는 실질적으로 출점이 불가능하다.

⑧ 전문 할인점(또는 카테고리 킬러)

전문점이 높은 수준의 서비스, 품위 있는 매장, 높은 가격을 갖고 있다면, 전문 할인점(specialty discount store) 또는 카테고리 킬러(category killer)는 낮은 수준의 서비스, 평범한 매장, 낮은 가격을 갖고 있다. 다시 말해서, 상품라인이 카테고리 하나에 집중되어 있다는 것 이외에는 할인점과 매우 비슷한 특징이 있다.

⑨ 회원제 창고형 도소매점

회원제 창고형 도소매점(membership warehouse club)은 미국에서 1976년에 개점한 프라이스 클럽(Price Club)이 최초이며, 우리나라에서도 1994년에 서울에 개점한 프라이스 클럽이 역시 최초이다. 회원제 창고형 도소매점은 다음과 같은 특징이 있다.

첫째, 회원제로 운영되며, 회원은 비즈니스 회원(중소 소매상)과 개인 회원으로 구성되므로, 도매의 기능과 소매의 기능을 동시에 수행할 수 있다.

둘째, 회원들로부터 연회비를 받기 때문에, 초기 투자자금을 조기에 회수할 수 있고, 상품의 가격을 더 낮출 수 있다는 장점을 갖고 있다.

셋째, 상품의 가격은 할인점보다도 더 저렴하다. 이것은 앞서 언급한 연회비 이외에도, 묶음 판매를 통한 대량구매의 실현, 창고형 점포로 점포 투자비용 및 진열, 포장비용 최소화, 셀프서비스를 통한 인건비 절감 등에 힘입은 것이다.

넷째, 상품 구색은 하이퍼마켓이나 슈퍼센터보다 좁아서 회전율이 높은 상품과 브랜드에 집중되어 있다.

새로운 업태들은 기존의 업태보다 더 낮은 가격을 무기로 삼아 등장하는 경향을 보인다. '백화점→양판점→할인점→회원제 창고형 도소매점'의 순으로 업태가 등장한 것이 그것이다. 이러한 현상은 우리나라에만 국한된 것이 아니라, 미국을 비롯한 다른 나라에서도 발견되는 현상이다. 이를 설명하는 이론이 맥네어(M. P. McNair)의 소매업 수레바퀴 이론(Wheel of Retailing)이다. 이 이론에 따르면, 소매업에 새로 들어온 업태는 일단 저원가, 저마진, 저가격으로 시작하지만, 보다 상류층 소비자들을 흡수하기 위하여 점차 상품 및 서비스를 개선하고 가격을 올리게 된다. 이렇게 되면 보다 낮은 가격을 앞세운 새로운 업태가 등장해서, 기존의 업태가 떠나버린 공백을 메우게 된다. 이러한 사이클은 마치 수레바퀴처럼 계속 돌면서 소매업의 진화를 이루게 된다는 것이다.

(2) 무점포 소매상

무점포 소매상(non-store retailing)이란 점포를 이용하지 않는 소매상을 가리키는 말이다. 무점포 소매상은 기업에게는 점포개설 비용이 절감되고, 입지 조건에 구애받지 않고 표적시장에 접근할 수 있다는 장점을 제공하고, 소비자에게는 시간을 절약해 주는 편익을 제공한다.

① 방문판매

방문판매(direct sales)는 무점포 소매상 중에서 가장 오래된 형태이다. 인적판매 중 외부판매(outside selling)에 해당되는 것이기도 하다.

② 다단계 마케팅(multi-level marketing, MLM) 또는 네트워크 마케팅

'제조업자 도매업자-소매업자-소비자'와 같은 일반적인 유통 경로를 거치지 아니하고, 상품을 사용해 본 소비자가 판매원이 되어 상품을 구입, 다른 소비자에게 판매하고, 이 소비자가 다시 판매원이 되는 과정이 반복되는 판매 형식을 가리킨다. 즉, 소비자가 판매원이 된다는 것이 핵심이다. 사실 다단계

마케팅이라고 하면 언뜻 들으면 유통 경로가 다단계라는 말처럼 들리지만, 여기서 '다단계'라고 하는 것은 판매원들이 형성되는 과정이 다단계라는 뜻일 뿐이고, 유통 경로는 판매원이 어느 단계에 있든 상관 없이 '회사-판매원-소비자'로 이어진다.

③ 다이렉트 마케팅

다이렉트 마케팅(direct marketing)이란 광고매체를 사용하여 장소에 구애받지 않고 어떤 반응이나 거래를 이끌어내는 것을 목적으로 하는 상호 작용적인 마케팅 시스템이라고 정의된다. 여기서 '반응'이란 대개 주문을 의미하는 경우가 많다.

- **카탈로그 마케팅**(catalog marketing)이란 잠재 구매자들에게 카탈로그를 발송하고, 이를 받은 구매자들이 우편, 전화 등을 이용하여 주문하는 판매방식을 가리킨다.

- **다이렉트 메일 마케팅**(direct mail marketing): 잠재 구매자에게 발송된 광고물을 이용하는 판매방식이다.

- **텔레마케팅**(telemarketing)이란 전화로 잠재 구매자에게 상품정보를 제공하고, 구매를 유도하는 판매방식을 가리킨다.

- **홈쇼핑**(television home shopping)은 홈쇼핑 채널에서 방송한 상품정보를 본 구매자가 화면에 나타난 수신자 요금 부담 전화로 전화를 해서, 상품을 주문하고 대금은 신용카드로 결제하는 판매방식을 가리킨다.

- **온라인 마케팅**(online marketing)과 **모바일 마케팅**(mobile marketing)은 온라인과 모바일 기반 채널을 활용한 모든 상거래를 말하고, 최근에는 인플루언서를 활용하는 인플루언서 마케팅 등 인터넷 마케팅의 내용이 매우 광범위하여 점차 세분화되고 있다. 인터넷 마케팅은 디자인, 개발, 광고 및 영업 등을 포함한 인터넷의 창조적이고 기술적 면을 필요로 한다. 인터넷 마케팅은 또한 검색 엔진 마케팅(SEM, Search Engine Marketing), 검색 엔진 최적화

(SEO, Search Engine Optimization), 특정 웹사이트상의 배너 광고, 이메일 마케팅, 콘텐트 마케팅, 모바일 광고, 그리고 Web 2.0과 3.0 전략 등을 통하여 수많은 다른 단계에 따라 미디어를 배치하는 것을 의미한다. 인터넷 마케팅이 회사 웹사이트의 디자인, 소셜 미디어 사이트, 특정 목적을 위한 모바일 및 인터랙티브 미디어를 포함하는 경우, 인터넷뿐 아니라 디지털 매체 또는 디지털 세상에서도 회사의 포지셔닝을 지원하기 때문에 디지털 마케팅이란 용어가 사용된다. 같은 회사에 대한 인터넷 마케팅은 일반적으로 비즈니스 필요와 목적에 따라 각 고객을 위해 설계된 인터넷(온라인 또는 디지털) 전략과 연계된다.

④ 무인 자동 판매기

무인 자동 판매기(vending machines)는 1950년대 후반에 저가의 편의품을 판매하기 위하여 미국에 등장하였다. 현재는 대중교통 근처에 위치한 무인 자동 판매기의 매출이 큰 폭으로 증가했으며, 판매된 상품 또한 소형 전자제품부터 과자, 음료수 등 식품에 이르기까지 제품의 범위 또한 매우 다양하다.

(3) 도매상

도매상(wholesaler)은 재판매 또는 사업을 목적으로 구매하는 고객에게 상품을 판매하고 이와 관련된 활동을 수행하는 상인을 가리킨다. 소매상은 최종 구매자를 상대하는 반면, 도매상은 주로 소매상을 상대하며(간혹 최종 구매자를 상대하는 경우도 있음), 도매상은 소매상에 비하여 더 넓은 상권을 대상으로 대규모의 거래를 한다는 점이 차이점이다.

도매상이 수행하는 기능은 기본적으로 조달(sourcing)과 분배(distribution)이다. 즉, 다수의 제조업자들로부터 상품을 구매하여 이를 소매상에게 배분하는 기능을 수행하는 것이다. 그런데, 이런 기능은 굳이 별도의 도매상이 아니더라도, 제조업자나 소매상이 수행하는 것도 가능하다.

① 상인 도매상(merchant wholesaler)

상인 도매상은 상품을 제조업자로부터 구매하여 이것을 판매할 때까지 자기가 소유권을 갖는다.

② 대리점(agent) 및 브로커(broker)

대리인 및 브로커는 상품을 제조업자로부터 구입하는 것이 아니라, 상품은 계속 제조업자(또는 생산자)가 소유하고 있는 가운데, 단지 거래를 성사시켜 주는 역할을 할 뿐이다.

③ 제조업자 도매상 (manufacturers' branches and offices)

독립적인 도매상이 아니라, 제조업자가 소유하고 운영하는 도매상을 가리킨다.

2. 유통 경로

1) 유통 경로의 대안평가

(1) 경제성

경제성은 유통 경로 대안을 경제적 기준으로 평가하는 것을 말한다. 서로 다른 유통 경로로부터 예상되는 매출액, 비용, 이익을 비교하는 것을 말한다. 자사의 영업 사원을 이용하는 직접유통 경로와 중간상을 활용하는 간접유통 경로 중 어느 유통 경로가 비용 대비 수익이 많은지에 대한 평가이다.

일반적으로 직접유통 경로의 이용이 더 많은 매출을 올릴 것으로 믿는다. 왜냐하면 기업의 영업 사원은 자사 제품만을 판매하며 판매 방법에 대해 충분한 교육을 받는다. 그러나 간접유통 경로가 더 많은 매출을 올릴 수도 있다. 중간상들은 능력 있는 많은 판매 사원을 보유할 수 있으며, 제공되는 마진에 따라 직접 경로보다 더 적극적인 판매 노력을 기울일 수 있다.

(2) 통제성

통제성은 제조업자가 유통 경로 참여자인 유통업자에 대한 통제력의 정도를 말하며 거래조건상에서 누구의 의견이 더 반영되는지로 나타난다. 일반적으로 간접유통 경로는 직접유통 경로보다 통제하기 어렵다. 왜냐하면 중간상은 자사에 이익을 많이 가져다주는 제품을 파는 데 더 노력을 하기 때문이다. 기업은 유통 경로에 대한 통제 수준을 높이기 위해서 유통 경로를 직접 통제하는 수직적 통합을 강화한다. 자동차 회사가 영업 판매장을 직접 운영하는 데에서 알 수 있다.

그러나 산업재와 같이 일정한 기술 또는 엔지니어링 지식이 필요한 경우에는 중간상이 기술적인 세부 사항을 잘 모르는 경우가 많다. 구매자 역시 생산 과정 또는 서비스 과정에서 사용할 목적으로 구입하기 때문에 제조업체가 중간상에 대해 강한 통제력을 가지고 있다.

(3) 환경 적응성

한번 구축된 유통 경로는 변경하기가 어렵다. 왜냐하면 유통 경로 구축에 많은 비용이 투입되었음은 물론, 대체 경로를 확보, 구축하는 데 시간이 많이 소요되기 때문이다. 따라서 유통 환경에 적응할 수 있도록 유통 경로를 구축해 나가야 한다. 보통 경로 구성원들이 유통 환경 변화에 공동으로 대처하는 노력이 중요하다. 최근 온라인 거래의 급성장은 기존의 오프라인 유통 경로를 축소하고 있다. 기존 유통 경로 참여자들과 함께 판매 촉진을 해 나가면서 온라인 시장에 유통 경로를 구축하는 것이 환경 적응성을 높이는 것이다.

2) 유통 경로의 유형

(1) 독립적 유통 경로와 통합적 유통 경로

독립적 유통 경로는 제조업자와 독립된 중간상들로 이루어진 유통 경로를 말한다. 통합적 유통 경로 제조업자가 소유한 중간상들로 이루어진 유통 경로를 말한다. 독립적 경로와 통합적 경로는 뚜렷이 구별되는 장점과 단점이 있다.

먼저, 통제가능성은 독립적 유통 경로에서 낮고, 통합적 경로에서 높다. 통제 가능성 문제는, 위에서 예를 든 것처럼, 가격 측면뿐만이 아니라 여러 다른 측면에서도 발생할 수 있다. 구매 공제(buying allowance) 시에 중간상들이 조기구매를 하고, 추가마진을 취하며, 다른 경로에 상품을 유출시키는 문제들도 독립적 경로에서 발생하는 현상이다. 또, 상품을 판매하려면 판매사원이 잠재 구매자에게 수준 높은 서비스를 제공해야 하는 경우에도(예: 상품에 대한 충분한 설명 제공), 독립적 경로에서는 문제가 발생할 수 있다. 독립적 경로의 중간상이 우리 회사의 상품뿐만이 아니라 다른 회사의 상품들도 취급하는데 다른 회사의 상품의 마진이 더 높다면, 우리 회사의 상품에 대하여 충분한 서비스를 제공하지 않을 수도 있기 때문이다.

둘째, 투자비가 독립적 경로에서 낮고 통합적 경로에서 높다는 것은 이미 설명한 바 있다.

셋째, 유연성은 독립적 경로에서 높고 통합적 경로에서 낮다. 여기서 유연성이란 시장환경이 바뀌었을 때, 여기에 쉽게 적응할 수 있는 가능성을 가리킨다. 독립적 경로에서 생산자와 중간상과의 관계는 단순한 거래관계에 불과하기 때문에, 비교적 쉽게 상대방을 바꿀 수 있다. 그러나, 통합적 경로에서는 중간상이 생산자의 일부이기 때문에, 중간상을 바꾸거나 떼어내기가 어렵다.

넷째, 정보의 흐름은 독립적 경로에서 낮고 통합적 경로에서 높다. 중간상이 정보제공 기능을 수행한다고 하였는데, 독립적 경로의 중간상은 생산자와 독립된 사업자이기 때문에, 구매자나 경쟁자에 대한 새로운 정보가 있어도 이를 즉시 생산자에게 제공할 가능성이 낮다. 반대로 통합적 경로의 중간상은 생산자의 판매부서와 같기 때문에, 정보제공이 더 원활하게 일어난다.

(2) 독립적 유통 경로와 통합적 유통 경로의 적합성

독립적 경로와 통합적 경로는 위와 같은 장점과 단점이 있기 때문에, 어느 한 경로가 항상 바람직할 수는 없고, 여러 가지 요인들의 변화에 따라 어느 한 경로가 다른 경로보다 우위에 설 수도 있고, 열위에 설 수도 있다. 지금까지 이루어진 연구 결과에 따르면, 다음과 같은 경우에는 생산자들이 통합적 경로를 갖게 될 가능성이 높아진다.

① 생산자가 이미 통합적 유통 경로를 갖고 있는 경우

② 그 상품을 취급할 수 있는 다수의 유능한 중간상들이 존재하지 않는 경우

③ 중요한 영업비밀이 있는 경우

④ 그 상품을 판매하는 데 요구되는 서비스 수준이 높은 경우

⑤ 규격화된 상품을 판매하는 것보다는 상품을 구매자의 요구에 맞춰주는 것(product customization)이 중요한 경우

⑥ 품질보증이 중요한 경우

⑦ 운반이나 보관 절차가 복잡한 경우

⑧ 한 번에 판매되는 양이 많고 자주 판매되는 상품인 경우

⑨ 전국적으로 폭넓게 유통시키는 것이 중요하지 않은 경우

⑩ 한 곳에서 여러 상품을 구입할 수 있는 것이(즉, one-stop shopping) 구매자에게 중요하지 않은 경우

⑪ 경쟁상품들 간에 가격경쟁보다는 차별화경쟁이 많이 일어나는 경우

위의 조건들 중에서 1~3번은 자명하며, 4번은 이미 앞에서 설명한 바 있다. 그리고, 5~7번은 4번과 같은 맥락에서 이해할 수 있다. 8~10번은 통합적 경로의 단점이 별로 문제가 되지 않는 경우에 해당된다. 8번의 경우, 상품이 소량 판매되고 그것도 드물게 판매된다면 많은 투자를 해서 유통기능을 직접 수행하기보다는 독립적인 중간상에게 맡기는 것이 바람직하기 때문이다. 9번의 경우, 통합적 경로의 성격상 전국 방방곡곡에 거미줄 같은 유통망을 확

보하는 것이 어렵기 때문이며, 10번의 경우, 통합적 경로에서는 보통 경쟁상품을 취급하지 않기 때문이다.

1번에 대해서는 좀 설명이 필요하다. 생산자와 소매상으로만 이루어진 아주 간단한 유통 경로를 생각해 보자. 그리고, 경쟁상품들 간에 차별화가 안 되어 있어서 가격경쟁이 치열하게 일어나고 있다고 가정하자. 가격경쟁으로 소매가격이 떨어질 때에는, 소매상의 마진이 감소한다. 문제는 소매상의 마진 감소가 생산자의 마진을 얼마나 감소시키는가 하는 것이다. 통합적 경로에서 소매상은 생산자의 판매부서와 같다고 했으므로, 소매상의 마진 감소는 곧 생산자의 마진 감소로 이어진다. 그러나, 독립적 경로에서 생산자는 소매상과 독립된 사업체이므로 소매상의 마진이 감소하더라도 생산자는 영향을 훨씬 덜 받게 된다. 그러므로, 가격경쟁이 치열할 때에는 독립적인 경로가 낫고, 차별화 경쟁이 치열할 때에는 통합적인 경로가 상대적으로 더 낫다.

(3) 수직적 마케팅시스템의 의의

유통 경로의 수직통합 문제는 판매원 할당문제와 더불어 유통 경로 생산성을 향상시키기 위해 가장 많이 사용되는 방법이다. 전통적 유통 경로는 유통 경로를 구성하고 있는 각 기관들이 서로 독립적으로 자신들만의 이윤극대화를 추구하는 유통 경로 형태로서 경로 내의 공동목표가 없이 의사결정과 통제 활동이 개별적으로 시행된다. 따라서 유통기능의 중복이 필연적으로 발생하여 소비자들에게는 일관된 판매활동의 결여와 같은 주먹구구식의 제품유통이 이루어지게 된다. 이로 인하여 생산과 소비자 사이의 경제순환이 지연되며, 유통비용이 증가하고, 가격인상 요인이 발생하며, 수요의 감소에 따른 생산활동의 위축 등과 같은 문제점을 야기하므로 이에 대한 대책으로 수직적 마케팅시스템이 등장했다. 유통 경로의 계열화란 전통적인 유통 경로상에 있어서 발생되는 문제점을 해소하고 유통 경로활동의 효율화를 위해서 미리 계획된 판매망을 전문적이고 일관적인 관리체계로 형성하여 만든 유통 경로를 의미한다. 유통 경로의 계열화에는 수직적 마케팅시스템(vertical marketing system)과 수평적 마케팅시스템(horizontal marketing system)으로 대별된다. 수직적으로 통합된 유통 경로는 생산에서 소비에 이르기까지의 여러 유통활동을 체계적으로 통합·일치·조정함으로써 유통질서를 유지하고 경쟁력을 강화시켜 유통효율성을 증대하고자 하는 것이다. 이러한 유통 경로의 수직적 통합이 증가되고 있는 이유는 대량생산에 의한 대량판매의 요청, 가격안정의 필요성, 유통비용의 절감, 경쟁기업에 대한 효과적인 대응, 기업 및 상표 이미지의 제고, 목표이익의 확보, 경로 내에서의 유통지배력의 획득 등을 들 수 있다.

(4) 수직적 마케팅시스템의 형태

수직적 마케팅시스템은 유통 경로기구의 수직적 통합을 어떤 주체가 어떤 방법으로 하느냐에 따라서 일반적으로 기업통합(Corporative VMS), 관리통합(Administrative VMS), 계약통합(Contractual VMS)의 세 가지 형태로 대별된다.

- **기업통합**은 한 경로 구성원이 다른 경로 구성원을 소유하고 있는 경우를 말하는 것으로 유통계열화가 이루어지는 각 단계가 소유권에 의해 지배됨으로써 수직적 통합이 이루어지는 방법이다. 이때 제조회사가 자사의 유통센터나 소매상을 통해서 판매하는 경우를 전방통합(forward integration)이라 하고, 이와 반대로 소매상이나 도매상이 제조회사를 소유하게 되는 경우를 후방통합(backward integration)이라고 한다. 관리통합은 유통계열화에 참가하는 기관들 가운데서 규모나 명성에 있어 지도적 위치에 있는 기업의 조정 또는 관리에 의해 생산 및 유통의 단계가 통합되어지는 방법이다. 이 시스템은 유통기능이 경로리더에 의해 통제에 대단한 어려움이 수반될 가능성이 높다.

- **관리통합**의 경우 경로리더의 규모 및 세력이 유통효율을 달성하는 데 가장 핵심적인 요인이 된다. 계약통합은 수직통합의 형태 중 가장 일반적인 형태로서, 미국의 경우 전체 소매량의 약 40% 이상을 점유하고 있다.

- **계약통합**이란 생산이나 유통활동에 있어서 상이한 수준에 있는 독립적 기관들이 상호경제적 이익을 얻기 위하여 계약을 체결하고 그 계약에 따라 수직적 통합을 하는 방법이다. 특히 계약통합은 도매상 후원 자유연쇄점과 회사연쇄점에 대응하기 위하여 각각의 독립적인 소매상들이 연합한 소매협동조합, 모회사나 본부가 가맹점에게 특정지역에서 일정기간 동안 영업할 수 있는 권리나 특권을 부여하고 그 대가로 로열티를 받는 프랜차이즈 시스템 등이 있다. 이 프랜차이즈 시스템은 최근 급격히 증가하고 있는데, 가맹점(franchisee)에게 본부(franchisor)가 자기의 상호, 상표, 기타 영업의 상징이 되는 것 및 경영 노하우를 제공하여 동일한 이미지 아래 제품의 판매 및 기타 사업을 행할 수 있는 권리를 부여한다. 이에 따라 가맹점은 그 보증으로 가입비 · 보증비 · 로열티를 지불하고 사업에 필요한 자본을 투입하여 본부의 지휘 · 감독 · 원조 아래 판매를 실시한다.

(5) 수직적 마케팅시스템의 장점과 단점

유통 경로의 수직적 통합을 통해 얻을 수 있는 장점으로는 거래비용의 절감, 공급안정으로 기업에 필수적인 자원이나 원재료 확보를 가능케 한다는 점, 기술적인 능력으로의 수직통합이 혁신적인 기술적 능력의 보유를 용이하게 하는 점, 높은 진입장벽의 구실을 한다는 점 등을 들 수 있다.

단점으로는 막대한 자본이 소요되며, 생산규모의 불균형이나 생산, 유통의 다양한 단계를 통합한 기업은 각 단계에서의 효율적인 운영을 위한 생산규모의 불균형 문제를 초래하며, 융통성 감소로 인해 수직통합 특유의 경직성 때문에 시장상황 변화에 대해 기민한 대응이 곤란해질 가능성이 높다는 점, 전문화의 상실로 인한 문제 등을 지적할 수 있다.

(6) 수평적 마케팅시스템

새로운 마케팅 기회를 개발하기 위하여 동일한 경로단계에 있는 두 개 이상의 개별적인 기업이 자원과 프로그램을 결합하는 것을 수평적 통합(horizontal integration)이라고 한다. 이러한 수평적 통합이 발생하는 이유는 각각의 기업이 단독으로 효과적인 마케팅 활동을 수행하는 데 필요한 자본, 노하우, 마케팅 자원 등을 보유하고 있지 않기 때문에 수평적 통합을 통해 시너지 효과를 얻으려고 하기 때문이다. 따라서 수평적 통합은 공생적 마케팅(symbiotic marketing)이라고도 한다.

(7) 하이브리드 경로(hybrid channel)와 복수 경로 마케팅

오늘날 성공하는 기업들은 시장의 지역마다 '장 보러 가기(go-to-market)'의 횟수를 늘리기 위하여 하이브리드 경로와 복수 경로 마케팅을 채택하고 있다. 하이브리드 경로 또는 복수 경로 마케팅은 한 기업이 두 가지 또는 그 이상의 마케팅 경로를 세분 고객 시장에 도달하기 위해 활용하고, 하이브리드 경로는 '옴니(omni) 채널' 또는 'O2O 마케팅'이라고도 한다.

복수 경로 마케팅에서 각 경로는 상이한 세분 구매자들 또는 한 구매자의 상이한 욕구들을 겨냥하고, 최소의 비용으로 적절한 방법으로 적절한 장소에 적합한 제품들을 배달한다. 하이브리드 경로를 운영하는 기업들은 반드시 자사의 경로들의 공동 협력이 이루어지는가에 대하여 확신해야 하고 겨냥하는 고객들마다 선호하는 비즈니스와 어울려야 한다.

한편, 중간상을 관리 함에 있어서 기업은 반드시 밀어내기(push)와 끌어내기(pull) 풀(pull) 전략은 광고나 기타 마케팅 수단을 통해 브랜드 이미지를 높인다거나 제품의 가치를 매력적으로 만들어 소비자의 구매를 유도하는 것이다. 반면 푸시(push) 전략은 유통업체의 마진을 올리거나 판매원에게 인센티브를 높게 책정함으로써 유통업체가 소비자에게 적극적으로 판매를 하도록 독려하는 것이다.

마케팅에 얼마나 기여하는지를 결정해야 한다. 밀어내기 전략은 제조업체의 영업 부서, 거래 촉진 자금, 중간상들로 하여금 최종 사용자들에게 자사 제품을 취급, 촉진, 그리고 판매하도록 유도하기 위한 수단들을 활용한다. 끌어내기 전략은 소비자들이 중간상들로부터 자사 제품을 구매하고, 중간상들이 그 제품을 자사에 주문하도록 제조업체가 광고, 촉진, 그리고 다른 형태의 커뮤니케이션 수단들을 사용한다.

3) 유통 경로 파워

(1) 유통 경로 파워의 개념

유통 경로 파워는 유통 경로상에서 다른 경로 구성원의 행동에 변화를 줄 수 있는 능력이다. 파워는 경로 구성원이 가지고 있는 힘인 영향력과 특정한 경로 구성원에 대한 의존성의 정도에 따라 그 크기가 달라진다. 경로 구성원이 강한 힘의 원천을 보유할수록 경로 파워는 커지게 된다.

(2) 유통 경로 파워 원천

① 보상적 파워

보상적 파워는 다른 경로 구성원에게 보상을 해 줄 수 있는 능력을 갖추고 있을 때의 파워이다. 이 파워는 판매 독점권 부여, 촉진 공제 확대와 같은 수단을 통해 행사된다.

② 강압적 파워

강압적 파워는 중간상인 경로 구성원이 요구하는 대로 행동을 하지 않을 경우 처벌할 수 있는 능력을 말한다. 이 파워는 중간상에 대한 대금 결제 기일의 단축 요구와 지연으로부터 시작하여 지원 철회, 거래 단절로 행사된다.

③ 합법적 파워

합법적 파워는 중간상에게 제시하는 요구가 합법적인 정당성을 가질 때 생기는 파워이다. 프랜차이즈 본부가 가맹점에 대해 계약에 의거하여 힘을 행사하는 경우와 제조업체가 대리점에 대해 계약에 의해 힘을 행사는 경우가 대표적인 사례이다.

④ 준거적 파워

준거적 파워는 브랜드, 명성 등에 의해 가지게 되는 파워이다. 중간상이 제조업체의 브랜드, 명성에 대해 일체감을 가지기를 바라면 이로 인해 발생하는 파워이다. 예를 들어 소위 명품들은 유통업체에 준거적 파워를 갖고 있다.

⑤ 전문적 파워

제조업자가 중간상에게 없는 특정 기술이나 노하우를 가지고 있기 때문에 발생하는 파워이다. 전문적 파워는 소비재보다는 산업재에서 나타난다.

4) 유통 경로 설계

(1) 유통 경로 설계 과정 확인

기업의 입장에서 제품이나 서비스를 유통시킬 유통 경로를 설계하기 위해서는 먼저 고객이 원하는 서비스 수준을 파악해야 한다. 그다음은 유통 경로의 목표를 설정하고 나서 유통 경로 대안을 마련하고, 대안 평가를 한다. 최적의 경로가 선정된 후, 경로 구성원을 선정한다.

(2) 유통 경로 목표 설정

유통 경로 목표는 고객이 원하는 서비스 수준과 함께 기업의 장기 목표(매출액, 성장률, 투자 수익률)를 고려하여 설정한다. 유통 경로 목표에 영향을 미치는 특성을 파악한다.

파악해야 할 특성은 제조업자, 제품, 경쟁자, 유통업자, 환경 등이다. 예를 들면 첨단 제품은 직접 유통 경로를 택하는 반면에, 표준화된 제품은 간접 유통 경로를 택한다.

(3) 유통 경로 대안 확인

① 유통 경로 커버리지 결정

유통 경로에 참여하는 중간상의 수에 제한을 두는지의 여부에 따라 유통 경로 커버리지를 결정한다. 유통 경로 구성원의 수를 결정한다는 것은 어떤 지역에 얼마나 많은 수의 중간상들에게 상품을 공급할 것인가를 결정하는 것이다. 이것을 유통 경로 커버리지(channel coverage)에 대한 결정이라고도 부른다. 유통 경로 커버리지를 결정할 때에는 고객의 구매 행동, 지역 내 점포의 포화 정도, 그리고 경로 구성원이 수행할 마케팅에 대한 제조업자의 통제 정도를 고려해야 한다.

유통 경로 커버리지 유형은 집약적 유통, 전속적 유통, 선택적 유통으로 구분된다.

(가) 집약적 유통

집약적 유통(intensive distribution)이란 어떤 지역 내에서 가능한 한 많은 수의 중간상들에게 상품을 공급하는 것을 가리킨다. 이것은 주로 생활용품이나 편의품과 같이 자주 구매되고, 판매를 하기 위하여 중간상이 구매자에게 특별한 서비스를 할 필요가 없는 상품에 적합하다.

(나) 전속적 유통

전속적 유통(exclusive distribution)이란 어떤 지역 내에서 단 한 개의 중간상에게만 상품을 공급하는 것을 가리킨다. 이 중간상은 경쟁상품은 취급하지 않는다. 전속적 유통은 값비싼 상품이나 전문품(자동차, 가전 제품, 고급 가구 등)과 같이 중간상이 구매자에게 상세한 정보를 제공해 주는 등 여러 가지 서비스를 해야 하는 상품에 적합하다.

(다) 선택적 유통

선택적 유통(selective distribution)이란 집약적 유통과 전속적 유통의 중간

형태로서, 어떤 지역 내에 일정한 자격을 갖춘 소수의 중간상들에게만 상품을 공급하는 것을 가리킨다.

② 유통 경로 길이 결정

유통 경로에 참여하는 중간상의 단계로 경로 길이를 결정한다. 유통 경로 길이 결정 요소는 시장 요인, 제품 요인, 제조업자 요인, 유통 경로 구성원 요인, 통제 요인 등 다양하다.

③ 유통 경로 형태 결정

어떤 중간상을 참여시킬 것인가에 따라 유통 경로 형태가 달라진다. 기본적으로 긴 유통 경로와 짧은 유통 경로에 따라 참여 중간상 형태는 달라진다.

(4) 유통 경로 참여자 선정

유통 경로 참여자인 유통업체를 조사하고 평가한 후 적격 유통업체를 선정한다.

5) 유통 경로 갈등 처리

아무리 잘 만들어진 유통 경로라고 하더라도, 갈등으로부터 자유로울 수는 없다. 상호 독립적인 사업자들로 이루어진 유통 경로에서 모든 사업자들의 이해관계가 완벽하게 일치하기를 기대할 수는 없기 때문이다. 여기서, 우리는 유통 경로 갈등의 종류, 원인, 그리고 해결방안에 대하여 살펴보기로 한다.

(1) 갈등의 종류

유통 경로에서 발생하는 갈등은 크게 수직적 갈등과 수평적 갈등의 두 가지 종류로 나누어진다. 수직적 갈등(vertical conflict)이란 유통 경로 내의 다른 레벨에 있는 구성원들 간에 발생하는 갈등을 가리킨다. 가전제품 메이커가 할인점에 상품을 공급하는 것에 대해서 대리점들이 반발한다든지, 패스트푸드 프랜차이즈 본사가 신상품 개발을 게을리해서 가맹점들의 매출액이 줄어들고 있다고 가맹점 주인들이 집단행동을 한다든지 하는 것들이 수직적 갈등의 예이다.

수평적 갈등(horizontal conflict)이란 유통 경로 내의 같은 레벨에 있는 구성원들 간에 발생하는 갈등을 가리킨다. 화장품 대리점마다 판매구역이 정해져 있는데, 어느 대리점이 다른 대리점의 구역을 침범하여 판매활동을 해서 대리점들 간에 갈등이 빚어진다든지, 어느 패스트푸드 프랜차이즈 가맹점이 서비스를 엉망으로 하고, 저질의 원료를 쓰는 바람에 본의 아니게 자신들까지 피해를 본다고 해서 가맹점들 간에 갈등이 발생하는 것이 수평적 갈등의 예이다.

(2) 갈등의 원인

유통 경로 갈등이 발생하는 원인들은 다양하지만 크게 다음과 같이 세 가지로 분류할 수 있다: 목표 불일치, 영역 불일치, 지각 불일치. 목표 불일치(goal incompatibility)란 경로 구성원 각자의 목표가 서로 다르고, 이들 목표를 동시에 달성할 수 없는 경우를 가리킨다. 예를 들어, 어떤 프랜차이즈에서 본부가 가맹점의 매출액의 일정한 퍼센티지를 로열티로 징수하게 되어 있는 경우, 본부는 가맹점이 매출액을 극대화하기를 원하지만, 가맹점은 매출액이 아니라 이익을 극대화하기를 원하기 때문에 갈등이 발생할 수 있다.

영역 불일치(domain dissensus)란 경로 구성원 간에 각자의 역할이나 영역에 대하여 합의가 이루어지지 않는 경우를 가리킨다. 예를 들어, 가전제품 메이커들은 본사에 특판팀을 두고 대형 거래처에 대해서 직접판매를 하고 있는데, 대리점들도 대형 거래처에 판매하기를 원하므로, 갈등이 빚어질 수 있다.

지각 불일치(perceptual differences)란 동일한 사실을 놓고도 경로 구성원들이 인식을 다르게 하는 경우를 가리킨다. 예를 들어, 소매상이 재고부족으로 판매를 하지 못한 사실을 놓고, 제조업자는 소매상이 평소부터 재고를 적게 가지려고 하다 보니까 나타난 결과라고 해석하고, 소매상은 제조업자가 출고를 제때에 해주지 않아서 생긴 결과라고 해석하는 것이다.

(3) 갈등해결 방안

갈등이 전혀 없는 유통 경로를 찾기란 매우 어렵다. 오히려 적당한 수준의 갈등은 건설적으로 해결만 된다면 경로 구성원들의 성과를 한층 더 끌어올리는 데 도움이 된다. 그러므로, 갈등관리의 열쇠는 갈등을 제거하는 것이 아니라, 갈등을 건설적으로 해결하는 것이다.

갈등을 해결하는 방법에는 여러 가지가 있지만, 크게 다음과 같이 네 가지로 분류될 수 있다: 초조직적 방법, 상호 침투, 경계인 활용, 협상과 교섭. 이 방법들의 효과는 경로 구성원들의 상호 의존도에 따라 달라진다. 프랜차이즈 조직처럼 구성원들 간의 수직적 의존도가 높은 경로에서는 초조직적인 방법이 주로 이용되는 반면에, 독립적 유통 경로처럼 구성원들간의 수직적 의존도가 낮은 경로에서는 협상과 교섭이 주로 이용된다.

초조직적 방법(supra-organizational mechanism)이란 갈등을 해결하기 위하여 갈등의 당사자들이 갖고 있는 목표보다 더 상위에 있는 목표를 정한 다음, 그 목표를 달성하기 위하여 공동 노력하거나, 제3자에게 중재나 심판을 맡기는 것 등을 포함한다.

상호 침투(interpenetration)란 경로 구성원들이 인력을 상대방에게 파견하거나 교환함으로써 상대방의 입장을 이해하고 갈등을 해결하는 방법을 가리킨다. 예를 들어, 제조업자의 의사결정에 대리점 대표들이 참여한다든지(이것을 특별히 호선(cooptation)이라고 부른다), 제조업자의 임원이 소매상에 파견되어 근무를 한다든지 하는 것들이 여기에 속한다.

경계인(boundary personnel)이란 갈등을 해결하기 위하여 투입되어 갈등 당사자들 사이에서 연락관의 역할을 하는 사람을 가리키는데, 주로 해당 산업이나 상품에 대하여 깊은 지식이나 노하우를 갖고 있는 전문가들이 기용된다.

협상(bargaining)과 교섭(negotiation)은 경로 구성원들 간의 의존도가 낮은 경로에서 갈등을 해결하기 위하여 많이 쓰이는 방법이다. 협상의 성공 여부는 경로 구성원 간의 신뢰도에 달려 있다. 신뢰가 바탕에 깔려 있는 관계에서는 협상을 통하여 갈등이 해결될 가능성이 높다.

제9장 촉진 관리

1. 촉진(promotion)의 개념

촉진은 마케팅 활동의 일부분이다. 마케팅의 목표가 교환(exchange)이듯이, 촉진의 목표도 궁극적으로 교환을 창출하기 위한 것이라는 것을 강조하기 위해서이다. 만약 촉진이 교환 또는 거래에 어떤 방법으로든지 기여하지 않는다면 촉진으로서의 의미는 사라진다.

촉진은 원래 '앞으로 전진한다(to move forward)'는 뜻이지만, 마케팅에서는 '소비자로 하여금 생각이나 물건들을 수용하도록 설득'하는 커뮤니케이션과 동일한 의미로 사용되어 왔다. 다머머스(Dommermuth)는 촉진을 '판매자의 통제하에서 판매자의 제품에 대하여 잠재고객에게 우호적이고 설득적인 정보를 전달하고자 하는 기법(technique)을 포괄하는 것'이라고 정의하였다. 또한 촉진은 암시적 촉진(implicit promotion)과 명시적 촉진(explicit promotion)으로 나눌 수 있다고 하였다. 암시적 촉진은 제품, 유통, 가격에 내재하는 설득적 촉진이며, 명시적 촉진은 광고, 인적판매, 그리고 PR(Public Relations) 등에 의하여 전달되는 제품에 관한 설득적 촉진이라고 정의하였다. 명시적 촉진과 암시적 촉진을 잘 조정하고 통합하는 것을 통합적 마케팅 커뮤니케이션(IMC: Integrated Marketing Communication)의 개념으로 볼 수 있다.

이 개념은 몇 가지 특징으로 구분하여 설명할 수 있다. 첫째, 촉진 목표는 교환의 창출, 즉 보다 개념을 좁히면 판매에 있다. 단순한 우호적 태도형성을 위한 촉진 활동을 촉진으로 인식할 것인가의 문제는 직접적으로 마케팅의 개념과 연결되어 있다. 마케팅의 영역을 비영리조직까지 확대한다면 단순한 우호적 태도의 형성도 촉진 개념의 영역으로 인정될 것이지만, 만약 그렇지 않다면 촉진의 목표가 아닐 수 있다. 그러나 촉진의 한 방법으로 제시되고 있는 PR 등은 그 자체가 우호적 태도의 형성에 있는 것으로 볼 수 있지만, 궁극적으로 판매를 염두에 두고 있는 것으로 보아야 할 것이다. 즉 단기적이든, 장기적이든, 직접적이든, 간접적이든 촉진은 기업의 이익, 판매 등에 기여할 수 있어야 한다.

둘째, 명시적 촉진이 그 대상이다. 그 이유는 암시적 촉진을 포함시키는 것은 자칫 촉진만의 영역이 아닌 마케팅 활동 전체와 깊은 관련이 있기 때문에 촉진을 다루는 관점이 지나치게 포괄적일 수 있다.

2. 촉진 전략의 개념과 전략상의 위치

촉진 전략은 마케팅 전략의 하위활동이다. 전략이란 '변화하는 조직의 환경하에서 조직의 목표를 달성하기 위하여 조직의 자원을 효율적으로 배분하는 과정'이라고 정의되는데, 그 의미를 자세히 살펴보면, 다음과 같다. 첫째, 변화하는 조직이 환경하에서라는 것은 조직을 둘러싸고 있는 대외적·대내적 환경을 고려한다는 것이며, 둘째, 조직의 목표를 달성하기 위함이라는 것은 조직의 목표가 사전에 잘 정의되어 있어야 한다는 것이며, 셋째, 조직의 자원을 효과적으로 배분한다는 것은 투입대비 산출의 비가 극대화될 수 있도록 자원의 조정과 통합을 이룬다는 것이다.

그러므로 촉진 활동의 목표도 마케팅 목표하에서 설정되는 것이며, 그 촉진 목표와 마케팅 목표를 달성하기 위하여 촉진 활동들은 계획되고 집행된다. 촉진의 목표를 설정할 때에 촉진의 목표를 마케팅 목표와 다른 차원에서(한 단계 낮은 차원에서) 설정할 수도 있으나, 마케팅 목표를 그대로 촉진 목표로 이용할 수도 있다. 그러나 촉진 활동들이 제각기 성격이 다른 몇 개의 하위활동으로 나누어지고, 다른 마케팅 요소들도 나름대로의 특성을 가지고 마케팅 목표를 달성하는 데 기여를 하기 때문에 촉진의 목표와 마케팅 목표를 동일하게 설정하는 것은 흔하지 않을 것이다. 보통 마케팅 목표와 촉진의 목표는 판매 중심적인 목표와 커뮤니케이션 목표로 나누어서 그 시기의 환경에 따라 적절한 목표를 선택하여 사용할 수 있으며, 그에 따라 촉진의 세부활동들이 조정되고 통합될 수 있다.

촉진 활동은 광고(advertising), 인적판매(personal selling), 판매촉진(sales promotion), PR 또는 홍보(publicity) 등의 구체적인 4가지 활동으로 세분되는데, 이 구체적이고 나름대로의 특성을 가진 개별활동에서 마케팅 목표와 부합되는 개별목표를 설정하는 것이 바람직할 것으로 보인다.

촉진 전략에서 목표를 설정하고 난 후의 다음 단계는 각 개별 세부 프로 촉진 활동별로 구체적인 실행계획을 수립하여 이를 실행에 옮기는 것이다. 예를 들면, 광고의 목표가 상표인지율을 70%로 확대하는 것이라면, 광고매체별로 자원을 할당하여 최소의 비용으로 그러한 목표를 달성할 수 있는 구체적인 세부실행 활동들을 계획 및 집행할 수 있으며, 인적판매의 경우에는 편의점과 마트 등 리테일(retail)에서 제품취급률을 50% 이상 확대하기 위하여 판매원들이 점포에 대한 전화 또는 방문 횟수를 통하여 제품취급률을 높일 수 있는 세부활동 계획과 실행을, 판매촉진의 경우에는 사용을 통한 소비자인지율 30% 이상 확대라는 목표를 달성하기 위하여 우선적으로 사용률을 높여야 하는데, 이를 위해 쿠폰(coupon)을 사용할 것인지, 아니면 다른 견본품(sample)을 나누어 줄 것인지에 관한 계획을 수립할 수 있고, PR 또는 홍보의 경우에는 표적시장에 대한 상표이미지의 우호성 10% 이상 증대라는 목표를 달성하기 위해, 투자자 등을 위한 제품설명회 등을 개최할 것인지에 관한 의사결정을 하는 것이다. 즉 촉진 전략의 핵심은 마케팅 목표에 맞게 촉진 세부활동들의 구체적인 계획을 수립하고, 일관성을 가지고 조정하고 통제하는 것이 핵심이 될 것이다.

3. 촉진 요소

1) 광고

(1) 광고의 정의

우선 광고(advertising, advertisement)의 어원은 라틴어의 adverter에서 유래된 것으로, '돌아보게 하다', '주의를 돌리다' 라는 뜻을 가지고 있다. 독일어와 불어에서는 광고를 각각 'Die Reklame'와 'Reclame'라고 하는데 이는 모두 '부르짖다'라는 뜻을 지닌 라틴어 'Clamo'에서 파생되었다. 'Re-'는 다시를 의미하므로 '반복하여 부르짖다'라는 뜻이 된다. 우리나라에서도 초기에 광고인을 광호인(廣呼人)이라고 불렀는데, 이는 '널리 부르짖는 사람'이라는 뜻이다. 따라서 광고를 어원적으로 풀이하면 반복적으로 부르짖음으로써 주의를 끌게 하는 것이라 할 수 있다.

한편 광고에 대한 정의를 내려보면 기본적으로 광고는 상품 또는 서비스의 판매나 거래를 위해 설득 전략을 이용하는 것을 말한다. 미국광고대행사협회(American Association of Advertising Agencies)는 광고를 '소비자 대중에게 자기 제품의 판매나 용역의 이용을 궁극적 목표로 하여 매스 미디어를 통해 그에 필요한 정보를 유료로 전달하는 일체의 행위'라고 정의하고 있다. 광고는 자본주의적 시장 상황에서 소비자가 제품을 구매하도록 유도하는 커뮤니케이션 행위라는 점에서 선전(propaganda) 및 기타의 설득 행위와 다르다. 광고의 목적은 기본적으로 상품, 서비스 등에 관한 정보를 소비자에게 제공하고 그것을 구매하도록 설득하는 것이다. 일반적인 광고는 광고주, 또는 그의 대리자인 광고 전문가들에 의해 계획적으로 통제된 메시지가 대중매체를 소비자 대중에게 전달되는 형태를 띤다.

　보다 구체적으로 광고의 정의를 살펴보면 크게 두 가지 관점에서 접근해 볼 수 있다. 그중 하나는 마케팅의 한 부분으로 보는 관점이며 다른 하나는 커뮤니케이션의 한 형태로 보는 관점이다(김광수, 1999). 대체로 전자의 경우 광고를 상품이나 용역의 판매촉진 방법의 하나로 보며, 마케팅 관점에서 보는 광고의 기본적 특성은 네 가지로 요약된다. 첫째, 광고는 유료형태의 판매촉진 방법이라는 것이다. 즉 광고주가 각종 미디어의 지면이나 시간을 돈을 내고 사서 이를 통해 자신의 상품, 용역 등에 관한 메시지를 소비자에게 전달하고 판매를 촉진하는 것이 그 특성의 하나이다. 둘째, 광고는 소비자에게 상품이나 용역에 관한 메시지를 비대인적 방법을 통해 제시한다는 것이다. 다시 말해 광고는 매스 미디어 등의 대중 매체를 사용, 불특정 다수의 소비자를 대상으로 상품이나 용역 등에 관한 정보를 제시 또는 전달하는 것이다. 셋째, 광고는 상품은 물론 용역, 아이디어, 이미지 등도 그 대상으로 삼는다. 즉 광고는 구체적인 상품만이 아니라 은행이나 항공회사 등의 용역도 포함되며, 기업PR 광고나 정치 광고처럼 이미지나 아이디어 등의 제시나 형성도 목적으로 한다.

　한편 커뮤니케이션 관점에서는 광고를 단순히 상품이나 용역의 판매촉진 방법의 하나로만 보는 것이 아니라 광고와 소비자 사이의 커뮤니케이션 현상으로 본 광고의 네 가지 특성은 다음과 같다. 첫째, 광고는 상품과 용역 등에 관한 정보를 소비자에게 제공하고 이를 구매하도록 설득하는 것이 그 기본적 목적이다. 즉 광고는 소비자에게 시장에 관한 정보를 전달하거나 어떤 상품이나 용역을 사도록 설득하기 위해 행하는 커뮤니케이션으로 그 기본요소는 정보와 설득이다. 둘째, 광고의 또 하나의 특성으로 통제성을 들 수 있다. 이는 광고에서 제시되는 메시지의 내용과 크기, 제시 방법과 시간 등은 모두 광고주나 광고인들이 사전에 계획한다. 셋째, 광고 메시지에 광고주가 명시되어 있다는 특성을 들 수 있다. 마지막 특징으로는 대인판매나 기타의 판매촉진과 달리 광고는 미디어를 사용하여 소비자에게 전달된다는 점을 들 수 있다. 이상에서 살펴본 두 관점을 종합하여 광고에 대한 정의를 내려보면 광고란 ①

광고주나 그 대행사와 광고인들이 상품이나 용역 또는 아이디어에 대한 정보를 제공하고, 나아가 그에 대한 소비자의 태도를 변용시키거나 구매 행동을 유발하기 위하여, ② 상품, 용역, 아이디어 등에 대한 광고 메시지를 고안 제작하여 이를 광고주의 이름과 함께, ③ 유료의 비대인적 매스 미디어를 통해 ④ 불특정 다수의 소비자 대중에게 전달하여, ⑤ 광고상품이나 용역 등에 대한 소비자의 태도를 변용시키고 나아가 구매행동을 유발하는 설득 커뮤니케이션의 한 형태이지 마케팅 커뮤니케이션의 일종이라고 할 수 있다.

(2) 광고의 기능

오늘날 광고는 사회시스템 내에서 하나의 제도로서 여러 가지 기능을 수행하고 있다. 광고의 기능에는 경제적 기능, 마케팅적 기능, 문화적 기능, 매체 지원 기능이 있으며 정기능 외에 의도하지 않은 역기능이 수반되기도 한다.

먼저 경제적 관점에서 광고는 시장의 완전경쟁을 유도할 뿐 아니라 광고에 의한 제품의 유효수요에 따라 소비성향이 높아짐으로써 경제성장에 기여하고, 유통효율을 향상시키며 유통기구의 개혁을 도모한다. 또 광고는 사회 구성원들의 생활수준을 높여주는 동시에 평준화를 도모하기도 한다. 뿐만 아니라 마케팅적 측면에서 볼 때 광고는 제품의 대량생산을 가능케 하여 규모의 경제를 이루고 그 결과 제품의 가격을 낮추는 역할을 할 수 있다. 문화적 측면에서 광고의 순기능으로는 먼저 광고가 만들어질 당시의 사회 문화적 상황을 반영하고 때로 유행을 창조하기도 한다는 것을 생각해 볼 수 있다. 흔히 광고를 사회의 거울이라고도 하는데 이는 광고가 그만큼 당시의 사회상황을 빠르고 정확하게 반영한다는 의미이다. 또한 광고는 매체사의 건전한 경영을 위한 재정에 도움을 준다. 다시 말해 광고는 다수의 불특정 다수에게 정보를 전달해야 하므로 주로 매스 미디어를 유료로 이용해야 하고, 매체사는 이러한 광고비로 재정의 대부분을 충당한다. 그러나 광고는 이러한 순기능만 수행하는 것이 아니라 몇 가지 점에서 사회적 비판의 대상이 되는 역기능을 수행하기도 한다. 예를 들어 경제적 측면에서 볼 때 광고는 물질주의를 조장하고 소비심리를 지나치게 자극함으로써 충동구매와 낭비를 부추길 수 있다. 또 광고비용이 제품 가격에 반영되어 가격인상 요인으로 작용할 수 있다는 지적도 있다. 마케팅 측면에서는 예컨대 비교 광고의 경우 경쟁기업을 비방하게 되고 자칫 불공정 경쟁으로 이어질 수도 있다는 점이 역기능으로 지적된다.

또한 문화적 측면에서도 광고의 외설적 내용이 사회적 품위와 취향을 저속화하고 외래어의 남용이 문화적 정체성을 약화시키는 역기능이 있을 수 있다. 특히 과거에 광고에 묘사되는 그릇된 성 역할이 성에 대한 잘못된 고정 관념을 형성시키는 데 적지 않은 역할을 했다는 지적도 있다. 한편 사회적 측면에서 볼 때 허위기만 광고는 소비자에게 잘못된 정보를 전달하여 소비자를 기만하고 특정 브랜드에 대한 불신감을 조장할 우려가 있다는 역기능을 지닌다. 뿐만 아니라 광고는 안정적으로 매체의 재정을 지원한다는 측면도 있으나 이로 인해 광고주가 광고를 통해 매체를 통제하는 역기능도 무시할 수 없다는 비판이 제기되었다.

(3) 광고 매체

광고 매체란 광고주와 소비자 사이에서 광고 메시지의 중개 역할을 하는 것을 의미한다. 예를 들어 광고는 대부분 매스 미디어를 통해 소비자에게 전달되는데 그중에서도 특히 4대 매체(텔레비전, 라디오, 신문, 잡지) 등을 광고 매체라고 한다. 광고 매체는 매체 유형(media type)과 매체 비히클(vehicle)로 구분할 수 있다. 전자는 4대 매체를 비롯한 DM, 인터넷, 옥외 매체 등 광고 메시지 전달을 가능하게 해주는 채널을 의미한다. 후자는 매체 유형 내에서 구체적이 광고 전달 수단(각종 일간지, 각종 잡지, 각종 TV 프로그램 등)을 의미한다.

광고 매체는 광고 메시지를 소비자에게 노출시키는 역할을 한다. 아무리 뛰어난 광고 메시지를 제작한다고 할지라도 소비자에게 적시에 전달되지 못한다면 아무런 효과를 발생시킬 수 없다. 또 일반적으로 전체 광고비의 85%

이상이 매체비에 사용되고 있다는 점은 광고 매체 선택의 중요성을 말해준다. 따라서 효과적인 매체 기획(media planning)을 통해 광고 효과 및 광고 예산의 효율성을 극대화하고 제품과 매체, 메시지의 조화를 도모해야 할 것이다. 매체 기획이란 마케팅 목표 및 광고 목표를 달성하기 위하여 매체의 지면과 시간을 어떻게 구매할 것인가를 계획하는 과정이다. 즉 매체 기획은 광고주가 통제할 수 없는 여러 가지 제약 요인들을 전제로 하여 효율적으로 소비자에게 메시지를 전달할 매체를 선택하고 광고 집행 시기를 결정하는 것이다. 효과적인 광고 매체 기획을 위해서는 무엇보다도 각 매체의 특성을 정확히 파악해야 한다.

2) PR

(1) PR의 정의

PR은 기본적으로 공중관계(public relations)라는 말 자체가 의미하듯이 '조직이 사회적 환경이 되는 공중과의 원활한 관계를 유지하고자 하는 제반 노력'을 말한다. 다시 말해 PR은 공사 기업체나 정부, 기관 또는 개인이 일반 공중으로 하여금 긍정적이고 호의적인 태도를 형성하도록 도모하는 활동으로 정의할 수 있다. 사기업체가 PR활동을 한다고 할 때, 이는 특정 산물, 즉 상품의 판매촉진에 국한된 것이 아니라 기업 이미지를 제고하도록 호의적인 태도를 형성하는 다각적인 매체, 메시지를 이용한다는 점에서 광고와는 다르다.

최윤희(1992)는 PR에 대한 여러 정의를 정리하여 다음과 같이 6가지 공통 요소를 지적하였다. 첫째, PR활동은 의도적이다. 둘째, PR은 일정 기간동안 이뤄지는 조직화된 활동이다. 셋째, 조직의 실질적인 정책과 행동에 기초해서 공중들의 호의와 지지를 얻어내야 한다. 넷째, PR활동은 조직과 공중 모두에게 이익을 제공해야 한다. 다섯째, PR은 일방적인 정보 제공을 뜻하는 것이 아니라 공중들로부터 피드백을 받아야 하는 쌍방 커뮤니케이션에 기초를 둔다. 여섯째, PR은 어떤 결정이 이뤄진 후 그 정보를 전달하는 데 그치지 않고 최고 경영자와 관련된 경영적 관리기능으로 이어질 때 효과적이다. 이러한 PR의 특성은 분명히 공중을 대상으로 한 설득에 기초하며 쌍방향 커뮤니케이션을 강조한다고 볼 수 있다.

한편 PR의 중요한 구성요소이자 커뮤니케이션 대상이 되는 공중(public)이란 기업과 직·간접적으로 관련이 있는 이해관계자들(stakeholders)을 말한다. 다시 말해 공중은 기업이나 조직의 활동과 정책에 영향을 받는 공통적인 이해관계를 가진 집단 혹은 그들의 활동과 의견이 기업이나 조직에 영향을 미치는 집단을 의미한다. 공중은 내부·외부 이해관계자로 나누어 볼 수 있다. 내부 이해관계자인 종업원을 내부공중(internal public)이라 하며, 외부 이해관계자인 언론, 고객, 공급업자, 투자자, 금융기관, 정부, 지역사회 등을 외부공중(external public)이라 한다(김주환, 2004, [그림 8] 참조).

오늘날 PR이 특히 경영 측면에서 중요시되는 이유는 명성관리의 중요성으로 인해 합리적인 언론관계 활동의 필요성이 증대되었고, 조직의 사활에 결정적 영향을 미칠 수 있는 위기 사건들의 발생 빈도가 증가하였으며, 여느 때보다도 조직 이미지 관리의 중요성과 내부 커뮤니케이션이 중요하게 부각되었고, 다양한 이익단체들이 표면에 나타나게 되었으며, 새로운 미디어 기술이 보편적으로 사용됨에 따라 조직과 공중 간에 시공을 초월하여 커뮤니케이션이 활발히 진행되게 된 것 등을 들 수 있다.

그림 8 기업을 둘러싸고 있는 공중들

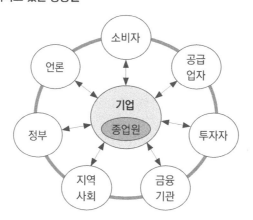

(2) PR의 전략

다양한 PR 전략들과 구체적인 프로그램의 예는 〈표 5〉에 명시되어 있다.

〈표 5〉 PR전략과 PR 프로그램 사례

PR 전략들		PR 프로그램 사례
공중별 관리 전략	언론관계	보도자료 배포, 대변인 성명, 기자회견, 기자간담회, 언론인 회동
	소비자관계	소비자(민원인) 불만처리, 마케팅 PR, 소비자 대상 이벤트
	지역주민관계	지역사회에의 기여, 주민과의 갈등 해결, 공장이나 처리장 신설 시 지역주민의 동의 획득을 위한 제반 활동
	사원관계	사보발행, 사내방송, 사내교육, 각종 의견수렴 제도
	정부관계	로비, 여론관리, 공공 업무
	주주관계	회사설명회, 연례보고서 작성
	그 외 공중관계	사회단체, 환경단체, 은행, 회원, 교사 및 학생, 원료공급업자, 대리점 등과의 효과적인 커뮤니케이션을 위한 프로그램
상황별 전략	문제관리	성차별 예방, 문제진단, 종업원 불만처리
	위기관리	언론센터 설치, 피해대책센터 운영
	명성관리	이미지 제고, PI, CI
	협의의 홍보	팸플릿 제작 배포, 뉴스자료 배포
	캠페인	각종 이벤트, 기금모금, 캠페인
	국제 PR	국가 이미지 제고, 현지화 작업

출처: 윤희중·신호창(2000)

아래에서는 자주 사용되는 주요 PR 전략들(언론관계, 사원관계, 주주관계, 마케팅 PR, 지역사회관계, 공공업무 및 쟁점관리)에 대하여 살펴보았다.

① 언론관계(media relations)

PR 실무자와 언론과의 관계는 주로 PR 주체의 활동에 관한 적절한 퍼블리시티나 보도자료를 확보하는 것으로 구성된다. 기업의 입장에서 마케팅 커뮤니케이션의 주요 수신자는 여러 공중들이다. 이때 언론은 기업과 내·외부공중들의 중간에서 정보를 전달하는 게이트키퍼(gatekeeper)라 할 수 있다. 즉 기업의 의도와 다르게 언론이 보도한다면 소비자를 포함한 여러 공중들은 잘못된 정보를 접하게 될 수 있다. 따라서 기업이 언론과 상호 의존적이며 호혜적인 관계를 구축하는 것은 매우 중요한 일이다.

② 사원관계(member relations)

사원관계 PR은 조직 내 주요 내부공중이며 피고용인인 사원을 대상으로 한 PR 활동을 말한다. 기업을 포함한 조직은 이러한 PR 활동을 통해 사원들이 조직에 대해 잘 이해하도록 해야 하며, 조직의 경영에 사원들의 이해가 반영될 수 있도록 해야 한다. 조직이 사원들과 효과적인 커뮤니케이션을 실시하고 있다면 사원들 대부분 만족감을 느끼게 되어 더욱 생산적으로 활동하는 등 여러 가지 중요한 이점을 얻을 수 있다.

③ 주주관계(investor relations)

주주 또는 투자자 역시 기업에 큰 영향을 주는 공중이므로, 이들과의 상호신뢰 구축 역시 매우 중요한 PR 활동이다. 주주관계 PR의 주요 임무는 기업에 관한 정확한 정보를 전달함으로써 주주들과 긍정적인 관계를 수립하고, 나아가 신뢰를 창출하고 유지하는 것이다. 특히 기업의 주가, 채권 평가, 손익계산서나 재무비율 같은 재무자료가 기업의 신뢰도에 대한 직접적인 평가도구가 되기 때문에 주주관계 PR에선 이러한 정보를 제공해야 한다.

④ 마케팅 PR(marketing public relations : MPR)

MPR은 '소비자'라는 특정 공중에 초점을 맞추고 기업과 소비자 간의 상호 작용을 다루는 PR의 마케팅 지향적 측면을 다루는 것이다(Kitchen & Moss, 1995). 즉 MPR이란 마케팅 목표 달성을 위한 PR 전략과 테크닉을 사용하는 것으로, MPR의 목적은 제품과 서비스의 인지도를 높이고, 판매를 자극하고, 커뮤니케이션을 촉진하며, 소비자와 기업과 브랜드 사이의 관계를 지속하기 위한 것이다(정인태, 2005). 따라서 일반적인 광의의 개념으로서의 PR을 '기업 PR(corporate public relations: CPR)'이라 하고, 소비자에 초점을 맞춰 마케팅 활동을 지하 목적으로 수행되는 PR 활동을 MPR이라 한다(⟨표 6⟩ 참조)

⑤ 지역사회 관계(community relations)

기업들은 자신이 사업을 펼치거나 제조설비가 있는 지역 내에서 훌륭한 지역사회 시민으로서의 역할을 유지해야 한다. 궁극적으로 기업은 이윤의 지역사회 환원을 통하여 사회적 책임을 수행하며, 지역사회로부터 다양한 시설공급과 성원을 얻는다. 따라서 이러한 지역사회의 협조를 얻기 위해 많은 기업들은 능동적으로 자신의 사원들을 지역사회 일부에 참여하도록 독려하고 있고, 지역 기업들은 종종 예술 공연, 헌혈 캠페인, 또는 교육 활동과 같은 지역사회 이벤트나 활동의 중요한 후원자 역할을 하기도 한다(Schultz & Barnes, 1999).

⟨표 6⟩ 마케팅과 MPR, 그리고 CPR의 기능적 특성

마케팅	MPR	CPR
시장평가	제품 퍼블리시티	
고객 세분화	PPL	언론관계
제품개발	스폰서십	투자자관계
가격정책	특별 이벤트	정부관계
유통	공공 서비스	지역사회 관계
서비스	간행물	종업원 커뮤니케이션
소비자 광고	미디어 이벤트	공공업무
판매촉진	미디어 투어	기업광고
세일즈	스포츠 마케팅	

자료 : 박기순 외, 2001.

⑥ 공공업무(public affairs)·쟁점관리(issue management)

기업은 때로 공무원과 규제 및 법적 단체, 그리고 다양한 지역사회 집단들을 다루어야 하는데, 이를 공공업무 또는 공공문제 관리라 한다. 공공문제 관리는 조직의 활동 혹은 환경에 영향을 미치는 쟁점들을 예측하고 대응하는 것을 돕는 쟁점관리와 관련이 있다. 구체적으로 존스와 체이스(Jones & Chase, 1979)는 쟁점이란 결정단계에 있는 해결되지 않은 일로 규정했다. 또한 무어와 칼루파(Moore & Kalupa, 1985)는 쟁점을 '기업 경영에 심각하게 영향을 미칠 내·외부의 상황 또는 조건'으로 정의했다. 따라서 쟁점관리란 조직에 영향을 미치는 법적·정치적 또는 사회적 쟁점들의 정체를 밝힌 다음, 이러한 쟁점들의 발전 향방에 영향을 주기 위하여 조직의 자원을 동원하고 조정하는 행동 지향적인 관리기능이라 할 수 있다.

(3) PR 프로그램 유형

PR도 다른 커뮤니케이션 유형처럼 대체로 메시지를 통하여 의미를 전달하지만 최근의 PR은 행위를 통하여 의미를 전달하게 되는 경우가 많다. 예컨대 판촉행위나 이벤트의 연출을 통하여 의미가 전달되는 경우가 이에 해당한다. 전반적으로 PR 프로그램의 형태는 다양하다. 대표적으로는 퍼블리시티, PPL, 구두 커뮤니케이션, 광고, 정기간행물, 영화, 스페셜 이벤트 등 여러 가지가 있다(이명천·김요한, 2005).

① 홍보(publicity)

홍보란 말 자체는 광범위한 뜻을 갖고 있어 뉴스나 광고, 잡지기사 뿐만 아니라 전시, 포스터, 회합이나 이벤트까지도 이에 속한다고 할 수 있다. 하지만 좁은 의미로는 '신문에 기사가 실릴 자리를 얻는 것'이라고 할 수 있으며, 특히 이런 일에만 전문적으로 종사하는 퍼블리시티의 분야를 언론 대행(press agents)이라 한다(Mayer, 1933). 따라서 퍼블리시티란 '외부 정보원으로부터의 정보가 그 뉴스가치로 말미암아 뉴스매체에 실리는 것'을 말한다. 이것을 기업홍보의 입장에서 보면, 기업의 판매 목표달성에 일조할 목적으로 (예상) 고객이 읽고, 보고, 듣는 모든 매체에 일정한 요금을 지불하지 않고서도 기사 공간을 획득하는 일이라 할 수 있다. 퍼블리시티의 본질을 매체와 기업 양측에서 살펴보면, 매체로서는 기업과 제품에 관한 뉴스가치가 있는 정보의 취재라 할 수 있고, 기업 측에서 보면 자사의 기업 활 동과 제품의 메리트에 관한 홍보의 일종이라 할 수 있다.

② PPL

PPL(product placement)은 원래 영화를 제작할 때 사용할 소품을 각 장면에 맞추어 적절한 장소에 배치하는 것을 일컫는 말이다. PPL은 영화에 등장했던 제품이나 특정 브랜드에 대해 소비자가 반응을 나타내고, 그에 따라 시장에서 각 제품의 매출도 영향을 받게 되면서 효과적인 마케팅 수단으로서 이용되기 시작하였다.

③ 스페셜 이벤트

이벤트(event)는 라틴어 'e-(out, 밖으로)'와 'venire(to come, 오다)'의 의미를 가진 'evenire'의 파생어 'eventur'에 그 어원을 두고 있어, 사전적 의미로 본다면 이벤트는 사건, 소동, 시합, 큰 경기 등을 의미한다. 한편 마케팅 용어로서 이벤트는 판매촉진을 위한 특별 행사라는 개념으로 사용되어 왔다. 기업들은 그들의 표적 소비자에게 이벤트를 제공함으로써, 다양한 효과(즉 각적인 판매촉진이나 PR 효과 등)를 얻을 수 있고, 소비자들은 기업의 이벤트에 참여함으로써 기업에 대해 호감을 얻거나, 그 기업의 제품에 대한 정 보를 얻을 수 있다.

④ 구두 PR

인쇄매체를 통한 자료의 배포뿐 아니라 구두(verbal)로 직접 메시지를 전달 또는 전파시키는 것도 중요한 PR의 영역에 속한다. 기관이나 기업체 내에서는 특정 대변인을 두고 구두 PR을 실시하고 있다. 구두 PR에는 공식연설, 원

탁회의, 패널토론, 구두증언, 비공식대화 등이 있다. 구두 PR은 다음과 같은 장점이 있다(Grunig & Hunt, 1984). 첫째, 구두 커뮤니케이션은 화자에 대한 신뢰를 바탕으로 하는 인간적 매체로 화자의 열정과 관심, 관용과 이해, 감정이입 등이 직접적으로 잘 노출된다. 둘째, 말하는 내용을 융통성 있게 조정할 수 있으며 수용자의 반응에 따라 표현 등을 수시로 고칠 수 있다.

⑤ 스폰서십

스폰서십(sponsorship)이란 기업이 스포츠 이벤트나 자선 행사, 문화예스 활동, 사회공헌 활동과 같은 비영리 목적의 활동 등을 후원함으로써 다양한 효과를 기대하는 마케팅 방법이라 할 수 있다. 대부분의 전통적인 스폰서십은 순간의 구매를 유발하기 위한 목적보다는 장기적인 안목에서 기업 및 브랜드 인지도를 강화하기 위해 실시된다. 이렇게 다양한 스폰서십 중 문화예술 활동을 지원하는 것을 메세나(mecenat) 활동이라고 한다. 기업은 이를 통해 사회적으로 바람직한 기업이라는 기업 이미지 및 인지도 제고, 그리고 종업원들의 자긍심 및 만족도를 올릴 수 있다(김소영, 2002).

⑥ 사보

사보는 보통 하우스 오건(house organ)으로 불리면서 기업 커뮤니케이션의 가장 오래된 매체로 여겨져 왔다. 미국 광고사전에는 사보를 '기업체나 공공 단체가 경영자와 구성원과의 관계를 강화하고 고객이나 의견 선도자에게 정보를 전할 목적으로 발간하는 인쇄물'로 정의하고 있다. 마스톤(Marston, 1979)에 의하면, 사보는 회사의 방침과 운영목표에 관한 정보의 제공과 설득, 구성원에 대한 인정을 통하여 조업 독려, 부서 간 마찰 예방, 근로자의 이직률 감소, 기업 PR의 지원, 판매 지원, 사원의 수익분배에 대한 이해 증진, 사기업 제도의 옹호 등의 기능을 갖는다.

⑦ **견학**

기업들은 제품을 생산하는 생산현장을 일반인들이 견학할 수 있도록 공장을 공개하기도 한다. 공장을 견학하기 전에는 그 공장에서 생산하는 제품이 자신과 관계가 없었으나, 견학 경험은 그 제품과 자신을 관련짓는 중요한 계기가 된다. 기업은 일반 소비자 외에도 투자자, 애널리스트, 해외 딜러나 바이어, 또는 기자들을 대상으로 견학 프로그램을 운영하기도 하고, 사이버 공간에서 기업을 둘러보는 '사이버 견학실'을 운영하는 기업도 있다.

3) 인적판매(personal selling)

(1) 인적판매의 개념과 특징

인적판매란 대인 커뮤니케이션의 특수한 형태이다. 다른 말로는 판매원 판매, 또는 한정적 의미이기는 하지만 영업사원을 통한 판매라고도 한다. 인적판매의 목적은 구매를 유도해 내기 위하여 잠재고객에게 필요한 정보를 제공하는 것이다. 즉, 사람이라는 매체를 통하여 적절한 정보제공을 통해 판매를 창출하는 것이 인적판매이다. 인적판매는 프로모션 수단 중의 하나이지만 다른 프로모션 방법과는 달리 일방적 커뮤니케이션(one way communication)이 아닌 쌍방적 커뮤니케이션(two way communication)이다. 즉, 광고, PR, 판매촉진 등과 같은 프로모션 방법이 모두 발신자가 메시지를 수신자에게 보내는 형태의 커뮤니케이션인 반면, 인적판매는 메시지의 발신자와 수신자가 서로 커뮤니케이션 활동을 하는 것이다.

(2) 판매원의 역할

인적판매에서 판매를 담당하는 사람들을 판매원(salesperson or sales force)이라고 하는데, 이들은 잠재고객을 발견하고, 그들의 욕구와 태도를 발견할 뿐만 아니라 소비자들이 그들의 욕구를 충족시킬 수 있는 최선의 제품을 구매할 수 있도록 도와준다. 특히 소비자들의 구매를 도와주는 경우, 판매원들은 풍부한 정보를 제공할 수 있도록 준비하여, 소비자들이 불확실성을 극복할 수 있도록 설득하고 최종적인 의사결정을 할 수 있도록 최선을 다하여야 한다.

구매 후의 후속관리는 더 중요하다. 구매 후에는 소비자들이 의사결정에 대하여 확신을 가질 수 있도록 도와주어야 하며, 사용상의 효용가치를 극대화 할 수 있도록 정보를 제공하여야 한다. 이러한 판매원의 역할을 다음과 같이 요약해 볼 수 있을 것이다.

- 고객의 욕구와 태도 발견
- 욕구를 충족시킬 수 있는 제품에 대한 조언
- 고객에게 제품의 속성에 대한 정보를 줄 수 있는 판매 설명방법의 개발
- 판매의 마감
- 만족 극대화를 위한 후속관리

(3) 인적판매원의 종류

사람을 통한 인적판매의 형태도 여러 가지로 나누어서 생각해볼 수 있다. 물론 이 분류도 판매원의 활동을 포괄하는 것이라고 볼수는 없겠지만 판매원 의 대상, 그리고 역할에 따라 판매원 판매의 특성에 따라 다음과 같은 몇 가지 로 나눌 수 있다.

① 대응적 판매원(responsive selling)

단순히 구매자의 주문에 대응하는 형태이다. 적극적인 판매활동이 아니라 주문이 들어오면 그 주문에 맞게 적절히 대응하는 소극적 판매를 의미한다. 이 대응적 판매는 이미 시장이나 판매가 안정기에 접어든 환경하에서 판매원 들이 주로 이러한 형태의 판매를 한다.

② 대유통기관 판매원(trade selling)

대응적 판매에서 판매자는 단순히 주문 수주자이며, 서비스가 강조된다.

그러나 대유통기관 판매에서는 딜러(dealer)를 방문하고, 주문을 받고, 배달을 하며, 진열을 직접하고, 재고를 직접 관리해 주는 등 더욱 공격적인 판매활동이 필요하다. 시장의 경쟁이 치열하거나 제품수명주기상 초기(도입기)의 제품에서 이러한 형태의 판매가 많다.

③ 미션 판매원(missionary selling)

특별한 상황이 아니면 미션 판매원들은 보통 주문을 받지 않는다. 이들은 주로 신제품에 대한 소개와 그에 대한 지원임무를 갖는다. 전형적으로 제약회사의 판매원들이 이러한 형태를 가지고 있지만 우리나라에서는 실제로 주문을 받고 이를 관리하는 경우가 많다. 이들은 종종 무료견본품(free ample product)을 나누어 주고 그 사용 결과를 취합, 보고하는 일도 병행한다.

④ 기술지원 판매원(technical selling)

주로 기술지식이 필요한 기계, 장비, 시설업체들이 이용하는 판매방식이다. 이들은 고객의 문제점이 무엇인가를 분석하고, 이를 해결해주는 것이 주된 임무이다. 보통 문제점이 있는 예상고객을 방문하고, 자사의 제품을 그 해결방법으로 판매한다.

⑤ 개척 판매원(creative seling)

이들은 판매개척자들이다. 제품에 대한 수요를 창출하고 이를 자극한다. 주로 신제품의 시장소개와 출시된 기존제품의 수요를 창출하는 임무를 띠고 있다.

(4) 세일즈맨십(salesmanship)

세일즈맨십은 구매결정에 필요한 사실을 전달하는 직접적인 영향력 행사방법이다. 구매의사 결정을 유도하기 위해서는 설득심리를 이용할 수 있다. 판매원들이 효과적인 판매를 하기 위해서는 상업적인 정보만을 이용하는 것은 아니며, 비상업적인 내용의 정보를 동시에 이용하기도 한다. 즉, 사람을 설득

한다는 것은 단순히 한 가지 방법에만 의존할 수 없기 때문이다.

① 구매자-판매자 간의 관계(dyad)

판매자들이 보낸 메시지를 구매자들이 어떻게 받아들이고 해석하는가에는 여러 가지 방법으로 영향을 줄 수 있다. 판매자의 외모, 성격, 제품에 대한 지식수준 등 다양한 요소들이 영향을 주는 것이다. 반대로 구매자들이 판매자의 회사나 판매원에 대해서 갖는 개인적인 지식도 판매자들의 메시지를 해석하는 데 영향을 준다. 심지어는 가끔 구매자의 건강, 기분 등도 영향을 주기도 한다.

보험상품에 관한 한 연구에 의하면 보험상품의 구매자들은 비구매자들보다 보험상품이나 보험사에 대한 지식이 훨씬 많았는데, 이것은 보험상품에 대한 지식이 많으면 많을수록 보험상품을 구매할 가능성이 높다는 것을 의미한다.

이러한 방법은 고객의 수가 적을 때, 판매가격이 높을 때, 판매원과 잠재고객을 대응시킬 수 있는 가능성이 있을 때 유용하게 사용될 수 있다. 그러나 반대의 경우, 즉 잠재고객의 수가 많을 때, 판매단위가격이 낮을 때, 판매자와 구매자를 대응시키는 것이 제한적일 때에는 전략의 유용성이 의심된다.

② 판매과정

하나의 판매전략이 다른 상황에서도 효과적일 수는 없다. 예를 들어, 판매원의 목표를 주문확보(order getting), 수주(order taking), 판매지원(supporting) 등으로 구분해 볼 수 있는데, 각 목표에 따라 판매전략은 상이할 수밖에 없다.

주문확보는 판매를 새로이 만들어 가는 것이며, 잠재고객을 발견하고 판매를 하기 위하여 공격적인 캠페인을 실시한다. 반면 수주는 보다 편안한 분위기에서 판매업무가 진행되는데, 지속적인 관계를 유지하기 위하여 고객을 정기적으로 방문하는 형태로서 압력이 비교적 낮다. 비록 두 판매업의 성격이 달라 직접적인 비교가 불가능하지만 수주시의 전략을 주문확보 시의 전략으로 사용할 수는 없는 것이다.

판매지원은 주문의 확보나 수주와는 본질적으로 그 성격이 다르다. 이것은 일종의 기술지원, 경영 및 프로모션에 대한 지원이 그 주요 업무인데, 궁극적인 목표는 판매원들이 판매를 완성할 수 있도록 우호적인 관계를 유지하기 위한 것이다.

판매원의 판매상황을 판매대상에 따라 구분해 볼 수도 있다. 즉, 판매대상이 도매기관인가, 소매기관인가, 아니면 최종 사용자인가에 따라 이들의 업무는 사뭇 달라진다.

분명 판매상황에 따라 판매전략이나 기법이 차이가 있지만, 그중에서도 주문을 확보하는 판매원의 업무가 가장 질적으로 어렵고, 난이도가 높다. 어쨌든 판매원의 판매활동단계는 다음과 같은 몇 단계로 나누어 볼 수 있을 것이다. 이 책에서는 인위적으로 단계를 구분했지만 독자들은 이 단계가 연속적이고 상호 의존적임을 이해하여야 한다.

• 예상고객의 확인

이 단계는 판매원들이 우리 제품에 대하여 관심을 가지고 있고 우호적인 태도를 가지고 있는 예상고객들의 위치를 확인하는 단계이다. 추가적으로 이 단계에서는 구매자들이 구매계약의 권한이 있으며, 물건값을 지불할 수 있는 자격적인 측면도 분석하여야 한다.

예상고객을 확인하는 방법은 여러 가지가 있다. 첫 번째로 사용하는 방법은 '눈덩이 방법(snowball technique)'이다. 어떤 소비자들이라고 하더라도 자신이 구매한 제품에 대해서 다른 사람에게 권유하는 것이 보통이다. 눈덩이 방법이란 한 사람부터 시작해서 점차로 여러 사람으로 늘려나가는 눈덩이적인 특성을 일컫는 말이다. 이 방법을 프리미엄 방법 중 소개형 프리미엄 방법(referral premium)과 연결하여 사용하면 효과적이다.

• 접근 전 준비(preapproach)

예상고객이 발견되면 그 다음에 판매원이 해야 할 일은 예상고객에 효과적으로 접근하는 것이다. 예상고객이 과거에 제품을 어떻게 구매했는가, 현재의 욕구는 어떤 것이며, 경쟁자는 어떠한 대안을 제시할 수 있는가를 분석하여야 한다. 이 과정을 접근 전 준비라고 한다.

• 접근

판매자가 처음으로 구매자를 만나는 작업이다. 그러나 불행히도 많은 판매원들이 이전의 두 단계를 거치지 않고 이 단계로 진입하는 경우가 많다. 특히 판매원이 처음으로 예상고객을 만날 때는 사전에 계획을 치밀히 수립하여야 한다. 이 단계의 목표는 예상고객의 관심과 주의를 끄는 일이다.

• 프레젠테이션(presentation)

이 단계는 고객의 욕구를 창출하기 위한 단계이다. 목적을 달성하기 위해서는 제품속성과 혜택에 대한 모든 이야기를 전달하여야 한다. 판매자가 고객의 행동에 영향을 주기 위해서는 우선적으로 고객에게 확신을 심어 주어야 하며, 고객과의 관계를 일방적 관계가 아닌 이원적이거나 쌍방적인 관계로 인식하여야 한다. 고객들은 즉각적인 의사결정을 피하기 위하여 프레젠테이션이 진행되는 동안 이의를 제기하거나 판매자들이 본질에서 벗어나도록 유도하기도 한다. 그러나 숙달된 판매원이라면 이러한 이의제기가 발생할 것이라고 예측하고 논쟁을 핵심으로 돌릴 수 있어야 한다. 때로 판매원들은 사전에 잘 준비된 정형화된 프레젠테이션을 하는 경우가 있다. 이 방법은 사전에 이미 잘 검증되어 매우 완성도가 높은 정보를 제공해 주기는 하지만 초보 판매원이나 표준화된 상황하에서만 제한적으로 효과적이다.

• 이의제기에 대한 대응

프레젠테이션과 밀접한 관계를 가지고 있는 것이 바로 이의제기를 극복하는 방법이다. 이의제기란 대부분 프레젠테이션 도중에 발생되는 것이기 때문이다. 이의제기를 잘 극복해야만 판매자는 효과적으로 판매할 수 있다는 것을 명심해야 한다.

이의제기를 대응하는 가장 좋은 방법은 이의의 본질과 목적을 정확히 파악하는 것이 지름길이다. 예를 들어, 예상고객은 디자인을 트집잡아 구매를 거절할 수 있는데, 이러한 경우 판매원이 제기된 이의를 극복한다고 하더라도 판매는 현실화되지 않을 수 있다. 즉, 지속적으로 이의에 대한 반증을 제시하는 것이 문제를 해결하는 것이 아니라는 것이다. 즉, 구매자의 문제는 진짜 디자인의 문제가 아니라 경제적인 제약일 수 있다. 구매자는 자신의 경제적 제약을 쉽게 드러내려고 하지 않는다. 다만 완곡한 방법으로 이를 거절할 수 있는데, 판매원은 구매자의 의도를 상황에 의하여 정확히 파악하는 기술을 길러야 한다.

● 판매

이 단계는 구체적인 판매행동을 얻어내는 것이 궁극적인 목표이다. 고객의 입장이 되는 것이 가장 중요하다. 판매를 완성시키는 기술 중의 하나는 예상고객이 구매할 준비가 되어 있는가를 아는 것이다. 예를 들어, 고객이 배달시간, 신용기간, 업무의 마감시간 등에 대하여 물어 본다면 그것은 분명 판매가 임박했다는 신호이다.

● 후속작업(follow up)

많은 판매자들이 제품의 인도와 더불어 판매가 끝났다고 생각한다. 그러나 그것은 큰 오산이다. 좀 더 심각하게 말하면 제품의 인도 그 자체가 판매의 시작인 것이다. 만약 구매자가 실제 제품의 사용과정에서 제품에 대한 불만을 느낄 수 있고, 이러한 문제를 판매원이 해결해 주지 않는다면 구매사는 종종 불이익을 감수하고 제품을 반환한다. 고가의 제품일수록 이 현상은 더 심각하다. 우리나라의 소비자보호법, 방문판매법도 소비자를 중심으로 한 법규가 만들어져 있으므로 소비자와 분쟁을 일으키는 것은 자칫 더 심각한 문제를 야기할 수 있다.

그러므로 판매자들은 구매자들이 제품에 확신을 갖고, 사용상의 효용을 높일 수 있도록 최대한 정보를 제공하고 도와주어야 한다. 사용 후 제품 사용에 대한 정기적인 쌍방향 커뮤니케이션은 구매자의 판단을 확고하게 하고, 새로운 추가구매나 소개를 통한 추가기회를 약속한다.

4) 판매촉진(sales promotion)

(1) 판매촉진의 개념

기업들이 제품의 판매를 활성화시키기 위해 자주 사용하는 또 다른 방법이 바로 판매촉진이다. 프로모션활동 중에서 기업들이 광고활동만큼이나 판매촉진에 많은 비용을 사용한다. 그러나 직관적으로 판매촉진이 광고와 차이가 있는 점은 판매촉진이 그 응용방법에 있어서 매우 다양하다는 것이다. 예를 들어, 소비자에 대한 단순한 가격할인도 판매촉진의 한 방법이며, 쿠폰을 제공하는 것도 판매촉진의 또 다른 방법인 것처럼, 그 사용방법은 실로 무궁무진하다고 할 수 있다.

판매촉진은 일반적으로 사용하는 촉진이라 하는 것과는 개념적으로 차이가 있다. 판매촉진이 단기적인 판매를 자극하기 위한 유인방법이라는 작은 개념인 데 반해 촉진이라는 개념은 제품의 판매와 관련하여 소비자와 커뮤니케이션 하는 광고, PR, 판매촉진, 판매원 등 다양한 방법을 총칭하는 것이다. 그러므로 촉진이라는 것과 판매촉진 또는 판촉과는 구분하여야 한다. 앞에서도 설명했지만, 이 책에서는 그러한 의미의 혼동을 막기 위하여 프로모션이라는 말을 사용하였다.

〈표 7〉 판매촉진의 개념 정리

출처	정의
Kotler, 2003	소비자 또는 거래를 통하여 특정제품의 신속한 또는 모 은 구매를 자극하기 위하여 계획된 단기적이고 자극적 수단의 집합

Shultz & Robinson, 1982	즉각적인 판매를 만들어낼 목적으로 판매원, 유통업자, 소비자를 대상으로 하는 직접적인 유인이나 인센티브
Webster, 1992	고객의 구매행동을 유인하기 위한 단기적 방법
Davis et al., 1992	제한된 시간에 구매를 유도하기 위해 행해지는 보조적 마케팅 노력

판매촉진은 "고객들의 행위에 직접적인 영향을 주기 위한 기업 행동중심적인 마케팅 이벤트"라고 정의할 수 있다. 그러나 이러한 간단한 개념에도 다음과 같은 몇 가지 중요한 의미가 담겨져 있다.

첫째, 판매촉진은 행동중심적이다. 이것은 판매촉진이 즉각적인 행동을 유발하기 위해서 계획된다는 것이다. 판매촉진이 행동을 유발하기 위한 활동이라는 것은 바로 시간적 제약 때문이다. 즉, 많은 판매촉진이 기간을 명시하고 있는데, 예를 들어 8월 한 달 동안 제품의 가격을 50% 할인한다는 식의 자극은 결국 소비자들의 즉각적인 참여를 유도하는 것이다. 물론 모든 판매촉진이 시간적인 제약에 있는 것도, 참여를 필요로 하는 것도 아니지만 대부분 시간적인 제약하에서 행동의 유발을 촉구한다.

둘째, 판매촉진은 관계적 이벤트이다. 관계적 이벤트란 잘 계획된 특정의 인센티브를 통하여 판매촉진의 주체와 고객 간에 관계(relationship)를 맺게 만든다는 것이다. 관계성을 강조하는 것은 판매촉진의 범위가 과거에는 단순히 가격의 할인이나 프리미엄 등과 같은 인센티브에 그쳤으나 요즈음에 와서는 회원제를 통한 가격할인이나 프리미엄(회원에게는 구매 시 특별한 인센티브를 제공)의 영역까지 확대되고 있기 때문이다.

셋째, 판매촉진은 인지적 자극이다. 판매촉진은 광고나 PR처럼 감정적 태도를 형성하게 하는 것이 아니라 구매의 이유를 이성적으로 제공한다. 이성적인 이유를 제공한다는 말은 제품에 대한 가격과 효용 등을 면밀히 따져 제품을 구매하도록한다는 것이다. 제품을 구매하는 이유가 단순히 내 친구가 가지고 있으니까, 또는 광고에서 나왔으니까 등과 같은 이유가 아닌 다른 제품과 비교하여 동일한 품질이라면 싼 가격의 제품을 구매하는, 이른바 가격대비 효용을 따진다는 것이다. 즉 이것은 소비자의 제품구매를 가장 직접적으로 자극하는 것이다.

넷째, 판매촉진의 대상이 소비자만이 아닌 중간상도 포함된다. 흔히 다른 프로모션 활동들이 풀(pull) 전략 중심인 반면에 판매촉진은 소비한 풀(pull) 전략과 중간상을 통한 푸쉬(push) 전략의 특성을 동시에 가지고 있다.

결국 중간상에 대한 푸시(push) 전략은 궁극적으로 소비자들의 행동을 유발하는 중간적인 단계가 되기 때문이다.

(2) 판매촉진의 유형

판매촉진은 판매촉진의 대상과 주체에 따라서, 소비자의 직접적인 구매를 유발하는 대소비자 판매촉진(consumer sales promotion)과 유통업체로 하여금 제품의 구매를 촉진하는 대유통업체 판매촉진(trade sales promotion), 그리고 소매기관들이 소비자를 상대로 하는 소매기관의 판매촉진(retailer sales promotion) 등으로 나눌 수 있다. 구체적인 내용은 다음에 설명할 것이며, 여기서는 개괄적인 특징만을 설명한다.

그림 9 판매촉진 유형

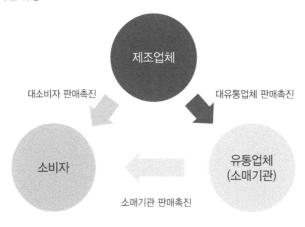

[그림 9]에 제시된 바와 같이 대소비자 판매촉진(consumer sales promotion)은 제조업체가 그들의 소비자를 대상으로 직접 행하는 판매촉진을, 대유통업체 판매촉진(trade sales promotion)은 말 그대로 유통업체 즉 도매기관이나 소매기관 등과 같은 제조업체의 제품을 취급하는 중간상을 대상으로 하는 판매촉진활동이다. 그리고 소매기관의 판매촉진(retailer sales promotion)은 소매기관이 직접 소비자를 대상으로 행하는 판매초지 활동이다. 소매기관의 판매촉진은 대부분 제조업체와 소매기관이 공동으로 수행하는 경우가 많으며, 제조업체는 소매기관의 판매촉진에 대한 비용의 일부를(대개는 약 50%) 지원해준다. 광고에 있어서 협동광고가 제조업체와 유통기관의 공동광고인 것처럼, 판매촉진도 제조업체와 중간상의 협력에 의하여 이루어지는 경우가 많다. 결국 제조업체로 보면 자사제품의 판매이기 때문이다.

대유통업체 판매촉진은 대부분 푸시 전략의 형태이며, 대소비자 판매촉진은 풀전략의 형태를 띤다. 대소비자 판매촉진은 결국 광고(이를 SP광고라고 부름)라는 수단이 없으면 이루어질 수 없으며, 대유통기관 판매촉진은 이 책에서 앞으로 설명할 인적판매활동과 결합되어 사용되는 것이 보통이다.

① 대소비자 판매촉진의 특징

소비자들을 직접적으로 구매로 유도하는 좋은 방법은 무엇일까? 특히 경쟁상황에서 구매가 예견되는 소비자들이게 구매를 당기거나 활성화시키는 방법은 더 주기와 깎아주기이다. 더 주기 방법이란 기존의 가격체계를 손상시키지 않으면서 소비자들에게 효용이 있는 무엇인가를 제공하는 것이며, 깎아주기란 기존의 가격보다 낮은 가격으로 소비자들에게 제품을 제공하는 것이다. 깎아주기에는 간접적인 깎아주기와 직접적인 깎아주기가 있다. 간접적인 깎아주기도 기존의 가격체계를 유지하면서 소비자들에게 가격적인 혜택을 주는 방법이며, 직접적인 깎아주기는 가격의 일부를 아예 공제한 상태에서 판매하는 것이다. 판매촉진은 이러한 개념에서 이해하면 좋을 것이다.

　판매촉진은 기업에게 다양한 프로모션 목표를 충족시키는 동시에 표적시장에 도달하기 위한 융통성을 제공한다는 점에서 다른 프로모션 믹스와의 차별적인 특성이 있다. 〈표 8〉은 이러한 프로모션의 특성을 간략하게 다른 프로모션 믹스 도구와 비교해 놓은 것이다.

〈표 8〉 판매촉진과 다른 프로모션 도구와의 비교

	판매촉진	광고	홍보	인적판매
기본목적	매출증대	이미지/선호도/태도개선/포지셔닝	신뢰형성	판매 및 관계형성
소구방법	이성적	감성적	감정적	이성적
기간	단기	장기	장기	단/장기
이익 기여도	높음	보통	낮음	높음

　그렇다면 판매촉진의 장점과 단점은 무엇인가? 〈표 9〉를 통해 알 수 있듯이 판매촉진의 가장 큰 장점은 단기적으로 판매량에 직접적인 영향을 줄 수 있다는 점이다. 판매촉진은 동일한 가격의 제품에 대하여 부가적인 가치를 제공하거나 동질의 제품에 대하여 가격격을 할인하거나 쿠폰을 제공함으로써 소비자가 기존에 가지고 있던 가격과 가치 간의 관계를 변화시키고 궁극적으로 판매량을 증가시킬 수가 있는 것이다. 뿐만 아니라 대부분의 판매촉진은 유효기간이 정해진 일시적인 행사이기 때문에 부가적인 가치를 얻고자 하는 고객은 일정기간 안으로 구매를 앞당기게 된다. 뿐만 아니라 아직 구매하지 않은 고객에게는 샘플을 제공함으로써 사용을 유도할 수도 있으며 결과적으로 프리미엄 등을 이용하여 반복구매를 이끌어 내기도 한다. 이 외에도 판촉행사는 다양한 흥미와 재미 요소 때문에 일단 소비자의 관심을 끌기 쉽다는 장점이 있으며 판촉행사를 통해 표적고객들의 데이터베이스를 구축할 수 있

다는 중요한 이점이 있다. 또한 비용 면에서도 광고에 비해 판촉의 비용이 더 저렴하며, 그 결과를 더 쉽게 확인할 수 있다는 장점이 있다.

이에 반해 판매촉진의 단점으로 지적할 수 있는 점은 첫째, 무모한 판매촉진 경쟁을 일으킬 수 있다는 점이다. 만약 특정산업에서 한 기업이 판매촉진을 지나치게 사용하면 다른 경쟁자들도 경쟁수단으로서 판매촉진을 이용할 가능성이 높아진다. 그렇게 된다면, 기업들은 서로 경쟁에서 뒤처지지 않기 위해서 더 많은 쿠폰을 발행해야 하며 더 큰 리베이트를 주어야 하고 더 비싼 경품을 준비함으로써 경쟁기업으로부터 자신의 고객을 지키려고 할 것이다. 이러한 효과를 스노우볼 효과(snowball effect)라고 한다. 또 다른 단점은 판촉이 브랜드 이미지에 부정적인 영향을 미침으로써 판촉이 철회되었을 때 그 상표에 대한 재구매 확률을 현저히 감소시킨다는 점이다. 소비자는 비록 판매촉진을 이용하여 구매하였다고 하더라도 판매촉진으로 인하여 그 상표에 대한 인식이나 태도가 비우호적으로 변하였을 가능성이 크다. 뿐만 아니라 매번 판매촉진을 이용하여 구매를 하던 고객은 판매촉진이 철회되더라도 그 이전 구매에 이용한 판매촉진을 기억해 내고 판매촉진이 행해질 때 그 상표를 구매해야 한다고 생각하기 때문에 구매를 연기하거나 재구매할 확률을 감소시킨다. 이러한 효과를 촉진사용효과(promotion usage effect)라고 한다. 이러한 단점들을 막기 위해 기업은 판매촉진 방법들을 통제해야 한다. 판매촉진은 기업의 목표를 달성하기 위한 마케팅계획의 일부이므로, 제품이미지와 광고를 지원하거나 강화하도록 조심스럽게 활용해야 할 것이다.

〈표 9〉 판매촉진의 장·단점

장점	단점
행동하도록 별도의 유인책을 제공한다. 가격/가치 관계를 변화시킨다. 제공하는 제품의 유형적 가치를 증가시킨다. 즉시적인 구매를 촉진한다. 흥미와 구경거리를 제공한다. 사용을 유도한다. 반복구매를 자극한다. 구매빈도를 증가시킨다. 데이터베이스를 구축할 수 있다.	산만성이 증가된다. 준거가격이 변화될 수 있다. 판매촉진이 있을 때까지 구매를 연기하는 소비자가 생길 수 있다. 거래상의 협력을 확보하기 어렵다. 상표이미지를 손상시킬 수 있다.

② 대유통업체 판매촉진의 특징

기업이 단기적인 마케팅목표를 달성하기 위하여 소비자 판매촉진을 활용하듯이 제조 업자는 유통판매촉진을 계획함으로써 그러한 마케팅목표를 보완하려고 한다. 제조업자가 유통업자를 대상으로 하는 판매촉진은 그 유형만큼이나 목적도 다양하지만 그 근본원인에 근거하여 크게 세 가지로 나누어 생각할 수 있다. 첫째, 제조업체는 자사제품에 대한 매입의욕을 고취하기 위하여 유통업체를 대상으로 촉진활동을 계획한다. 제조업체는 유통업체가 더 많은 물량을 매입하고 취급하는 것이 유통업자의 이윤향상에 도움이 된다는 것을 설득시키고 권유하기 위하여 가격할인이나 물량할인 등의 유통판촉수단을 이용한다. 둘째, 제조업체는 자사의 제품을 우선 판매할 목적으로 영업사원에게 인센티브를 주어 동기를 부여하거나 유통업체를 대상으로 각종 공제혜택을 지원해주기도 한다. 이러한 직접적인 유통판촉수단 이외에도 셋째, 제조업체와 유통업체가 공생하는 관계임을 상기시킬 목적으로 유통판촉을 활용하기도 한다. 즉 제조업체는 유통업체를 대상으로 각종 행사에 초대하거나 매장관리를 지원해줌으로써 제조업자와 유통업체 간의 유대를 강화하고 신뢰를 구축한다.

제조업체는 유통판매촉진을 통하여 소매업체들에게 다양한 이득을 제공하고 유통업체는 다시 그 이득을 소비자에게 이전함으로써 소비자들이 할인된 가격으로 제품을 구입할 수 있도록 한다. 또한 제조업체는 유통판매촉진을 통해 유통업체가 재고를 충분히 가지고 있도록 하여 제품을 보관하는 창고비용을 이전시킬 수 있고 재고가 소진됨으로 중단되는 상황도 방지할 수 있다. 이를 통해 제조업체는 소매업체들이 자사의 특정브랜드를 매장의 좋은 위치에 진열하도록 하고 특정브랜드를 광고하도록 유도한다. 그리고 경쟁업체가 판매촉진활동을 하여 시장점유율의 확대를 노리는 경우 이에 대응하는 전략으로 판매촉진을 하기도 한다.

(3) 판매촉진 방법

판매촉진에 해당하는 커뮤니케이션 수단에는 다음과 같은 것들이 있다.

① 소비자를 대상으로 한 비가격 판매촉진 방법

경품(premium)은 소비자가 제품을 구입하면 다른 물품을 제공하는 것으로 특정 제품의 구매를 유도하는 촉진수단이다.

• **패키지형 프리미엄**(package related premium)에는 3가지 유형이 있다. 첫째, 내장형(in-pack) 프리미엄은 과자류에서 가장 많이 보이는 것으로 본 제품의 포장 안에 프리미엄이 포함되어 있는 경우다. 둘째, 외장형(on-pack) 프리미엄은 제품 외부에 프리미엄이 함께 묶여 제공된다. 셋째, 분리형(near) 프리미엄은 프리미엄을 함께 포장하거나 부착하기 어려운 경우에 본 제품과 가까운 곳에 진열하고 본 제품의 구매 시에 함께 제공되는 유형이다. 따라서 소비자가 이 제품을 구매하면 동시에 이 프리미엄을 받을 수 있게 된다.

• **연속형 프리미엄**(continuity premium): 프리미엄 제품을 여러 개로 나누어 제공함으로써 몇 개의 본 제품을 구매해야만 하나의 완전한 프리미엄 제품을 형성할 수 있는 경우이다.

- **자기 부담식 프리미엄(self-liquidating premium)**: 프리미엄의 일부금액을 소비자들에게 부담하게 하는 방법이다. 소비자가 일정액의 프리미엄 대금이나 세금 등을 부담하여 기업은 소비자에게 프리미엄 제품을 보내주는 방법이다.

- **소개식 프리미엄(referral premium)**: 잠재소비자를 소개시켜 줄 경우 프리미엄을 제공하는 방법이다. 예를 들면, 기존 회원이 신규 가입회원을 한 명 소개할 때마다 판촉행사에 참여할 수 있는 권한을 준다든지 아니면 적립 포인트를 늘려주는 형식이다.

- **보너스 팩(bonus pack)**: 가격은 그대로 유지하고 내용물의 용량이나 수량을 늘려 제공하는 프리미엄 방법이다. 보너스 팩을 제공하는 방법에는 두 가지가 있는데, 첫째, 기존의 제품의 양을 늘려 포장에 증가된 부분을 표시하여 제공하는 방법과 둘째, 기존의 제품을 몇 개로 묶음 포장하여 낱개로 구매할 경우보다 싼 값으로 제공하는 방법이다.

- **견본(sample)**: 소비자에게 소량의 제품이나 시험용 제품을 무료 또는 적은 비용으로 제공하는 것으로 소비자들이 상품을 직접 사용해보도록 해서 구매를 유도하는 전략이다. 견본을 배포하는 방법은 보통 제품 자체의 특징에 따라 결정된다.

- **호별방문(door-to-door)** : 집집마다 찾아다니며 배포하는 호별방문은 목표시장을 선택할 수 있으며 견본에 대한 반응률이 높다는 장점이 있지만 인건비 등의 비용이 많이 든다는 단점이 있다.

- **DM(direct mail)샘플링** : DM샘플링은 보통 화장품 회사에서 신제품의 견본을 우편으로 발송하여 소비자를 매장으로 유도하기 위해 자주 사용하고 있다. 그러나 우편 비용이 많이 소요되며, 표적고객의 데이터가 준비되어야 한다.

- **점포 내 무료샘플(in-store free sample)** : 해당 제품을 취급하는 매장에서 샘플링을 실시하는 방법이다. 점포 내 샘플링의 장점은 해당제품을 판매하는 곳에서 견본을 나눠주기 때문에 사용해 본 후 바로 구매로 이어질 수 있는 장점이 있다.

- **패키지 무료샘플**(package free sample) : 패키지 무료샘플은 다른 제품과 함께 소량으로 소비자들이 해당제품을 사용해보도록 하는 방법이다.
- **무료샘플 쿠폰**(coupon for free samping) : 우편이나 매체를 통해 무료샘플을 받을 수 있는 쿠폰을 배포한 후 소비자가 해당 쿠폰을 오려서 소매상에 제출하면 해당제품의 샘플을 지급하는 방법이다. 최근에는 SNS를 활용하여 쿠폰을 지급하는 경우가 많아지고 있다.
- **중앙배포**(central location) : 잠재고객이 많이 이용하는 장소나 점포, 공공장소 등에서 직접 샘플링을 하는 방법이다.

콘테스트(contest)와 추첨(sweepstakes)이 있는데, 먼저 콘테스트는 소비자가 상품을 타기 위해 자신의 능력을 활용하여 경쟁하도록 하는 판매촉진 방법이다. 이에 반해 추첨은 단지 우연에 의해 추첨자가 결정되며 참여조건으로 구매를 증명할 필요는 없다. 콘테스트나 추첨은 특정한 브랜드에 대한 소비자를 확보할 목적으로 활용될 수 있다는 데 가장 큰 장점이 있다.

시연회(demonstration)는 고객의 눈앞에서 실제로 상품을 보여주면서, 실연을 통해서 상품의 사용법과 차별화된 우위성을 납득시키는 방법이다. 특히 전문품, 대중에게 직접 시험구매 시키기에는 무리가 있는 제품, 또는 샘플로 제작하기 어려움이 있는 제품의 경우에 사용된다.

충성도 제고 프로그램은 자주 구매하는 소비자들에게 가격을 할인해주거나, 선물, 혹은 특별 이벤트에 초대장을 보내주거나, 구매정도에 따라 차별화된 혜택을 부여하는 형태로 이루어지는 판매촉진 방법이다. 예를 들면, 항공산업에서 해당 항공사를 자주 이용하는 고객에게 마일리지를 적립하여 주고 일정 마일리지 이상 되면 무료 항공권을 선물하거나 등급을 올려 2등석에서 1등석으로 조정하여 차별적인 대우를 해주는 경우에 해당한다. 또한 스타벅스는 매년 여름과 겨울 두 달 동안 신제품 음료 3잔을 포함해 총 17잔의 음료를 구매하면 스타벅스 증정품을 제공하는 촉진도 대표적인 사례다.

② 소비자를 대상으로 한 가격 판매촉진 방법

가격할인은 해당 제품에 대해 경제적인 측면에서 가격을 할인해줌으로써 소비자들에게 직접적인 구매동기를 부여할 뿐만 아니라 즉각적인 상품구매를 유도한다.

쿠폰(coupon)은 그것을 소지한 사람에게 어떤 이익이나 현금적립 혹은 선물을 주기 위해 유통되는 것을 말한다. 가격에 민감한 제품의 경우 쿠폰은 소비자의 반복구매를 유도할 수 있고, 소비자에게 직접적인 가격을 할인해주는 효과가 있다.

• 제품유통 쿠폰(merchandise-distribution coupons)은 제품의 판매를 통하여 제품과 함께 배포되는 쿠폰이다. 제품과 함께 쿠폰을 유통시키기 위하여 제조업체는 제품의 포장 내부에 쿠폰을 넣거나(in-pack), 제품의 포장이나 제품의 표면에 직접 인쇄하거나(on-pack), 동일 제조업체의 여타 상품에 부착하는(cross-pack) 방식 중에서 선택한다. 최근에서는 SNS가 확산되면서 할인쿠폰을 제공하고 있다.

리펀드(refund)와 리베이트(rebate)는 제조업자에 의해 행해지는 제품구매가격의 일부분을 소비자에게 돌려주는 형태의 판매촉진이다. 리펀드는 소비자가 구매하는 시점에서 소비자에게 현금으로 바로 돌려주는 형태를 취한다. 리베이트는 구매에 따른 가격할인의 형태로 이루어진다.

③ 유통 판매촉진의 비가격 판매촉진 활동

영업사원 인센티브(incentive) 제도는 제품에 대한 지식이 부족한 소비자들은 구매하고자 하는 제품을 정하지 못한채로 유통점을 방문하는 경우가 많다. 그러므로 소매업체의 영업사원이 소비자들에게 특정제품을 구입하도록 권유하거나 추천하는 것은 그 제품의 매출증대에 큰 영향을 미친다. 예를 들어, 자동차나 가전제품을 구매할 경우 소비자들은 영업사원들의 조언을 따라서 제품을 선택할 확률이 높다. 이를 위해 제조업체는 그들의 제품을 가장 먼저 소비자들에게 추천해주도록 영업사원들에게 인센티브를 주게 된다.

제조업체들이 유통업체들의 판촉활동을 강화시킬 수 있는 효과적인 방법으로 유통 영업사원들에 대한 교육을 실시하기도 한다. 이는 유통업체와 제조업체 모두에게 도움이 된다. 교육이 잘된 영업사원들은 고객들로 하여금 유통업체에 대해서뿐만 아니라 제조업체에 대해서도 호의를 갖게 할 수 있다.

대형 유통업체인 경우 자체 교육시설과 교육인력을 보유하고 있어서 영업사원들을 교육할 수가 있다. 그러나 소형 유통업체들은 비용과 규모의 제약으로 자체의 교육시설과 교육인력을 보유하고 있지 못하는 경우가 많다. 이때 제조업체가 이러한 시설을 제공해주거나 교육에 필요한 인력을 제공해줌으로써 유통업체에 필요한 교육의 기회를 제공해주는 것이다.

콘테스트는 할당된 판매량을 많이 초과한 유통업체나 영업사원들에게 여러 가지 형태의 선물을 제공하는 것을 말한다. 따라서 영업사원들이 열정을 가지고 판매촉진에 참여할 수 있도록 하는 역할을 한다. 콘테스트에서 제공되는 상품은 매우 다양할 수 있다. 실적에 따라 여행상품을 제공하거나, 자사의 멤버십 포인트를 제공하기도 한다.

초대회에는 신제품 런칭 설명회, 신상품 품평회, 창립기념행사, 신년회, 생산시설 견학, 전시회, 단체초대 등이 있다. 초대회의 장점은 무엇보다 동질의식을 가진 유통업자들 간의 자연스러운 상호교류의 장이 마련된다는 점이다. 제조업자는 각종 초대회를 통해 판매 시 느끼는 애로사항을 귀담아 들을 수 있으며, 모범매장의 유통업자에게 자신의 사례를 발표케 함으로써 참신한 자극을 줄 수도 있다.

사은품은 제조업체가 생산한 제품과 연관된 제품을 사용하는 것이 판촉효과를 극대화하는 데 효과적이다. 예를 들어, 냉장고를 판매할 때 냉장고용 음식보관 용기를 사은품으로 증정하거나, 자동차를 판매할 때 자동차 수리장비를 사은품으로 주는 경우는 그 제품을 판매하는 경쟁업체보다 경쟁우위를 가질 수 있게 된다.

지정 판매량에 대한 인센티브란 누적된 판매량에 따른 인센티브와 비슷하나, 판매량에 따라서 인센티브는 달라지는 것이 아니라 지정 판매량만 넘으면 그 비율에 상관없이 동일한 인센티브를 제공하는 것이 특징이다. 이 제도를 시행하게 되면 정해진 할당량만 넘으면 영업사원들의 판매에 대한 열의가 줄어들 수 있으나, 많은 제품 선택대안들 중에 우선 관심을 가지고 그 제품에 대한 정보를 많이 가지게 되는 계기가 될 수 있다.

제조업체는 그들의 제품에 대한 고객의 시선과 관심을 끌도록 하는 목적으로 매장 내 다양한 지점에 설치할 수 있는 고객접점(POP: Point of Purchase) 광고물(Display)을 제공한다. 특히 각 제품이 소비자의 시선을 끌 수 있는 시간이 평균 0.3초에 불과한 소비재의 경우는 제품의 가시성이 매우 중요하다. POP 광고물은 소비자의 시선을 끄는 기능 이외에도 제품에 대한 정보(예를 들어, 제품의 특징, 제품의 외관 등)를 제공하는 역할도 수행한다. 매체광고와 연계된 테마를 가진 POP 광고물이 특히 효과적이다.

팩세트(trade bonus pack)는 제조업체가 특정제품의 시장점유율을 확대하거나 비인기 제품의 재고를 소진하기 위한 대표전인 푸시(push)전략 중의 하나다. 제조업자는 판매를 확대하거나 재고를 소진하려고 생각하는 제품을 대상으로 일정한 팩세트를 만들고 판촉요소를 가미하여 유통업자의 매입동기를 고취하고 대량판매를 유도한다.

응모권 내장은 보통 팩세트와 같이 제품의 확대판매를 목적으로 사용되지만, 팩세트보다 게임적인 요소를 가미하여 유통업자의 매입동기를 자극하는 방법이다. 응모권은 박스포장 단위마다 하나씩 내장되는데, 당첨확률은 높지만 저가의 경품을 제공하는 방법이 있고, 반대로 당첨될 확률은 적지만 고가의 경품이 제공되는 방법이 있다.

박람회(trade show)는 동종산업에서 경쟁하는 수천의 제조업체들은 그들의 다양한 제품을 전시하거나 정기적으로 계획된 행사에 초대되어 그들의 제품을 전시하고 주문을 받는다. 보통은 동종산업 간에 협력하여 박람회를 계획하고 전개하는데 이와 같은 박람회는 소비자뿐만 아니라 유통업체를 대상으로 하는 판촉전략이 된다. 제조업체는 막대한 마케팅비용을 들여 박람회를 계획하는데 이것을 통해 제조업체는 새로운 유통 경로를 확대할 수도 있고 자사의 신제품에 관한 정보와 지식을 소비자와 유통업체에게 알림으로써 인지도를 향상시키고 나아가 대량주문을 받기도 한다.

판매상 지원(dealer loader)은 특정 양의 제품을 구매한 것에 대해 제조업자가 유통업자에게 제공하는 경품을 지칭한다. 일반적으로 판매상 지원에는 두 가지가 있다. 하나는 구매에 대해 제공되는 구매지원(buying loading)이며, 다른 하나는 진열이나 특판 등의 촉진지원에 대한 보상으로 제조업자가 유통업자에게 제공하는 진열지원(display loader)이다.

제조업체는 유통업체가 보다 효율적인 재고 및 판매관리를 할 수 있도록 매장관리 프로그램 등을 자체 개발하여 유통업체에 지원하기도 한다. 뿐만 아니라 제품의 특성상 빠른 배달이 중요하거나 데일리(daily) 제품인 경우 수요 예측을 위해 제조업체와 연계하여 유통업체의 POS(point of sales)등을 전산화함으로써 수요량이나 판매조건에 맞춘 자동주문 시스템 등을 지원할 수도 있다.

④ 유통 판매촉진의 가격 판매촉진 활동

진열수당(display 또는 allowance)은 협력광고 수당과 비슷한 것이다. 제조업체는 소매업체가 가격할인 판매촉진 기간 동안 소비자들이 잘 알아볼 수 있도록 매장에 진열하기를 바란다. 평상시에는 진열을 좋은 곳에 하는 것도 중요하지만 제조업체가 많은 비용을 들여서 진행하는 판매촉진 행사 기간 중에 매출을 극대화할 수 있는 진열과 배치가 매우 중요하다. 소매업체들이 이렇게 판촉기간 동안 판촉에 유리하도록 진열과 배치를 하는 것을 유도하고 진열에 대한 비용을 지불하기 위하여 진열수당을 지불하는 것이다.

전시와 진열이 중요한 이유는 소비자들에게 제품에 대한 필요를 상기시키거나 시험적으로 사용하기 위하여 구매를 유도할 수 있다는 점이다. 가격에 대한 저항 때문에 구매를 미뤄왔던 소비자들에게 판촉기간임을 알려서 구매가 이루어지도록 하기도 한다.

시판대 및 특판대 수당은 제조업체가 신제품을 출시할 경우 시험판매를 할 수 있는 장소를 제공하는 소매업체에게 지불하는 것이다. 신제품을 시험하기 위해서는 소매업체가 가장 적합하기 때문이다. 이 시판대를 사용하게 되면 지정된 액수를 소매업체에게 지불하게 된다. 또한 특판대는 제조업체가 판촉행사를 위하여 설치하는 것으로 기존의 제품 판촉활동을 하기 위한 것이다. 이러한 특판대 역시 좋은 위치에 설치해야만 하고 행사를 치르기 위해서는 유통업체의 도움이 필요하므로 수당을 제공하게 된다.

구매량에 따른 할인이란 한정된 기간을 정해놓고 그 기간동안 유통업체가 구입한 총 물품에 대한 누적판매량 혹은 주문량에 따라 할인을 해 주는 것이다. 이 정책을 쓰는 경우에 유통업체는 이 기간동안에는 소량의 주문을 자주 하기보다는 가급적 수요를 예측하여 물량을 모아서 한꺼번에 미리 주문한다. 그렇게 되면 제조업체는 생산량에 관한 정보를 얻을 수 있기 때문에 생산관리에 도움이 되고 영업사원들이나 구매를 담당하는 직원의 물류관리에도 도움을 줄 수 있기 때문에 효과적이다.

가격할인은 정해진 기간 동안 유통업체에게 제품을 할인해주는 것이다. 일시적으로 가격을 할인함으로써 유통업체로 하여금 보다 많은 재고를 보유하게 하고 할인의 일부 혹은 전부를 소비자 가격에 반영하도록 유도한다. 그리고 그 할인기간이 지나면 가격은 원래 가격으로 되돌아간다. 이러한 할인에는 일정수량 이상을 주문해야 한다는 등의 조건이 붙을 수 있고, 직접적인 할인을 제공할수도 있고, 프리미엄 제공 등의 형태가 있을 수 있다. 가격할인은 정기적으로 일정기간 동안 실시하게 되며 비정기적으로는 실시하지 않는 것이 보통이다.

재고 금융지원이란 유통업체가 제품을 공급받기 위하여 제조업체에 물품 대금을 지불해야 하는데 유통업체가 자금의 여력이 없고 제조업체가 자금의 여력이 있는 경우 제품에 대한 지불을 연장해주는 계약을 맺는다. 보통 재고에 대한 지불은 90일이나 배달 후 어떤 고정된 기간 후에 하도록 명시를 한다. 결과적으로 유통업체의 금융부담을 제조업체가 해소해 주는 것이다. 이 정책을 사용하게 되면 유통업자는 그들이 그 물품에 대한 값을 지불하기 전에 다 판매하여 지불대금을 마련해야 하기 때문에 그 제품의 판매를 위하여 노력하게 된다.

오버라이더(overrider)는 유럽에서 자주 쓰이는 유통판매촉진으로 제조업체가 매년 초에 유통업체와 계약을 맺는 것이다. 즉 제조업체는 유통업자에게 적절한 목표판매량을 제시하고 만약 그 목표판매량을 유통업자가 연말에 달성할 경우 제조업자는 유통업자에게 연초에 계약한 금액을 지급하는 방법이다. 실행단계 중 무엇보다 중요한 것은 매년 초에 갱신되는 계약에서 1년 동안 판매할 목표판매량을 각각의 유통업자의 수준에 맞게 제시하는 것이다.

협동광고(cooperative advertising)란 제조업체가 유통업체를 대신하여 광고를 수행하거나 유통업체가 광고를 할 때 그 광고비의 일부를 보조해줌으로써 유통업체의 실적 향상에 기여할 수 있다. 이러한 협동광고의 장점은 광고비에 대한 부담을 줄일 뿐만 아니라 광고의 제작을 제조업체에서 주관함으로써 일관성 있는 광고캠페인을 가능하게 해준다는 점이다.

유통업체 쿠폰의 목적은 그 사용기간을 짧게 한정하여 특정기간 동안의 매출을 증대하려는 것이다. 즉 제조업체는 유통업체가 고객들에게 할인쿠폰을 제공하도록 지원할 수 있다. 제조업체는 쿠폰의 인쇄비용과 회수된 수량에 대한 금액을 전액 지원하는 것이 보통이다.

촉진지원금(push money)은 특별한 판매목표를 일정기간 동안 달성한 영업사원에게 제공되는 별도의 보수를 말한다. 촉진지원금은 Spiff[1] 또는 Spiv으로 알려져 있다. 예를 들어 냉장고 제조업자는 1월 1일부터 1주간 특별히 촉진지원금 전략을 활용할 수 있는데, 유통업자가 A모델을 판매할 때마다 10만 원을 지급하고, B모델에 대해서는 7만원을, 그리고 C모델에 대해서는 5만원을 지급할 수가 있다. 유통업자는 이 기간이 끝나면 해당제품을 팔았다는 증거를 제공함으로써 제조업체로부터 촉진지원금을 받게 된다. 영업사원 개인이 그 제품을 책임지고 판매하는 경우에 더욱 효과적이고 유통업체들 사이에 판매에 대한 열정과 동기를 유발하나, 뇌물과 같은 부정적 이미지를 가지고 있어 판촉에 대한 도덕적 비판도 적지 않다.

리베이트(rebate)는 광범위한 의미에서 유통업체가 제조업체에게 지불한 액수의 일정부분이나 일정비율을 다시 유통업체에게 되돌려 주는 제반거래를 말한다. 그러므로 리베이트에는 매우 다양한 형태가 존재하는데, 몇 가지 예를 들면, 지불촉진 리베이트, 끼워팔기 리베이트, 점유율 리베이트 등이 있다.

• **지불촉진 리베이트**란 장기어음이 아닌 수표나 현금으로 대금을 단기에 지불할 경우 제조업체가 제시하는 조건이다. 제조업체와 유통업체의 계약서에 '2/10, n/30'이라고 보통 표기하며 이 표시의 의미는 구매가 일어난 달의 마지막 날로부터 30일 이내에 물품 값을 모두 지불해야 한다. 만약 10일 이내에 물품대금을 완불했을 경우 물품대금의 2%를 할인해 준다는 의미이다. 2%의 가격할인을 취하지 않는다면 유통업자는 남은 20일간 2%의 이자를 더 지불하는 것처럼 인식하기 쉬우나 연간 이자율이 36%에 달하는[2% × (360/20)] 높은 할인율이므로, 제조업체가 제시하는 모든 지불촉진 리베이트를 유통업자는 받는 것이 유리하다. 반면에 제조업체는 지불촉진 리베이

---

1 spiff 또는 spiv는 판매에 대한 즉각적인 보너스를 위한 속어로 일반적으로 spiff는 제조업체나 고용주가 특정 제품을 판매하기 위해 판매원에게 직접 지불하는 것을 의미한다.

트를 제시함으로써 현금회전율을 높이고 따라서 현금유동성을 개선한다는 장점이 있다.

• **끼워팔기 리베이트**란 유통업체가 판매가 용이한 인기품목만을 주문할 경우 비인기품목을 주문하는 조건으로 인기품목의 공급가를 할인해주거나 이미 지불된 물품대금을 되돌려주는 것이다.

• **점유율 리베이트**란 유통업체가 여러 제조업체의 제품 및 브랜드를 취급하는 경우 자사 제품의 판매를 늘리기 위하여 제시하는 조건으로 각 유통점포의 매출액에서 그 제조업체의 제품군의 판매액이 차지하는 비율의 연간 증가분에 대하여 일정비율로 대금을 되돌려주는 것이다.

PRINCIPLES
OF MARKETING

제 **4** 부

마케팅 가치

제10장 마케팅 성과

마케팅 성과

1. 마케팅 성과의 이해

새로운 제품의 출시, 매체광고의 실행. 가격변경, 유통 경로 재설계 등 기업들이 수행하는 마케팅 활동들이 시장에서 어떤 성과로 이어지는가는 다양한 방식과 지표로 측정할 수 있다. 마케팅 성과를 제대로 이해하기 위해서는 마케팅 활동이 어떻게 기업의 가치를 높이는 역할을 수행하는지 그 프로세스를 정확히 이해하는 것이 필요하다.

기업의 마케팅 자원(예: 광고예산)과 전략(예: 표적고객 선정과 포지셔닝)은 구체적인 마케팅 프로그램(예: 광고집행)의 형태로 시장에 영향을 미친다. 이러한 마케팅 프로그램들은 먼저 소비자의 생각에 영향을 주고, 이는 다시 소비자의 행동에 영향을 주게 된다.

예를 들어, 새롭게 출시된 삼성전자의 갤럭시 스마트폰의 광고에 노출된 소비자가 해당 제품의 성능이 좋다고 인지하는 경우(소비자 지각), 애플 아이폰을 쓰던 소비자가 처음으로 삼성전자의 스마트폰을 구매할 수 있다(소비자 행동), 이 경우 삼성전자가 획득한 새로운 고객은 생애가치를 측정하거나 고객별 수익성을 측정할 수도 있다(고객성과). 이러한 소비자들의 구매 행동들이 모이면 제품시장에서 삼성전자의 시장점유율과 같은 성과로 집계된다(제품시장 성과), 삼성전자의 손익계산서에 나타나는 많은 회계 장부상의 성과지표

(예: 매출액, 당기순이익)는 이러한 제품시장성과가 모여서 생기는 것이며(회계성과), 이는 다시 금융시장에서 삼성전자의 시가총액이나 주가 변동성에 영향을 준다(재무시장성과).

기업의 마케팅 프로그램 실행이 가져오는 이러한 다양한 반응은 모두 마케팅 활동이 시장에 영향을 줌으로써 나타나는 성과의 일종이라고 말할 수 있다. 따라서 마케팅과는 그 분석단위가 개별 고객이냐 시장 전체냐에 따라서도 다른 지표가 사용될 수 있고, 측정이 필요한 주체가 현재 어떤 상황에 처해 있느냐에 따라서도 상대적 중요성이 다를 수 있다. 마케터들은 모든 마케팅 성과를 관리하는 것이 아니라, 기업이나 사업부의 상황에 적합한 마케팅 성과를 취사선택하여야 한다.

2. 마케팅 성과 지표의 측정

이렇게 다양한 마케팅 성과 지표를 마케터들이 제대로 측정하고 관리하기 위해서는 (1) 조작적 정의를 구체적이고 실천가능하도록 규정하고, (2) 되도록 정기적이고 반복적으로 측정하며, (3) 마케팅 성과 지표와 관련 있는 변수들을 동시에 측정하고, (4) 단기성과와 장기성과를 균형 있게 측정하여야 한다. 이러한 점들에 유의하지 않으면 자칫 마케팅 성과 지표의 측정은 성공적인 마케팅전략 수립과 실행에 도움을 주는 것이 아니라 측정을 위한 측정이 되어 마케팅 관리자에게 부담만 주는 추가업무가 될 수 있다.

1) 조작적 정의에 유의

일반적으로 개념적 정의(conceptual definition)란 어떤 대상에 대해 추상적인 의미를 분명하게 하는 것을 말하고, 조작적 정의(operational definition)란 이를 실제로 측정 가능하고 관찰 가능한 형태로 표현하는 것을 말한다. 예를 들어, 고객충성도를 '고객들이 우리 제품을 사랑하는 정도'나 '고객들이 우리와 계속해서 거래하려고 하는 정도'라고 정의한다면 이는 개념적 정의에 해당된다.

　그러나, 개념적 정의만으로는 고객충성도를 제대로 측정하기 어렵다. 왜냐하면 고객충성도는 고객들에게 얼마나 향후에 특정기업과 거래를 하려고 하는지 설문하여 측정할 수도 있고, 고객의 거래이력을 분석하여 재구매율을 산출함으로써 측정할 수도 있기 때문이다. 이때, 어떤 기업에서 고객충성도를 '향후 6개월 이내의 재구매 의향을 7점 척도로 질문하였을 때의 고객반응'이라는 것으로 정의한다면 이것이 조작적 정의에 해당된다.

　마케팅 성과는 매출액이나 시장점유율처럼 개념적 정의와 조작적 정의의 구분이 크게 의미 없는 경우도 있지만, 고객만족 · 충성도 · 호감도 · 신뢰도처럼 측정을 위한 조작적 정의가 반드시 필요한 경우도 있다. 마케팅 성과 지표를 설계할 때에는 이와 같이 어떤 개념적 성과를 어떻게 측정할 것인가에 대한 구체적인 근거와 계획이 있어야 한다.

2) 정기적이고 반복적인 측정

　마케팅 성과지표 중 특히 소비자의 생각을 측정하는 지표들은 그 단위가 보편적이지 않고 용도에 맞게 개발된 것들이 많아 그 의미를 해석하는 데 어려움이 있는 경우가 있다. 예를 들어, 매출액은 화폐단위로 측정하므로 누구나 그 의미를 이해하는 데 어려움이 없지만, 고객만족도를 100점 만점의 지표로 측정하는 경우에는 그 의미가 매출액처럼 확실하지는 않다.

　이렇게 반복적인 측정이 중요한 또 하나의 이유는 마케팅 성과의 특성상 오류 없는 정확한 측정이 불가능한 경우가 많기 때문이다. 물리적인 현상에 대한 측정에 있어서도 항상 측정오차는 존재하며, 소비자의 생각이나 행동에 기반하는 마케팅 성과의 경우에는 더 큰 측정오차가 존재하기 마련이다. 예를 들면, 설문의 대상이 되는 고객들을 선별하는 과정에서 전체고객을 제대로 대표하지 못하는 고객들이 선택될 수도 있고, 설문을 진행하는 인터뷰 요원들이 제대로 질문을 전달하지 못하는 경우도 있으며, 질문의 설계가 잘못될 수도 있다. 대부분의 경우 이러한 오류들은 예측하기도 어렵고 측정도 불가능한 경우가 많으므로 가장 좋은 방법은 측정을 반복적으로 함으로써, 통제불가능한 오류들이 상쇄될 수 있도록 하는 것이다. 따라서, 마케팅 성과 지표의 측정방법을 자주 변경하는 것은 그리 바람직하지 않다.

3) 선행지표와 후행지표의 측정

대부분의 마케팅 성과 지표에는 그 성과의 하부요소를 구성하고 그 성과에 영향을 주는 선행지표와 그 성과로 말미암아 영향 받을 수 있는 후행지표가 존재한다. 예를 들어, 한국생산성본부의 NCSI는 [그림 3]과 같은 모형에 의해 측정된다.

그림 3 NCSI 평가모델

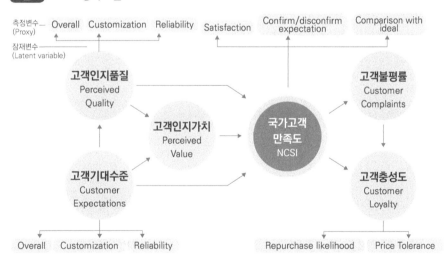

자료 : https://www.ncsi.or.kr/

즉, NCSI 평가모델에 따르면, 고객만족도는 고객기대수준, 고객인지품질, 고객인지가치에 의해 형성되며, 고객의 불평률과 충성도에 영향을 준다. 많은 마케팅 성과 지표는 그 지표에 대한 측정만이 의미 있는 것이 아니라, 그러한 성과에 영향을 주는 선행지표나 그 성과로 인해 영향을 받는 후행지표들이 동시에 측정되어야 마케팅 의사결정에 보다 큰 함의를 제공할 수 있다. 마케팅 성과 지표를 설정하고 관리할 때에는 각 지표들 간의 상호 연결성에 주목하여야 한다.

4) 단기성과와 장기성과의 균형

보통 경제현상과 관련하여 측정되는 지표들은 일정기간 동안에 측정되는 유량변수(flow variable)와 특정시점에서 측정되는 저량변수(stock variable)로 구분할 수 있다. 예를 들어, 2021년 말 기준, 우리나라의 아파트 수는 전형적인 저량변수이고, 2022년 10월 한 달 동안의 아파트 거래량은 유량변수이다. 마케팅 성과 지표들도 이러한 저량과 유량의 개념에 의해 구분이 가능하다. 예를 들어, 인지도·호감도·브랜드자산·고객자산 등은 마케팅 활동에 의해 성과가 축적되어 특정 시점에서 측정되는 저량변수라고 할 수 있고, 시장점유율·거래량·영업이익 등은 일정기간 동안의 마케팅 성과를 알 수 있는 유량변수이다.

일반적으로 저량변수는 축적의 의미가 크므로 보다 장기적인 관점으로 관리해야 하는 변수이고, 유량변수는 마케팅 활동의 단기적이고 가시적인 성과가 측정되는 변수라고 할 수 있다. 많은 기업에서 다양한 마케팅 성과 지표를 측정하고 관리하고 있지만 대부분 유량변수에 집중하는 경향이 있고, 이것은 자연스럽게 단기지향적인 마케팅의사결정으로 이어지게 된다. 따라서, 마케팅 성과 지표를 측정하고 관리할 때에는 저량변수와 유량변수가 적절한 균형을 이루어 장기적인 관점과 단기적인 관점이 조화를 이루도록 하는 것이 필요하다.

3. 마케팅 성과 지표의 종류

산업별, 기업별, 사업부별 상황에 따라 다양한 마케팅 성과 지표가 활용되고 있다.

1) 인지도 : 소비자지각 관련 지표

브랜드나 마케팅 활동(예: 광고)에 대한 인지도는 소비자의 태도를 형성하고 행동을 변화시키는 가장 기본적인 필요조건이다. 따라서 많은 경우에 마케터가 반드시 측정하고 관리해야 할 성과지표이다. 인지도는 주로 소비자 설문에 의해 측정되는데 '배달의민족이라는 앱을 들어보신 적이 있습니까?'와 같이 특정 브랜드를 제시하고 이를 알고 있는지 질문하는 경우를 보조 인지도(aided awareness) 측정이라고 하고, '치킨이나 중국집 배달을 위한 앱 중 생각나는 브랜드가 있습니까?'와 같이 특정 브랜드 이름을 제시하지 않고 질문하는 경우를 비보조 인지도(unaided awareness) 측정이라고 한다. 또한 어떤 상품군이나 서비스를 고려할 때 가장 먼저 떠오르는 브랜드나 제품을 질문하는 최초상기도(top of mind: TOM) 측정이 활용되기도 한다.

2) 순추천지수(Net Promoter Score: NPS) : 소비자지각 관련 지표

순추천지수는 베인앤컴퍼니의 프레데릭 라이켈트(Frederick R. Reichheld)가 주창하여 많은 기업에서 활용하고 있는 마케팅 성과 지표이다. 이 지표는 고객들이 특정기업, 제품, 브랜드 등에 대하여 얼마나 추천의지를 가지고 있는지를 0점에서 10점까지의 점수로 평가하고 이를 통해 고객만족도, 충성도 등을 종합적으로 측정한다. 순추천지수는 설문에 응답한 고객 중 9점 이상의 추천의지를 보인 추천자(promoters) 그룹의 비중에서 6점 이하의 추천의지를 보인 중상자(detractors) 그룹의 비중을 빼서 구한다. 예를 들어, 특정 기업의 제품을 친구나 지인에게 추천하겠다는 의향이 9점 이상인 추천자 비중이 60%이고, 6점 이하인 중상자 비중이 20%라면 순추천지수는 40이 된다.

3) 가격민감도 : 소비자행동 관련 지표

가격은 소비자들이 가장 민감하게 반응하는 마케팅 믹스 중의 하나이다. 가격민감도는 주로 가격변화율(%)에 대한 수요변화율(%)로 측정하고, 이를 수요의 가격탄력성이라고 한다. 예를 들어, 10% 가격할인에 대해 20%의 수요증가가 나타난다면 가격탄력성은 −2.0이라고 할 수 있다.

만약 어떤 브랜드가 매우 충성도 높은 고객을 많이 확보하고 있다면 이 경우 가격탄력성은 어떻게 될까? 일반적으로 브랜드충성도와 가격탄력성은 반비례한다고 볼 수 있다. 왜냐하면 브랜드에 대한 충성도가 높아질수록 다른 브랜드가 대체할 수 있는 여지가 줄어든다고 할 수 있으므로, 가격변화에 수요가 크게 영향받지 않기 때문이다.

따라서 가격민감도는 브랜드의 파워를 간접적으로 측정할 수 있는 마케팅 성과 지표이다. 가격민감도는 가격변화에 대한 시나리오를 제시하고 이에 대한 구매의향을 조사함으로써 파악하기도 하지만, 최근에는 실제 구매이력과 가격정보 데이터를 분석함으로써 통계적으로 추정하는 방법을 많이 쓰고 있다.

4) 클릭률(Clickthrough Rate) : 소비자행동 관련 지표

인터넷과 모바일이 중요한 마케팅 미디어로 등장함에 따라 과거에는 관찰하기 어려웠던 소비자들의 구매 전 행동들도 관찰이 용이해지고 있다. 21세기의 많은 마케터들이 중요한 마케팅 성과로 측정하고 관리하는 지표 중의 하나가 클릭률이다.

클릭률은 보통 특정광고가 클릭된 횟수에서 노출횟수를 나누어 측정한다. 여기서 노출(impression)이란 특정광고가 소비자들에게 보여진 횟수를 말하는데, 모든 페이지의 광고들을 소비자들이 주목하지 않는다는 점에서 단순히 어떤 웹페이지가 소비자들에게 보여진 횟수로 노출횟수를 측정할 경우 실제 노출횟수가 다소 과대평가될 가능성이 있다. 클릭률은 집행된 광고의 성과를 사후적으로 측정하는 데도 쓰이지만 미디어들의 광고비를 책정하고 최적의 광고예산 할당기준을 세우는 등 사전적인 분석에도 활용되는 지표라고 할 수 있다.

5) 지갑점유율(Share of Wallet) : 고객성과 관련 지표

요구점유율(share of requirement)이라고도 불리는 이 지표는 특정상품군에 대한 고객의 지출 중에 서 특정브랜드가 차지하는 비중을 말한다. 예를 들어, 고객 A가 월간 사용하는 신용카드 지출액이 100만원이고 그중 브랜드1의 사용액이 30만원이라면 브랜드 1의 고객 A에 대한 지갑점유율은 30%가 된다. 시장점유율과 마찬가지로 지갑점유율도 거래량으로 측정할 수도 있고, 거래금액으로 측정할 수도 있다.

그러나 지갑점유율은 시장점유율과는 달리 고객별 거래액이나 구매액에 대한 보다 상세한 자료가 필요하다. 지갑점유율의 측정을 통해 마케터들은 각 고객들의 충성도나 미래잠재력 등을 측정하고 이를 마케팅전략에 반영한다. 예를 들어, 현재 지갑점유율이 높은 고객들은 우리 기업에 대한 의존도가 높고 충성도가 높다는 것이므로 장기적으로 좋은 관계를 계속 유지하는 것이 중요할 것이며, 현재 지갑점유율이 낮은 고객들은 고객향상(customer enhance-ment)의 기회가 많다고 볼 수 있다. 특히 산업재 마케팅에서 지갑점유율은 시장세분화를 수행하고 고객별 우선순위를 설정하는 데 있어 중요한 성과지표이다.

6) 유통침투율 : 제품시장성과 관련 지표

제조업의 경우 생산한 제품이 얼마나 많은 유통업자에 의해 취급되고 있는가는 중요한 마케팅 성과의 하나라고 할 수 있다. 이러한 성과를 측정하기 위해 단순히 전체 유통업체 중 몇 %가 해당 기업의 제품을 취급하고 있는지 계산할 수도 있지만, 이 경우 각 유통업체의 규모 차이가 반영되지 않는다는 단점이 있다.

이러한 단점을 보완하기 위해 고안된 유통침투율 지표가 ACV(all commodity volume) 침투율과 PCV(product category volume) 침투율이다. ACV 침투율은 모든 유통업체의 총매출액에서 해당 브랜드나 제품을 취급하는 유통업체의 총매출액이 차지하는 비중으로 계산하며, PCV 침투율은 모든 유통업체의 해당 상품군 매출액에서 특정 브랜드나 제품을 취급하는 유통업체의 해당 상품군 매출액이 차지하는 비중으로 계산한다.

7) 판촉증가율(Promotional Lift) : 제품시장성과 관련 지표

대표적인 마케팅 활동의 하나인 판매촉진의 성과를 측정하기 위해서는 다양한 지표가 활용되지만 가장 중요하면서도 측정하기 까다로운 것은 판매촉진으로 인해 증가한 판매량 혹은 매출액일 것이다. 이를 판촉증가율(promotional lift)이라고 하고, 다음과 같은 식에 의해 측정할 수 있다.

판촉증가율(%) = 증가된 판매(판매량 또는 매출액) / 기본판매(판매량 또는 매출액)

위의 식을 개념적으로 이해하기에는 큰 어려움이 없으나, 실제 측정에 있어서는 많은 자료의 축적과 분석이 뒷받침되어야 한다.

첫째, 분모의 기본판매(baseline sales)를 어떻게 추정할 것인가 하는 문제이다. 기본판매란 특별한 마케팅 활동(예: 판매촉진이나 광고)이 실행되지 않았을 때 발생하는 판매량 혹은 매출액인데, 이를 추정하기 위해서는 과거 판매자료의 축적을 통한 분석이나, 대조군(혹은 통제집단: control group) 판매 분석을 수행하여야 한다. 즉, 판매촉진이 실행된 시장과 많은 여건이 비슷하지만 같은 시점에 판매촉진이 실행되지 않은 시장이 있다면 이로부터 기본판매를 유추할 수 있다.

둘째, 판매촉진에 의해 증가된 판매를 어떻게 추정할 것인가 하는 문제이다. 판매에 영향을 주는 요소들은 판매촉진 이외에도 다양하므로, 특정 마케팅 활동에 의해 증가된 판매를 추정하기 위해서는 다른 요소들에 대한 적절한 통제가 반드시 필요하다. 만약 거의 완벽하게 유사한 고객 집단이 있고, 이 두 집단에 대해 다른 마케팅 활동을 실행하는 형식의 실험을 수행할 수 있다면 증가된 판매의 추정이 용이할 것이나, 현실은 그렇지 않기 때문에 주로 과거 판매를 설명할 수 있는 수리적 모형을 개발하고 이를 축적된 데이터에 적용해 다른 요소들의 영향을 통계학적으로 통제하는 방법을 쓰고 있다.

8) 매출수익률(Return on Sales) : 회계성과 관련 지표

마케팅 활동의 성과가 기업의 가치로 이어지기 위해서 꼭 필요한 연결고리는 수익성이다. 매출수익률(return on sales: ROS)은 마케팅 활동이 기업의 수익성에 미치는 영향을 측정하기 위한 지표로 많이 사용되며, 아래와 같은 식으로 산출한다.

$$매출수익률(\%) = 순이익 / 매출액$$

ROS는 매출액 크기가 다른 산업 간 혹은 기업 간의 수익성을 비교하기에 적합한 지표이다. 또한, 어느 정도의 ROS가 적절한지는 산업에 따라 크게 다르다. 주로 마케팅 활동의 효과(effectiveness)를 측정하는 전통적인 마케팅 성과 지표(예: 인지도, 시장점유율 등)와는 달리 매출수익률은 마케팅 활동에 투입되는 원가를 반영한 효율성(efficiency) 지표 중의 하나이다.

매출수익률 측정에 있어 분석의 단위가 기업 전체인 경우는 큰 문제가 없으나, 사업부 혹은 제품을 기준으로 ROS를 측정하고자 할 때에는 반드시 간접비용의 배분에 대한 고려가 필요하다.

두 번째로 유의할 점은 순이익에는 마케팅 활동과 관련이 작은 이자비용이나 세금도 반영이 될 수 있다는 점이다. 따라서, 매출수익률 계산 시 순이익에 이자비용, 법인세, 감가상각 등을 더한 세전순이익(earnings before interest, taxes, depreciation, and amortization : EBITDA)을 사용하는 경우도 있다.

9) 시가총액(Market Capitalization) : 재무시장성과 관련 지표

최근 마케팅 성과 지표로서 많은 주목을 받고 있는 것이 기업의 가치와 관련된 측정치들이다. 광고나 브랜드관리와 같은 마케팅 활동이 재무시장 성과에 유의미한 영향을 미친다는 사실이 많은 연구를 통해 밝혀지면서 주식수익률, 위험, 자본비용 등 기업의 재무적 성과도 마케팅 성과 지표에 포함시켜야 한다는 주장이 설득력을 얻고 있다.

그중 상장기업의 경우 가장 대표적인 지표는 주식가격×발행주식수로 계산되는 시가총액이다. 시가총액은 기업의 수익성, 안정성, 성장가능성 등이 모두 반영된 투자자 지표이므로 마케팅 성과 지표로 활용되기에는 너무 많은 기타 요인들이 존재한다는 비판도 있다. 그러나, 마케팅전략 수립에 보다 장기적인 기업가치 위주의 관점을 제공한다는 점에서 미래지향적인 마케팅 성과 지표로 제시되고 있다.

마케터들은 이러한 마케팅 성과 지표를 효율적으로 관리하기 위하여 마케팅 대시보드를 운영하기도 한다. 마케팅 대시보드는 마치 자동차의 계기판처럼 마케팅 관리자가 가장 중요하게 여기는 성과지표를 한 눈에 알아볼 수 있도록 정리한 것이다.

4. 마케팅 생산성

마케팅 생산성은 MROI(marketing return on investment) 혹은 ROMI(return on marketing investment)라고도 불리며, 앞에서 설명한 마케팅 성과 지표와 성공적인 마케팅전략 수립 및 실행 사이를 이어주는 핵심적인 개념이다. 마케팅 성과 지표의 측정은 마케팅 관리과정에서 목표가 아니라 성공적인 마케팅을 위한 수단으로서 의미를 가지기 때문이다.

예를 들어, 나이키가 고객만족도 측정을 아무리 열심히 하더라도 나이키의 마케팅 성과가 나아질 수는 없다. 고객만족도 측정과 동시에 나이키가 실행하고 있는 광고나 대고객 서비스와 같은 다양한 마케팅 활동과의 연결고리가 파악되어야, 즉 마케팅 생산성이 측정되고 관리되어야 고객만족도를 제고할 수 있는 마케팅전략 수립이 가능할 것이다.

마케팅 생산성의 측정은 많은 경우 복잡한 통계모형이나 계량경제학 모형의 활용이 필요하고, 이를 습득하는 것은 보다 전문적인 영역에 대한 학습을 전제로 한다. 여기에서는 마케팅 생산성의 측정과 관련된 가장 기본적인 개념을 소개하고, 마케팅 생산성 활용에 있어 유의사항들을 설명한다.

1) 마케팅 생산성의 측정

마케팅 생산성은 다양한 방법으로 측정할 수 있으나, 탄력성 개념을 활용하여 다음과 같은 식으로 표현하는 것이 일반적이다.

마케팅 생산성 = 마케팅 성과 지표값의 변화(%) / 마케팅 활동의 변화(%)

예를 들어 어떤 기업이 광고비를 평균적인 규모보다 두 배(즉, 100%) 더 지출하였고, 이를 통해 시장점유율을 10% 증가시킬 수 있었다면 마케팅 생산성은 0.1이라고 할 수 있다. 그러나 이러한 탄력성 기반의 마케팅 생산성은 마케팅투자의 적절성을 파악하는 데 어려움이 있다. 마케팅 생산성이 1.0인 투자가 0.1인 투자보다 반드시 더 가치 있는 투자라고 말할 수 없기 때문이다.

따라서 기업의 재무적 가치에 집중하여 마케팅 생산성을 측정하는 아래와 같은 식이 이용되기도 한다.

마케팅 생산성(%) = (마케팅 활동에 의해 증가된 재무적 가치 − 마케팅비용)
/ 마케팅비용

이 경우에는 마케팅비용을 투자함에 따라 증가시킬 수 있는 재무적 가치가 비율로 측정되므로, 일반적인 금융자산에 투자하는 경우에 취득할 수 있는 이자율이나 기업이 투자심사를 할 때 기준으로 보유하고 있는 내부수익률(internal rate of return: IRR)과 비교가 용이하다.

이때, 재무적 가치를 어떤 지표로 측정할 것인가에 대해서는 다양한 대안이 존재한다. 가장 대표적이고 이해하기 쉬운 측정치는 매출액이나 세전순이익과 같은 회계장부 상의 지표를 들 수 있을 것이고, 브랜드자산이나 고객자산과 같은 마케팅 자산을 재무적 가치지표로 활용하는 방법도 있다.

또한 앞에서 설명하였듯이 금융시장에서 형성되는 기업가치(예: 시가총액)를 재무적 가치로 활용하는 방법도 있다. 마케팅 생산성은 최고경영자나 재무책임자(chief financial officer: CFO)들의 언어로 마케팅 성과와 효율성을 표현한다는 점에서 마케팅의 책임성(marketing accountability)을 제고하기 위한 성과지표라고도 할 수 있다.

2) 마케팅 생산성 활용의 유의사항

마케팅 생산성 개념을 실제 마케팅현장에서 측정하고 활용하는 데 있어서는 다음과 같은 사항을 유의하여야 한다.

첫째, 마케팅 생산성은 인과관계를 기반으로 측정되어야 한다. 바꾸어 말하면, 마케팅 활동과 마케팅 성과 간의 관계가 발견된다고 하더라도 이것이 과연 인과관계를 의미하는지 검증할 필요가 있다. 예를 들어, 광고와 시장점유율 간의 관계에서 양의 상관관계가 발견된다고 하더라도 이것이 인과관계가 되려면 (1) 광고가 원인변수이고 시장점유율이 결과변수여야 한다. 즉, 시장점유율의 변화에 의해 광고량이 변화하는 것이 아니라 광고의 변화에 의해 시장점유율이 변화하는 선후관계가 존재하여야 한다. (2) 시장점유율에 영향을 주는 다른 변수(예: 가격, 품질)가 통제되어야 한다. 이러한 점을 제대로 파악하지 못할 경우 자칫 마케팅 생산성 지표를 보고 잘못된 의사결정을 내릴 수도 있다. 즉, 광고의 생산성이 높은 것으로 파악되어 광고량을 늘려 집행했는데 실제 마케팅 성과에는 큰 도움이 되지 않는 경우가 발생할 수 있는 것이다. 특히 다른 변수를 제대로 통제해야 한다는 두 번째 조건은 사회과학에서 인과관계를 증명하는 데 있어 가장 핵심적이면서도 어려운 부분이다.

다른 원인변수들의 영향을 통제하는 가장 확실한 방법은 실험군(실험집단)과 대조군(통제집단)을 만들어 두 집단을 비교하는 '통제된 실험(controled experiment)'이지만 이 방법은 그 실행에 있어 적용이 어렵거나 불가능한 경우가 존재한다.

예를 들어, 특별가격 인하의 효과를 측정하기 위해 전국에 있는 100개의 영업점으로부터 50개(실험집단)를 무작위로 추출하여 인하된 가격을 적용하고, 나머지 50개 영업점(통제집단)에 대해서는 정상가격을 적용하는 경우 소비자나 대리점주들의 항의가 있을 수도 있고, 소비자들이 가격할인을 하는 업장으로 이동하는 현상이 발생할 수도 있다.

이러한 실험방법이 가지고 있는 한계를 극복하기 위해서 최근에는 마케팅 활동과 성과지표 데이터를 꾸준히 축적하고 이를 계량경제학적으로 분석해 인과관계를 밝혀내는 기법들이 꾸준히 개발되고 있다. 경제학, 사회복지학, 행정학 등에서 발전된 프로그램 평가방법론(program evaluation)이 그 예이다.

둘째, 마케팅 생산성의 측정에 있어 어떤 성과변수를 활용할 것인가에 주의하여야 한다. 일반적으로 어떤 마케팅 활동의 생산성을 측정할 것인가에 대한 것은 비교적 명확하지만, 마케팅 활동에 의해 영향을 받을 수 있는 성과변수들은 매우 다양하므로, 생산성 파악에 적절한 성과변수를 선정하는 것은 매우 중요하다. 자칫 단기적인 지표만을 생산성 파악을 위한 성과변수로 선정하여 모든 마케팅 활동을 단기성과 향상 위주로 설계하게 되면 장기적인 폐해를 끼칠 수 있기 때문이다.

예를 들어 풀무원이 너무 잦은 판매촉진활동을 수행한다면 이는 장기적으로 풀무원의 브랜드 이미지에 악영향을 주고 소비자들의 가격탄력성을 증가시켜 다른 마케팅 활동의 생산성에 부정적인 효과를 미칠 수 있다. 따라서 단기적으로 시장점유율이나 판매량을 증가시키는 데 있어 생산성이 높다고 하더라도 장기적인 변수들(예: 브랜드자산이나 고객자산)에 악영향을 줄 수 있는 마케팅 활동이라면 그 활용에 유의하여야 한다.

셋째, 마케팅 생산성의 측정에 있어 기업 내부적인 핵심성과지표(Key performance indicator: KPI)나 관리회계기준과의 조화가 필요하다. 마케팅 생산성을 측정하는 목적 자체가 보다 효율적인 마케팅 활동을 수행하기 위함이므로, 마케팅 활동의 예산편성에 영향을 미칠 수 있는 다른 관리기준들과의 조화를 꾀하고 마케팅조직 이외의 다른 조직들과 대화를 문제 없이 수행할 수 있도록 마케팅 생산성 지표를 개발하여야 한다.

넷째, 시스템 구축을 통한 마케팅 생산성 측정 상시화가 필요하다. 불규칙적이고 일회성으로 마케팅 생산성을 측정하는 것은 마케팅의사결정의 질을 올리는 데 있어 큰 도움을 주지 못한다. 마케팅 생산성 지표 결과를 실행 부서에서 활용하면서 그 필요성을 절감하게 하고, 생산성 측정에 필요한 기초자료들을 제대로 입력할 수 있는 시스템을 개발함으로써 마케팅 생산성 측정이 상시화되어야 그 결과를 실제 의사결정에 제대로 활용할 수 있을 것이다.

• 김주환(2004), PR의 이론과 실제, 학현사.

• 박기순, 한은경, 이명천, 류춘렬, 문철수(2008), PR 캠페인, 한울아카데미.

• 박찬수(2023), 마케팅 원리 7판, 법문사.

• 변명식, 이영철, 한규철(2008), 마케팅, 범한.

• 서여주(2021), 소비와 프로모션 2판, 백산출판사.

• 서여주(2023), 소비자행동과 심리 3판, 백산출판사.

• 서여주(2023), ESG를 생각하는 소비와 소비자, 백산출판사.

• 안광호, 하영원, 유시진(2023), 마케팅원론, 학현사.

• 오세조(2017), 고객중심과 시너지 극대화를 위한 마케팅원론, 박영사.

• 유필화, 김용준, 한상만(2019), 현대 마케팅론 9판, 박영사.

• 윤희중, 신호창(2000), PR 전략론, 책과길.

• 이명천, 김요한(2005), 광고연구방법론, 커뮤니케이션북스.

• 이순종 (2010), 디자인의 시대 트랜드의 시대, 미래의 창.

• 이우채(2011), 마케팅원론, 두남.

• 이향은, 이순종(2010), 트렌드를 확산시키는 조기수용자(early-adoptor)들의 라이프스타일 및 행태적 특성 연구, 한국디자인학회 국제학술대회 논문집, 78-79.

• 전현배(2007), 실전마케팅, 대경.

• 정인태(2005), PR 기획 과정에서 창의적 문제 해결 (CPS) 테크닉 교육의 효과 연구, 홍보학 연구, 9(2), 5-41.

• 최윤희(1992), 현대 PR론, 나남.

• 한국직업능력개발원, 한국정보통신기술사협회, 마케팅 환경분석, 한국직업능력개발원.

- Grunig, J. E., & Hunt, T. (1984). Managing public relations. (No Title).

- Kaplan, R. S. (2005). How the balanced scorecard complements the McKinsey 7-S model. Strategy & leadership, 33(3), 41-46.

- Kitchen, P. J., & Moss, D. (1995). Marketing and public relations: the relationship revisited. Journal of Marketing Communications, 1(2), 105-106.

- Kotler, P., Kartajaya, H., & Setiawan, I. (2021). Marketing 5.0: Technology for humanity. John Wiley & Sons.

- Pederson, C. A., Wright, M. D., & Weitz, B. A. (1988). Selling, principles and methods. (No Title).

- Porter, M. E. (2008). The five competitive forces that shape strategy. Harvard business review, 86(1), 78.

- Porter, M. E. (2011). Competitive advantage of nations: creating and sustaining superior performance. simon and schuster.

- Schultz, D. E., & Barnes, B. E. (1999). Strategic brand communication campaigns. (No Title).

- Schumpeter, J. A., Yntema, T. O., Chamberlin, E. H., Jaffé, W., Morrison, L. A., & Nichol, A. J. (1934). Imperfect competition. The American Economic Review, 24(1), 21-32.

Profile

서여주

- 이화여자대학교 대학원 경영학 석사
- 이화여자대학교 대학원 소비자학 박사

- 전) IDS & Associates Consulting 컨설턴트
    경기연구원 연구원
    한국직업능력개발원 연구원
    과학기술정책연구원 부연구위원

- 현) 알토스랩 대표
    가천대학교, 경희대학교, 단국대학교, 한양대학교 외래교수
    우송대학교, 한남대학교 겸임교수

서여주 박사는 소비자에 집중된 수많은 이슈에 관심을 가진 학자로서 시장 환경의 변화에 민감하게 반응하며, 학계와 실무 양쪽에서 모두 선도적인 문제 제기를 통해 새로운 관점과 해결책을 제시하고 있다. 기업의 성장을 촉진하고 올바른 방향을 제시하는 데 중점을 두면서, 소비자 중심의 시장 환경에서 소비자의 변화를 민첩하게 감지하고 이에 대응하는 전략을 개발하는 것을 핵심 임무로 삼고 있다. 2016년, 2018년, 2021년 학회에서 우수논문상을 수상하고 다수의 기업과 조직에서 컨설팅을 수행하였다. 대학에서는 기업과 소비자에 대한 명확한 이해를 바탕으로 강의를 진행하면서, 소비자 만족과 효용을 극대화하는 가교역할을 담당하고 있다.

지속적인 학습과 현장 경험을 통해 시장 동향과 소비자 행태의 세밀한 분석 능력을 갖추고 있으며, 이를 통해 기업이 변화하는 시장 환경 속에서 경쟁 우위를 확보하고 지속적인 성장을 달성할 수 있도록 돕고 있다. 소비자와 기업 모두에게 가치를 제공하는 것을 최우선 목표로 삼고, 이를 달성하기 위해 끊임없이 노력하고 있다.

대표 저서로는 《고객서비스 능력 향상을 위한 고객응대실무》, 《경영학원론》, 《소비자행동과 심리》, 《소셜미디어와 마케팅》, 《스마트 프레젠테이션》, 《ESG를 생각하는 소비와 소비자》, 《소비와 시장》, 《소비와 프로모션》, 《인간관계 심리 메커니즘》, 《인간심리: 개인, 상황, 관계 중심》, 《365 글로벌 매너: 당신의 결정적 차이를 만들어 줄 법칙》 등이 있다.

저자와의
합의하에
인지첩부
생략

마케팅원론

2024년 3월 15일 초 판 1쇄 발행
2025년 2월 28일 제2판 1쇄 발행

지은이 서여주
펴낸이 진욱상
펴낸곳 (주)백산출판사
교 정 박시내
본문디자인 신화정
표지디자인 오정은

등 록 2017년 5월 29일 제406-2017-000058호
주 소 경기도 파주시 회동길 370(백산빌딩 3층)
전 화 02-914-1621(代)
팩 스 031-955-9911
이메일 edit@ibaeksan.kr
홈페이지 www.ibaeksan.kr

ISBN 979-11-6567-977-4 93320
값 19,000원